21世纪全国高等院校旅游管理类创新型应用人才培养规划教材

旅游地形象设计学

凌善金　主编

北京大学出版社
PEKING UNIVERSITY PRESS

内容简介

本书是北京大学出版社组编的21世纪全国高等院校旅游管理类创新型应用人才培养规划教材系列教材之一，适用于高等学校本科旅游形象设计课程教学。本书系统介绍旅游地形象设计的原理与方法，主要内容包括导论，旅游地形象认知心理，旅游地形象特征分析与定位设计、认知对象设计、识别符号设计、传播设计、设计案例。本书的主要特点为注重知识的综合性与应用性，内容体系的全面性与逻辑性。为了帮助读者更好地理解和掌握相关知识，培养学生的应用能力，书中安排了较多的设计案例和图片，每章配有教学要点、技能要点、小结、关键术语、知识链接、练习题、案例分析等。

本书可作为旅游管理及其相关专业本科教材，也可供广大正在或志在从事相关工作的专业人员参考。

图书在版编目(CIP)数据

旅游地形象设计学/凌善金主编. —北京：北京大学出版社，2012.7

(21世纪全国高等院校旅游管理类创新型应用人才培养规划教材)

ISBN 978-7-301-20946-2

Ⅰ.①旅…　Ⅱ.①凌…　Ⅲ.①旅游地—形象—设计—高等学校—教材　Ⅳ.①F590.8

中国版本图书馆CIP数据核字（2012）第154626号

书　　名： 旅游地形象设计学

著作责任者： 凌善金　主编

策划编辑： 莫　愚

责任编辑： 莫　愚

标准书号： ISBN 978-7-301-20946-2/K·0877

出 版 者： 北京大学出版社

地　　址： 北京市海淀区成府路205号　100871

网　　址： http://www.pup.cn　http://www.pup6.cn

电　　话： 邮购部62752015　发行部62750672　编辑部62750667　出版部62754962

电子邮箱： pup_6@163.com

印 刷 者： 三河市博文印刷有限公司

发 行 者： 北京大学出版社

经 销 者： 新华书店

787毫米×1092毫米　16开本　14印张　336千字

2012年7月第1版　2015年1月第2次印刷

定　　价： 30.00元

前　言

当前，大学人才培养模式转向创新型、应用型人才的培养，而教材内容与结构是实现这种培养模式转变的有效保障之一。根据当前旅游管理专业人才需求和行业的发展前景，本系列教材以培养创新意识为灵魂，以培养应用能力为根本，编写适合当前培养就业市场人才需要的教材，达到学生毕业后即能操作，上岗就能工作的目的，提高学生就业的竞争力。因此，本书立足点放在知识应用和创新能力的培养方面，丰富案例教学内容，适当增加实际操作训练方面的内容。

旅游地形象设计学是一门建立在多种科学理论基础上的综合性应用学科，它以企业形象设计理论为基础，在旅游地形象设计活动实践中形成和发展，随着我国旅游经济的发展，其理论和方法越来越得到重视和应用。本书力图通过一些案例，综合运用旅游学、设计学、心理学、管理学、符号学、传播学、文学、艺术学、美学、环境设计学等多学科理论来阐明旅游地形象设计的原理与方法。

本书共分为 7 章：第 1 章为“导论”，主要介绍旅游地形象及旅游地形象设计的概念，旅游地形象设计学的产生和发展，旅游地形象设计学的研究内容，旅游地形象设计与企业形象设计的联系与区别；第 2 章为“旅游地形象认知心理”，主要介绍旅游地形象认知的一般过程和影响旅游地形象形成的因素及其相互关系，印象的一般特性，旅游地形象认知的心理效应，印象控制及其对旅游地形象形成的意义；第 3 章为“旅游地形象特征分析与定位设计”，主要介绍旅游地情况调查分析的内容和方法，旅游地形象定位及描述原理与方法，旅游地不同发展阶段的形象设计策略；第 4 章为“旅游地形象认知对象设计”，主要介绍旅游地形象认知对象的构成和及其组合的意义，旅游地认知环境的类型及设计理念与方法；第 5 章为“旅游地形象识别符号设计”，主要介绍旅游地形象识别符号的概念及意义，旅游地名称、标志、标准色、标准字体设计的原理与方法；第 6 章为“旅游地形象传播设计”，主要介绍传播学理论，旅游地形象传播方式的分类及其效果，旅游地形象媒介传播的传播对象、传播主体、内容、口号与方式设计；第 7 章为“旅游地形象设计案例”，介绍了黟县旅游形象设计。本书在理论方面的介绍虽然比较简洁，占用课时不太多，但是可将原理讲清楚。在运用过程中，可根据需要换用本地案例；如果课时充裕，可以增设课堂作业、设计实践方面的内容。

根据“创新应用型”本科人才培养需要，本书在体系和结构上进行了一定创新，把基本理论与发展前沿、理论知识与实践能力、课堂导学与课外自学融为一体，尽力体现实用性，主要具有以下特点。

(1) 系统性：系统、全面地阐明了旅游地形象设计学理论的学科体系。

(2) 应用性：每章都安排了与该章内容紧密相关的能给人以深刻启示的应用案例，供读者综合运用旅游地形象设计学知识分析其中的成败得失，便于读者深刻理解旅游地形象设计思想的真谛。

(3) 实战性：根据章节内容模拟设计了练习题，以培养知识应用能力和创新思维能力。

(4) 前瞻性：注意吸收近年来国内外旅游地形象设计学研究方面的最新成果。

(5) 易读性：本书对旅游地形象设计原理的阐述深入浅出，说理透彻，易于理解，并用实例说明，或用图表和图片说明。为了便于复习和巩固所学知识，章后都安排小结、关键术语、知识链接、练习题、实际操作训练和案例分析。

本书由主编凌善金提出写作思路和框架结构，负责统稿、总纂定稿，副主编为郭清。第1章、第2章、第3章、第4章、第5章由凌善金编写，第6章、第7章由郭清编写。黄剑锋、梁磊、吴惠智等为本书提供了部分照片或材料，陆林、苏勤、章锦河等提供了部分资料，在此表示感谢！书中照片除了注明来源或摄影者以外，绝大多数系编者所摄。本书策划编辑莫愚在编写过程中提出了一些宝贵的意见，并付出了辛勤劳动，对提高本书质量发挥了重要作用，在此谨表示衷心的感谢！在本书的编写过程中，参阅了大量的教材、专著和论文，在书后的“参考文献”中无法一一列出，在此谨向这些作者表示感谢！

由于旅游地形象设计问题所涉及的学科领域十分广泛，加上编者学识所限，书中难免存在疏漏之处，敬请广大读者批评指正。

编　者

2012 年 3 月

目 录

第1章 导　论

本章教学要点

知识要点	掌握程度	相关知识
旅游地形象设计学的概念	理解	旅游地形象、城市形象设计、设计学、地理学
旅游地形象设计学的理论基础与研究对象	了解	旅游学、设计学、地理学、心理学、传播学、美学
旅游地形象研究的历史	了解	企业形象设计、旅游学
旅游地形象的价值与类型	理解和掌握	企业形象设计
旅游地形象与企业形象的联系与区别	理解	企业形象设计、产品形象设计
旅游地形象设计的过程与内容	重点掌握	企业形象设计

本章技能要点

技能要点	掌握程度	应用方向
分析问题的能力	掌握	科学研究
知识的跨学科应用能力	熟悉	任何学科
学科知识的理解能力	掌握	学科研究

导入案例

对山东省旅游的形象定位曾先后出现过“一山一水一圣人”和“走近孔子，扬帆青岛”，这些定位大都是对“物”的定位，还没有深入到旅游文化的深层次中，缺乏文化内涵和深度。在高度概括山东文化的基础上，山东省旅游局凝练出“好客山东”旅游品牌，作为山东省旅游业的全新品牌在国内外推出。“好客山东”旅游品牌紧紧把握了山东人的特质和山东旅游资源的优势特征，具有极强的市场号召力、影响力、感染力、穿透力。“好客山东”旅游品牌推出以后带来了非常明显的效果：首先是大大提高了山东旅游的知名度；其次，拓展了山东的旅游市场。1978—2005年，山东旅游用了27年的时间实现了第一个千亿；而近三年山东旅游就实现了第二个千亿。这些都是山东全力打造“好客山东”这一品牌所带来的经济效益。同时，“好客山东”旅游品牌的打造也使得山东的在旅游服务质量上有一个非常大的提升。

（资料来源：http://wenku.baidu.com/view/9f6bf75d312b3169a451a4c5.html）

看了本案例，我们不禁会想到很多问题：形象设计在旅游地发展中究竟有多大作用？如何去理解旅游地形象设计？它与企业形象设计是不是一回事？需要做哪些工作？如果不实施形象设计战略，顺其自然，会有什么结果呢？不同的现象定位所产生的作用大小是不是都一样呢？通过本章的学习，你会对这些问题有一个明确的认识。

学习旅游地形象设计学，首先要了解旅游地形象设计学的基本概念、研究对象、学科性质、研究现状、理论基础等学科基本问题，以便从宏观上把握本学科的主要思想及内容体系。

1.1 旅游地形象设计学及其理论基础

旅游地形象设计学中涉及旅游地、旅游地形象、旅游地形象设计等诸多重要概念，了解这些概念的含义对理解旅游地形象设计学的特性和内容体系有着重要意义，因此，在展开旅游地形象设计问题论述之前，先要对这些重要概念及本学科的理论基础做一些说明。

1.1.1 旅游地形象设计学的概念及研究对象

要理解旅游地形象设计学的概念，首先要从理解旅游地形象及其设计的概念入手。

1. 旅游地形象的概念

在日常生活中经常用到形象的概念，但是与理论意义上的概念不同，形象往往被理解为感知对象本身，直接指感知对象，如个人形象、公司形象、政府形象、服务形象、城市形象、居民形象等。人们已经习惯于这种用法。但是从理论上来看，这种用法并不科学。

1）旅游地形象概念的各种解释

劳森(Lawson)和曼纽尔·鲍德-博拉(Manuel Baud-Bovy)把旅游地形象定义为一个人所有知识、印象、偏见和感情思维的表达，或者团体的特定目标；克罗姆顿(Crompton)将旅游地形象定义为一个人对一个地方的信任、意见及印象的总和；国内学者黄震方(2002)认为：旅游地形象是旅游者对旅游地了解和体验后所产生的印象的总和。从形象感知要素的角度看，旅游地形象是旅游者对旅游地的旅游资源、服务产品与项目、管理体制与水平、设施体系、交往经历与态度等的综合感知。尹隽等(2006)认为，旅游地形象是旅游地的各种要素资源通过各种传播形式作用于旅游者，并在旅游者心中形成的综合印象。陆林、章锦河(2001)认为，旅游地形象是旅游者、潜在旅游者对旅游地的总体认识、评价，是旅游地在旅游者、潜在旅游者头脑中的总体印象。谢朝武、黄远水(2001)认为，从旅游地层面来讲，旅游地形象是旅游地管理者对旅游地各种要素资源进行整合提炼，有选择性地对旅游者进行传播的意念要素，它是旅游地进行对外宣传的代表形象，在某种程度上，它是旅游地自身的主观愿望，是旅游地希望旅游者获得并形成的印象；从旅游者层面来讲，旅游地形象是旅游者通过各种传播媒介或实地经历所获得的旅游地各种要素资源所形成的意念要素的集合，它是旅游地的客观形象在旅游者心中的反映。王磊、刘洪寿、赵西萍(1999)认为，旅游地形象是一个内涵丰富的概念体系，包含两个侧面：其一是发射性目的地形象(简称 PDI)。其二是接受性目的地形象(简称 RDI)；从其研究内容来看，PDI与旅游地层面、RDI与旅游者层面的旅游地形象研究视角是相对应的，而后者的表述更易于理解。对旅游者层面上的旅游地形象(旅游者感知形象)研究，国内侧重于研究旅游者感知旅游地形象客体的过程，研究在旅游地形象的形成过程中各阶段的旅游地形象类型及其特点。得到国内外学者们普遍认同的观点是旅游地形象按形成过程可划分为3个阶段的形象，即原生形象、次生形象和复合形象。还有学者认为旅游地的感知形象类型在间接感知形象和直接感知形象的基础上，进一步可分为本底感知形象、决策感知形象和实地感知形象。

综上所述，人们对于旅游地形象的理解，尚未形成统一的观点，但是有些方面是公认的：①旅游地形象是存在于人心中，严格地说，不是人们常所说的通俗意义上的形象概念；②旅游地形象具有综合性、客观性和主观性特点。

知识链接

李蕾蕾提出了旅游地形象的概念结构(图1.1)，对你理解旅游地形象有一定帮助。

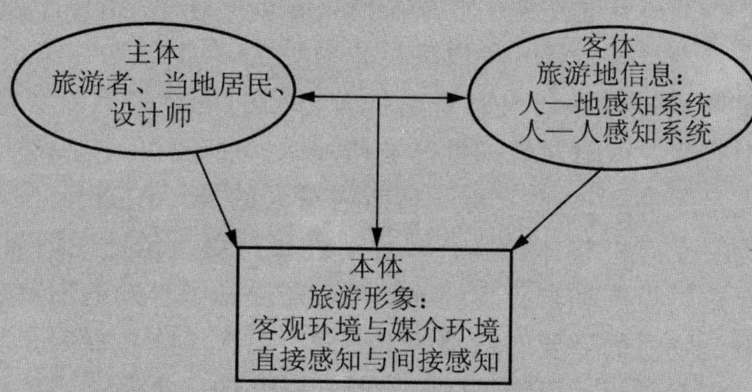

图1.1 旅游地形象的概念结构(李蕾蕾，1999)

2) 旅游地形象概念的理解

学者们对旅游地形象概念有不同的理解，形成了多种定义。为了帮助大家更好地理解旅游地形象概念，下面对相关问题做一些分析。

(1) 旅游地概念的理解。关于旅游(目的)地的概念，学者们有多种解释，目前没有形成统一的看法。下面是有关旅游地的一些定义。世界旅游环境中心(1992)的定义为：乡村、度假中心、海滨或山岳休假地、小镇、城市或乡村公园，人们在其特定的区域内实施特别的管理政策和运作规则，以影响游客的活动及其对环境造成的冲击。英国学者布哈利斯的定义：一个特定的地理区域，被旅游者公认为一个完整的个体，有统一的旅游业管理与规划的政策司法框架，也就是说由统一的目的地管理机构进行管理的区域。保继刚等(1996)的定义为：一定空间上的旅游资源与旅游专用设施、旅游基础设施以及相关的其他条件有机地集合起来，就成为旅游者停留和活动的目的地，即旅游地。崔凤军(2002)的定义：旅游地是具有统一的和整体形象的旅游吸引物体系的开放系统。张辉(2002)的定义：是拥有特定性质旅游资源，具备了一定旅游吸引力，能够吸引一定规模数量的旅游者进行旅游活动的特定区域。他同时指出，旅游地提出必须具备的3个条件：一是要拥有一定数量的，可以满足旅游者某些旅游活动需要的旅游资源；二是要拥有各种相适应的旅游设施；三是该地区具有一定的旅游需求流量。魏小安、厉新建(2003)的定义：旅游地最简单的定义就是能够满足旅游者终极目的的地点或主要活动地点。从效用的角度看，旅游地是能够使旅游产生动机，并追求动机实现的各类空间要素的总和。从空间上看，旅游地是一个开放系统，其范围可大可小，一个国家可以称为旅游地，一个省、一个县、一个景点也都可以称为旅游地。只有当明确旅游地名称后，旅游地的区域范围才是一定的。例如，可以将中国、美国作为一个旅游地来看待，也可以将颐和园、故宫作为一个旅游地来看待。我们认为，旅游地是具有旅游价值的特定区域，也就是说，只要能用于满足人的旅游需要，实现旅游目的的地方都是旅游地，也不管有没有人经营。如果将旅游地称为一个能带来经济效益的地方，则是从旅游业发展角度看的，而不是从满足旅游需要角度来看的。不过，只要有旅游价值的地方，发展旅游经济也就不成问题。作为旅游地必须具有旅游价值，“地”是一个空间区域。

(2) 旅游行为的本质分析。旅游是一种到异地寻觅良好精神感受的非定居性的人类行为，通俗地说，它是一种离开居住地去放松心情，寻觅良好感觉的行为或过程，是一种人的精神体验过程。换言之，旅游是一种以满足非物质性(非生理性、非经济性)需要为主要目的的行为。在形象形成过程中，人们总是带着自己的情感去感受客观事物，情与景交融，我中有你，你中有我，这时对象知觉已被精神化、抽象化。按照马斯洛的“人的需要观”来看，旅游是满足了高层次的需要。马斯洛对人的需要的进行了归纳并且划分了层次，他认为，人作为一个有机整体，具有多种动机和需要，包括生理需要、安全的需要、归属和爱的需要、尊重的需要和自我实现的需要，还提到了求知的需要、审美的需要。将其归纳一下，可以分为物质的需要和精神的需要两个层次。物质需要是基本的，又是低级需要，即生理需要、安全需要；而精神的需要是超越性的、高级的需要，即后面几种需要(图 1.2)。而自我实现的需要更是超越性的，追求真、善、美，将最终导向完美人格的塑造，高峰体验代表了人的这种最佳状态，也是旅游者要实现的崇高目标。马斯洛的人本主义心理学理论核心是人通过“自我实现”，满足多层次的需要系统，达到“高峰体验”，体味人的价值，实现完美人格。高峰体验是审美活动的最高境界，完美人格的典型状态。它可以通过审美活动和其他知觉印象的寻求获得，只要是能获得丰富多彩的知觉印象的活动，都可能带来高峰体验，如爱的体验、神秘的体验、创造的体验等。精神需要是指对观

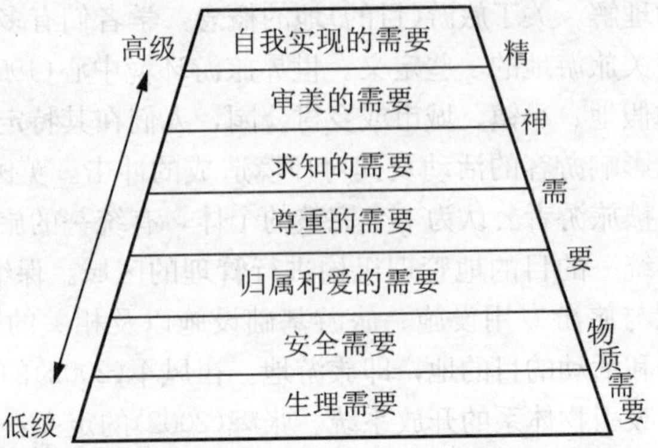

图 1.2　马斯洛关于人的需要

念对象的需求，诸如道德、情感、求知、审美等。例如，当人们遇到不愉快的事，会茶饭不思；当人们遇到喜事时，会心花怒放。这就说明，精神状态在一定程度上可以影响一个人的物质需求，精神需要的地位对于人来说也就不言而喻。

从动机看，旅游主要不是出于物质需求，而是出于精神需求，旅游的过程是一种精神体验过程。一个人决不会因为吃不饱饭才去旅游，而借旅游锻炼身体只是其中很小的一部分目的，绝大部分目的是散散心、进行心理调整、接受大自然的熏陶、感受异地风情、增加知识，使精神更加充实。胡林等认为，旅游动机主要包括修养身心、好奇探险、审美、社会交往、宗教信仰5个方面。修养身心通过放松心情来增进健康，以心理调节为前提；好奇探险是满足自己的好奇心和求知需要，是精神活动；审美是为了愉悦心情，属于更高层次的心理需要；探亲访友是社会交往，是为了增进亲情、友情，还能体验到社会美，也是心理的需要；宗教信仰是一种寻求精神寄托行为，显然是精神的需要。可见，所有旅游动机基本上都是为了满足精神的需要，而不是为满足物质、生理的需要。人类一旦满足了基本的物质需要以后，便希望能与客观环境进行心灵上的交流，获得感染、熏陶，获得美的享受以及各种心理满足，“登山则情满于山，观海则意溢于海”。从旅游活动的过程看，大多数旅游活动中人身体都疲倦，而精神是愉快的，是饱了眼福腿受罪。表面上看是饱了眼福，其实是心理上得到了满足，精神上得到了升华。虽然每个人感受各有不同，境界有高低之别，但无论是悦神悦志、悦心悦意，还是悦耳悦目，对人来说都是高级的、精神的享受，是无法用金钱来衡量其价值的。可见，旅游是人类高层次的活动，是一种精神体验行为。

3）旅游地形象认知对象分析

旅游者所感知到的对象十分多样，很难界定哪些事物与旅游地形象有关，既有物质的，也有非物质的；既有“硬件”，也有“软件”。在一定的旅游地环境中，凡是能被人的感觉器官感受到的都是旅游地形象认知对象，都可能会在旅游者心中留下印象，引起旅游者的情感反应。从认知心理学意义上看，旅游地环境是主客观交流情感的场所，包含主观意识和情感的作用，相当于美学中的“情境”、“意境”，或者类似于格式塔心理学的“行为环境”、“场”的概念。旅游者无时无刻不在接收这种环境的熏陶和感染。旅游过程是一种精神体验过程，在旅游者心中，世间万物皆有情感。“自然山性即我性，山情即我情”；“自然水性即我性，水情即我情”，作用于个人的感官的环境元素都是认知环境的构成元素。反过来说，只要人的感官感受不到的事物都不是认知环境的构成元素。

旅游地形象认知环境具有综合性，环境元素不是单独地、机械地作用于人的感觉系统，整体大于局部之和。换言之，认知环境中的每一种元素不应当单独看，而应当综合起来看，同时，感受效果与人的心理特征、经验及文化背景等主观因素关系密切。认知环境是旅游地各种物质环境给旅游者的综合感觉，例如，闲雅、喜庆、幽静、旷奥、雄浑。说通俗些，就是平常所说的“氛围”、“气氛”、“味”、“意象”的概念。如果你会作诗、作曲、绘画，便会有感而发，采用一定的方法将其描绘出来；对于普通旅游者来说，只能心领神会，却难以言表。这种环境对出于精神需求目的的旅游者来说，其重要性是显而易见的。旅游者感知对象大多是物质的，但是也可以说是精神的，因为人们往往将其拟人化、情感化。它包括人文社会环境，也包括自然元素所给予人的感受环境，通常所说的“软件”只是其中的一部分。从认知环境层面看，物质世界都不是孤立、无情的，是“人化的自然”。正如欧阳修诗中描写的：“清风明月本无价，近水远山皆有情。”在一定环境下，万物有机地联系在一起，通过人的感觉系统综合地作用于人的精神世界，并经过知觉加工，使人们产生某种感受，形成某种意象。认知环境的营造对于旅游学来说是一个值得研究的课题，如果物质环境设计不合理，则不能形成预想的认知环境。认知环境的营造是旅游环境设计的最终目标。例如，宗教旅游环境就需要用相应的视听元素来营造宗教氛围，以体现“莲花佛国”的形象，其环境元素设计必须围绕这种主题，所能见到的应当是古刹林立、香烟缭绕、僧侣的身影、虔诚的信徒；所能闻到的应当是阵阵檀香味；所能听到的应当是暮鼓晨钟声、诵经和木鱼声，而不应当是车水马龙、人声鼎沸的景象。不同的旅游地应当合理营造各具特色的认知环境，是小桥流水，还是鸟语花香，是热烈欢快，还是宏伟壮观，需要因地制宜进行设计。

4）旅游地形象的概念

简单地说，形象是“人之相貌，物之形状”。从心理学来看，这只是认知对象的外观部分，更全面的解释应当延伸为人之相貌、人格与气质，物之形状与性质。这些特征是社会学与人性学意义的特征，也就是说，这只是与认知者个人行为动机有关的那部分特征，而不是对象的全部特征。这是从客观存在来定义的形象的概念。科学地说，不能撇开认知者来谈形象，因为如果离开认知者及其行为动机，这些特征可能会失去它的意义，所谓的形象，是对认知者有意义的对象属性。在通俗意义上，可以将感知对象直接当做形象，符合于人的语言习惯，如美化城市形象、改善居民形象、展示旅游形象等。这种意义上的形象设计就是指对认知对象进行设计。但是这种形象的概念不宜作为科学意义上的形象概念。真正的形象的含义是指人们通过视觉、听觉、触觉、味觉等各种感觉器官在大脑中形成的关于某种事物的整体印象，即对各种信息在大脑中的表象进行概括、抽象加工所形成的印象。它是人们对事物的形态、性质等方面的抽象认识，简言之，是客观事物在知觉中的形象。显然形象不是事物本身，而是人们对事物的感知的结果，存在于人的头脑中（图 1.3）。这也是旅游地形象设计中所指的形象的概念。不同的人对同一事物的感知会有不同的结果，因而，它受到人的主观意识和认知过程的影响。由于意识具有主观能动性，因此事物在人们头脑中形成的不同形象会影响人的行为。

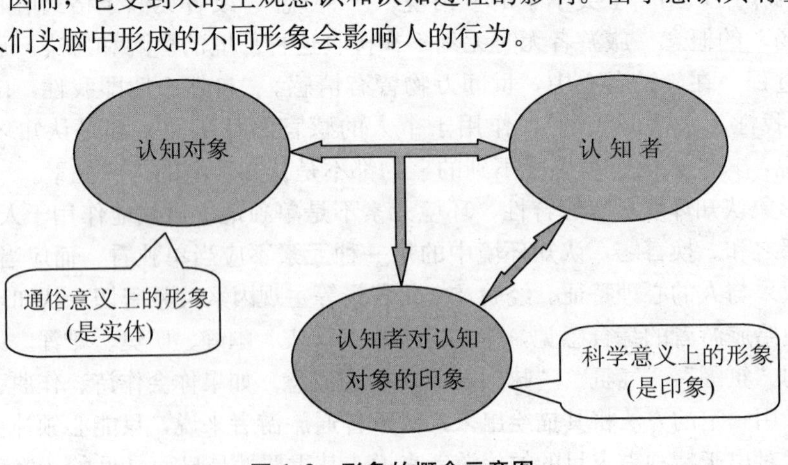

图 1.3　形象的概念示意图

形象是客观事物在人脑中的反映，它包含两个方面的含义：①具有客观性，作为被认知的对象的形象是一种具体的、可以被感知的、可描述的形态和声音等，是事物的外在特征，是一种客观的物质存在；②具有主观性，人脑中的形象是通过人的主观感受呈现出来的，人是形象的感受者，受主观因素的影响，并且是经过概括和抽象化加工。因此，形象兼具客观性和主观性的双重属性。形象之客观属性说明客观物质存在本身是形象的基础，是形象的内在本质，脱离了客观存在就无所谓形象；形象之主观属性说明这种形象是存在于人们的头脑中、看不见摸不着的形象，是人们意识对客观物质存在的反映，是经过人的思维加工过的，并包含主观情感的作用，不是客观事物的简单复制，它可以是具体的事物的表象，也可以是抽象概括的概念。主观形象与客观形象未必都是一致的，但是它们之间存在一定的联系性。

理解了形象的概念，再来理解旅游地形象的概念也就不难了。本书认为旅游地形象和旅游目的地形象(Tourist Destination Image，TDI)及旅游形象是同义词，因为不是“旅游地”，也就不是“旅游目的地”，也就没有讨论“旅游形象”的必要。从字面上看，“旅游形象”概念的旅游产业形象意味较浓，这里的“旅游”可以看作“旅游业”，主要指公众对某旅游地旅游产业等方面的印象；而旅游地形象是从旅游体验角度来定义的，是公众对“旅游地”感知对象的印象，关键在于“地”字。旅游地形象是公众根据所感受到的旅游地信息经大脑加工形成的综合印象，因此，以旅游地形象来面对公众比以旅游产业形象面对公众效果更好、更符合旅游体验的特性。当然旅游地形象要素中也包括旅游业形象或旅游企业形象，它们可以当做旅游地的部分形象。旅游地形象应该这样定义，它是人对旅游地认知环境特征的综合印象。这里的环境包括物质的和非物质的环境，是旅游体验的场所、情境。

小到一个人，大到一个国家，都有一个形象。一个人的形象反映了一个人的本质、文化修养和气质等特征。城市形象反映城市的自然环境、历史文化、经济水平以及地域人文总体特征。国家形象反映国家自然环境、历史文化、社会制度、经济发展水平以及综合国力等特征。旅游资源丰富的国家和地区往往具有鲜明的旅游地形象。人们谈起黄山，就会想起如诗如画般的自然风光；谈起中国，就会联想到巍峨的长城，富丽堂皇的故宫，浩瀚的长江、黄河，源远流长的中国文化。丰富的自然风光、悠久的历史文化是中国国家旅游形象的特征。

具有企业经营性质的旅游地仍然可以当做旅游地来看待，因为旅游企业的产品是旅游产品，而不是其他性质的产品，旅游者的主要感知对象也是旅游产品；同时也可以当做企业来看待。旅游企业形象可以看成是旅游地形象的一部分。章锦河、陆林(2001)认为，旅游企业形象是公众对旅游企业在经营活动中显示出来的行为和精神面貌的总体印象，以及由此产生的总体评价。旅游企业主要包括饭店、旅行社、旅游交通企业、景区(点)及娱乐场所的经营公司等，它们的形象也可以当做企业形象来研究。

2. 旅游地形象设计学的概念及研究对象

旅游地形象设计学是在旅游地形象设计实践中发展起来的，是建立在旅游学、设计学等学科之上的交叉性学科。为了认识本学科的特质，下面先说明一下它与设计学的关系，然后再讨论旅游地形象设计学的概念。

1）设计学及其研究领域

设计学是研究产品和人类行为的设计理论和方法的科学。它是一门建立在设计实践基础上的应用性很强的学科，也是一门边缘学科，它所要解决的是如何在造物活动中实现艺术与科学、实用与审美紧密结合的理论与方法问题。设计学所涉及的领域十分广泛，日益成为人类社会实践不可或缺的组成部分，扮演着越来越重要的角色，渗透到人类生产和生活的各个方面，在人类的衣、食、住、行、用等各个方面都可以看到它的身影。它改变着人们的生活，美化着我们的生活，产生了巨大的社会效益和经济效益。从设计学角度看，旅游地形象设计可以纳入设计学研究范围之列，设计学理论可用于指导旅游地形象设计。

设计是指为了实现特定的目的，制订一个切实可行的实施方案，并通过一定的形式表达出来的行为或过程。人类通过劳动改造世界，在创造物质财富的同时还创造了精神财富，而最基础、最主要的创造活动是造物。设计便是制定造物活动进行预先计划的过程，可以把任何造物活动的计划技术和计划过程理解为设计。设计的目的往往同时包含物质性和精神性，因此，设计不论在精神财富还是在物质财富的创造中都起到了重要的作用，可以说，设计活动就是人类文明的创造性活动。

对设计的全面理解必须建立在对设计的概念的理解上。19 世纪，美国设计学家莫荷利·纳吉等对设计的概念作了较全面的概括，他认为："所谓设计，并非表面装饰，而是围绕特定的目的，综合人性、社会性、经济性、技术性、艺术性、心理性与生理性等各要素，对用工业手段生产的产品进行的计划与设计活动才是真正的设计。"由此可见，旅游地形象设计涉及的学科和考虑的因素很多。按照设计的对象不同，设计大致可以划分成四类，即视觉传达设计、产品设计、环境设计和行为设计。

(1) 视觉传达设计是指利用视觉符号来传递各种信息的设计，简称视觉设计。视觉传达设计是通过视觉媒介表现并传达给观众的设计，一般指以印刷物为媒介的平面设计，如字体设计、标志设计、插图设计、编排设计、广告设计、包装设计、展示设计等。

(2) 产品设计是通过对人的生理、心理、生活习惯等一切关于人的自然属性和社会属性的认知，进行产品的功能、性能、形式、价格、使用环境的定位，结合材料、技术、结构、工艺、形态、色彩、表面处理、装饰、成本等因素，从社会的、经济的、技术的、审美的角度进行创意设计，达到科学、实用、美观、效益的完美统一。

(3) 环境设计可以分为物质形态和意识形态两个方面。物质形态主要是指构成环境景观的物质要素，而这些物质要素按不同的材质又可分为不同的类型。意识形态主要是指影响指导人们行为的精神因素，如宗教信仰、民俗习惯、审美观念、社会制度、伦理道德等。环境设计各要素间的关系犹如生物学上生物群落的共生关系，相互作用、相互依赖，保持动态平衡状态。这是现代环境设计应追求的目标，其任务在于设计出最优化的"人类—环境系统"，以实现人类与环境的共存，协调发展。

(4) 行为设计是对人类做好某件事而事先制定一个切实可行的方案，即事先考虑先做什么，后做什么，怎么做。其主要内容包括日常活动、管理活动等行为，例如，教学设计、旅游活动设计、节事活动设计、人生道路设计、营销活动设计等。

人们通常将企业形象设计归入视觉传达设计，因为企业信息以媒介传播为主。而旅游地形象设计与企业形象设计有共性，也有不同之处，从研究内容上看，其不仅包括视觉传达设计，还包含较多的环境设计、行为设计内容，是综合性的。

2）旅游地形象设计学的概念及研究对象

设计是一项精神生产与物质生产相结合的工作，它兼有科学研究和艺术创造特性。设计，创造是综合运用各种相关理论，考虑各种客观因素，实现目标的高级、复杂的脑力劳动过程。旅游地形象设计的主体是设计师，他们必须具备多方面的知识、技能及丰富的经验。而且知识与技能跟随着时代的发展而不断更新。设计所涉及的领域很广泛，在不同的设计领域，既有共同或相似的基本理论和技能，也有各自专业的理论和技能。对于旅游地形象设计师，除了要掌握设计学、旅游学基本理论外，还需要有广博的相关专业知识。旅游地形象设计者多为旅游地管理者和专家，虽然有时需要公众的参与，但还必须靠少数专业人员来操纵整个过程，为旅游地“画像”。设计的对象是各种满足人们需要的产品。旅游地形象设计的对象主要是旅游地形象认知对象、旅游地形象定位及传播方式。因此，旅游地形象设计涉及的内容很广，不仅有视觉传达设计，还有环境设计、行为设计。由此可见，旅游地形象设计是一种综合性设计。

本书认为，旅游地形象设计学是研究旅游地形象设计理论和方法的学科。旅游地形象设计学的主要研究对象为旅游地形象认知心理和旅游地形象定位、旅游地形象认知对象、旅游地形象识别符号、旅游地形象传播设计理论。

知识链接

对于旅游地形象研究活动，有人用“设计”一词，有人用“策划”一词，可见它们之间的概念有相近之处，不妨对它们做个比较。

对于设计和策划的概念，学界对它们有多种解释。张宪荣(1998)认为：设计是指为了达到某一特定的目的，从构思到建立一个切实可行的实施方案，并用明确的手段表示出来的系列行为。设计是造物活动进行预先的计划，任何造物活动的计划技术和计划过程都可以理解为设计。李宝山(2005)认为：策划是为实现特定的目标，运用科学的方法，产生、设计、选择组织与环境的最佳衔接方式，并制定出具体的实施方案的创造性的思维活动。从设计和策划的定义可以看出，设计和策划两者有很多的地方相同，都是为了实现一定的目的来制定方案的创造性行为与过程。只是看问题的角度不同，“设计”是站在设计学角度看，“策划”是站在策划学角度看，况且“策划”和“设计”之间存在许多通用相同的含义，只是使用习惯性问题。所以，“旅游地形象设计”和“旅游地形象策划”均都有一定道理。仔细分析一下，它们之间的还是有一定的区别的：“策划”是谋划、出谋划策之意，适用于解决宏观问题，其对象多为人类行为活动，如政策策划、营销策划、演出策划、电视剧策划、军事策划；而“设计”却比较通用，既可以用于宏观的问题，也可以用于微观的问题，其对象可以是物质产品、技术，也可以是人类行为。例如，“顶层设计”、“邓小平是改革开放的总设计师”，指的是宏观问题，也经常用“设计”一词，也可以用“策划”；封面设计等设计是微观问题，更加适合用“设计”一词，不宜用“策划”。对于造型创意来说，则不适宜用“策划”，更适宜用“设计”一词，尹定邦(2001)将设计的定义更概括为“制定造型计划”，如版面设计、服装设计、标志设计、产品设计、环境设计、建筑设计、色彩设计等，这些工作很少用或不习惯于用“策划”一词。在旅游地形象策划书中，有许多内容不用“策划”，而用“设计”来表述，也说明了这一点。旅游地形象更适合于用“设计”一词，故本书采用了“设计”一词。

1.1.2 旅游地形象设计学的理论基础

旅游学是一门的新兴学科，也是一门综合性学科，涉及面很广，如地理学、心理学、传播学、设计学、管理学、美学、艺术学、经济学、社会学、文化学、文学、历史学、规划学、景观设计学、环境学、林学、生态学、策划学等学科理论都有涉及，不同学科从不同角度对旅游学中的有关问题进行研究。旅游地形象设计学是旅游学的一个分支，也是一门应用性、综合性学科，本学科的许多问题的解决需要运用多学科理论，这里举一些相对较重要的学科理论来说明(图 1.4)。

1. 主要理论

每一门学科的确都是因为有其自身的研究对象、研究内容和理论基础。很多学科，尤其是交叉性学科的独立性也是相对的，往往建立在一些其他学科理论之上。这些理论中，有些学科理论起主要作用，有些学科理论作用相对较小，是一种圈层结构(图 1.4)。对于旅游地形象设计来说，旅游学、设计学、地理学、心理学和传播学是主要理论，此外，还有一些理论可以作为该学科的基础理论，但不宜作为主要理论。

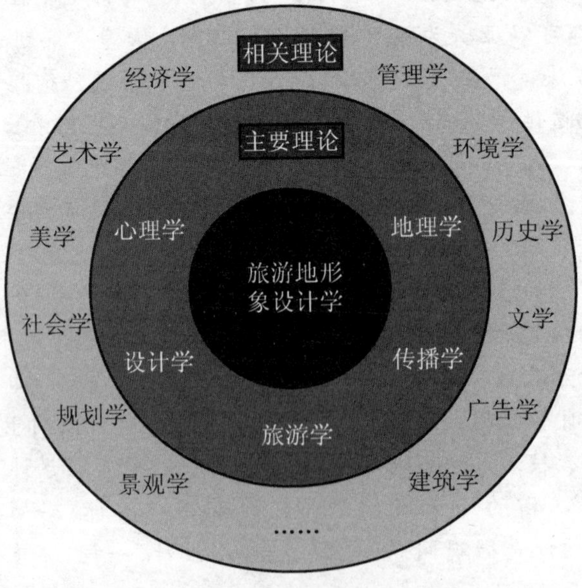

图 1.4 旅游地形象设计学的理论基础

1）旅游学

旅游学是以研究旅游三要素(旅游主体、旅游客体、旅游媒介)及其相互关系为核心，探讨旅游行为及其相关事物的特征及发生发展现律的学科。旅游形象研究是旅游学研究的一个重要组成部分。旅游学的基本理论也是旅游地形象设计的理论基础，而旅游形象理论的研究又是旅游学研究的深入。旅游主体、旅游客体、旅游媒体都是旅游形象设计研究的对象，也就是说，旅游学中各分支学科的研究成果均有千丝万缕的联系。

2）地理学

在旅游地形象设计中，旅游地的自然地理、地域文化、地域特色的分析，地域差异现象的成因及分异规律研究，空间认知规律的研究，都离不开地理学理论的支持。地理学的研究特别关注区域的地方性，即当地的景观形成、历史、民族、文化、价值观、组织结构等综合形成的地方性。地理学认为区域形象的设计必须体现地方特色，只有具备地方性，才会有旅游吸引力，满足人们的好奇和求知心理。

3）心理学

心理学是一门基础理论学科，它研究的是人们心理现象的发生、发展的规律。心理学同时又是一门有着广泛应用价值的学科，是旅游地形象研究的理论基础之一。旅游地形象形成过程属于心理学问题。形象存在于人们的心中，形象形成机理、认知过程、旅游动机等问题，需要用心理学理论来解决。形象传播是否能够成功，决不只是取决于简单的文学、美术、摄影、表现技巧问题，更重要的是取决于它是否符合传播对象的心理。在现在和未来，由于大众传播技术的发展，信息传播将出现主要考虑信息接收者的趋势。因为在“信息时代”里，信息大爆炸，信息量浩如烟海，为了帮助消费者高效地获取所需要的信息，传播者必须深入研究受众认知心理规律，针对不同社会习俗和不同个性的消费者的心理特点制订传播策略，使其具有能引起公众注意、引起审美联想、有助于记忆的功能。心理学中的调查方法，如直接调查法、间接调查法等，都可以广泛应用于形象传播的研究，以提高信息传播的效果。

4）传播学

传播学是一门以信息传播为研究对象的学科。传播学是在人类社会信息交流活动日益频繁，传播技术手段不断增加和发展的形势下产生的，它成为19世纪40年代以来，在世界许多国家流行的研究人类信息传播行为的一门重要学科，近年来也受到中国学者的重视。目前，西方世界格外重视大众传播的研究与应用，因为它与人们科学研究、社会经济生活、政治生活和个人日常生活都息息相关。传播学涉及的领域有新闻学、报学、广告、公共关系、民意测验、广播、电视等方面，可以说无处不在。传播学涵盖了各种传播媒介的全部复杂内容，其研究范围包括所有传播媒介的性质与功能，还探讨媒介的选择与运用。旅游地形象的塑造过程很大程度上靠传播来实现，探讨形象形成机理、形成过程、形象传播方法，必须以传播学基本理论为指导。例如，传播学中的传播过程五要素的理论、“双向传播”的理论、传播学研究方法的基本特征等，都为旅游形象研究提供了科学的依据。旅游地形象可以当作传播学的一个研究领域。

5）设计学

设计学的基本理论可以为多种领域的设计活动提供指导，旅游形象设计同样也需要这些理论来指导。视觉传达设计是通过视觉媒介表现并传达给公众的设计，是设计学的一个研究领域。传达是指信息发送者利用符号向接收者传递信息的过程，它可以是个体内的传达，也可能是个体之间的传达，如所有的生物之间、人与物、人与人以及人体内的信息传达等。其内容包括印刷设计、书籍设计、展示设计、影像设计、视觉环境设计(即公共生活空间的标志及公共环境的色彩设计)等。视觉传达设计可以直接用于旅游地视觉识别元素个性化设计。环境设计理论涉及室内装饰、室内外设计、装修设计、建筑装饰和装饰装潢，对旅游地环境的设计具有直接指导作用。视觉识别符号中的标志设计、色彩设计、广告设计都需要平面设计理论的支持。旅游地景观是形成本底形象的主要认知对象，与旅游地形象关系非常密切，环境设计理论对旅游地环境形象设计有重要的参考价值，此外还有许多设计问题都需要设计学理论的支持。总之，从设计学所涉及的领域和研究的内容可以看出，设计学的基本理论在旅游形象设计中可以发挥重要的作用。

2. 相关理论

旅游地形象设计所涉及的问题相当广泛，除了要运用上述理论以外，还需要运用其他一些学科理论来解决本学科的有关问题。下面仅仅列举几种加以说明。

1）管理学

企业形象设计和旅游形象设计都是研究形象设计，企业管理学中的企业形象设计对旅游地形象设计有直接参考价值，尤其是企业形象理论研究起步早，目前已比较成熟。在企业形象理论基础上研究旅游地形象是一条捷径。

2）美学

庄志民(1999)认为，旅游者的出游动机是为了在和谐的审美关系中得到人性的抚慰和心灵小憩，旅游是人生的美学散步。为了满足人们对审美需要，旅游地的物质环境和精神环境以及旅游形象的传播方式都应当按照美的规律去设计。而美学是研究人对现实(包括自然现象、社会现象)的审美关系的学科。美学对旅游地环境景观设计，以及传播文字、标志、图像、声音等视听信息美化设计具有宏观指导意义，因此，旅游地形象设计只有以美学理论为指导才能做得更好。

3）文学

旅游地命名及形象描述和传播需要用语言文字，语言文字的运用效果是文学艺术研究的内容。为提高旅游地形象语言文字的表现力，需要运用诗词、楹联、成语、歇后语等，还要涉及修辞学问题。文学理论对旅游地形象设计具有重要的指导意义。

4）其他学科理论

除了上述学科以外，旅游地形象设计中的许多问题还要应用其他一些学科理论来解决，如符号学、艺术学、社会学、文化学、规划学等，它们或多或少地被用于解决旅游地形象设计中一些问题。

即学即用

旅游地形象设计学的理论基础与学科研究对象之间有何关系?

1.2 旅游地形象的作用、类型及研究现状

为了帮助人们了解旅游地形象设计学学科的特点，认识其学习的意义，把握研究方向，需要了解旅游地形象的作用、类型、国内外相关研究现状，分析存在的问题与发展趋势。

1.2.1 旅游地形象的作用与类型

在进行旅游地形象设计之前，应当了解旅游地形象的作用与类型，以便提高认识、提高形象设计的主动性与积极性，明确设计的目标。

1. 旅游地形象的作用

近年来，企业形象力对企业成长的重要作用已经逐渐被理论界、企业界和政府界所认识，因为良好的行业形象才能得到消费者的普遍认可，才能接受其产品。旅游地形象对旅游地发展具有十分重要的作用。

(1) 旅游地形象是旅游地的名片。旅游地形象是旅游地在消费市场上的身份与地位的象征，是旅游地的名片。旅游地形象存在于公众心目中，如果旅游地没有在公众心目中确立其地位，也就等于在市场没有地位。换言之，如果某旅游地没有在消费者心中树立形象，也就没有消费者；如果旅游地在消费者心中的地位越高，越能获得消费者信任，消费者选择该旅游地的可能性就越大。旅游地形象越好，拥有的市场范围越广。消费者的消费行为有一定规律，首先对产品产生注意(Attention)，继而产生兴趣(Interest)，接着是产生购买的欲望(Desire)，并记住其中的内容(Member)，最后是付诸行动(Act)，即完成AIDMA过程。形象在此过程中起着重要推动作用。

(2) 旅游地形象是旅游业发展的主要动力。旅游地形象是影响人们选择旅游产品的重要因素。现代社会产品市场的竞争已经从价格竞争、质量竞争向形象竞争转变，形象已经成为继人、财、物之后企业的第4种资源，形象力也被公认为是21世纪企业发展的新动力。形象力已经同产品生产力、销售力共同构成企业的实力，三者相互依存、不可或缺。旅游地实力则依赖旅游资源价值力、销售力和形象力，其中品牌形象是旅游地立足、争夺和开辟客源市场的强大武器。当今世界旅游地之间的竞争实际上是品牌的竞争，而旅游地形象设计是旅游地品牌化的基础。不容置疑，形象力也是推动旅游业发展主要动力之一。合理、巧妙地定位旅游形象可以帮助旅游产品迅速占领并扩大市场。

传统企业的生存与发展必须依赖资金、人才、市场和技术等因素，但在经济全球化、竞争国际化的今天，一个企业只有具备良好的知名度和美誉度，即拥有代表企业文化理念、管理、技术等综合因素的形象力，才更容易发展壮大。旅游业的发展何尝不是如此。刘彧彧(2006)认为，形象力是企业公众对企业声誉、企业产品(服务)品牌、企业文化的原生态产生认知后，形成的企业形象声码、形码和意码这三大系统的复合集成的作用结果。形象力资源能够从新的高度对旅游地物质资源和人力资源进行整合，把个别的生产力要素变成整体的生产力要素，形成整体优势，进而形成一种巨大的潜力和竞争力。旅游地管理者通过塑造和传播良好形象，形成一种对公众的吸引力、感召力，成为重要的生产力资

源。它与旅游资源价值力和销售力一起拉动旅游产业的发展(图 1.5)，是一种系统综合能力，是旅游地发展的不可缺少的动力。

图 1.5　企业实力和旅游业发展动力的构成要素

(3) 旅游地形象是一种无形资产。旅游地形象虽然看不见摸不着，但它却是一笔难以估量的无形资产，甚至无法用金钱来衡量。良好的形象一旦形成，得到消费者认可，就会拥有广大的消费者，就等于形成了资产。该资产存在于消费者中，因为良好形象可以带来消费，而且随着消费者的不断增加，如同滚雪球一样滚动发展，不断积累，即便遇到意外挫折，也不会有大的影响，只要良好的品牌形象还在，依然能东山再起。难怪美国可口可乐公司的一位经理断言：即使一夜之间他的工厂化为灰烬，他可凭借可口可乐的商标声誉，从银行立即贷款而重建工厂。这里所讲的声誉就是良好的形象，商标只是形象一个象征符号。据估计，可口可乐品牌价值 244 亿美元，可见品牌的价值很高。

即学即用

如何理解无形资产的真正内涵？根据这种内涵，思考一下个人形象所具有的无形价值以及对自己未来发展所具有的作用。

2. 旅游地形象的类型

不同的划分标准便产生了不同类型的旅游地形象。从不同的角度了解旅游地形象的这些分类，有助于人们加深对旅游地形象本质和特性的认识，有利于做好旅游地形象设计工作。常见的旅游地形象类型有以下几种。

1) 总体形象和部分形象

按照形象包含的内容，旅游地形象可划分为部分形象和总体形象。总体形象是指社会公众对旅游地的总体印象，也是旅游地主体形象。大到国家，小到一个景区都会给公众以总体印象。部分形象可以理解为一定区域内的各个分区域形象，或者是整个区域某一方面的形象，也叫局部形象，反映的是旅游地的部分特征。树立部分形象是建立总体形象的重要基础。要选择最能反映自身生气和影响力的特殊形象并进行强化与扩大，给公众以鲜明的印象。部分形象和总体形象的关系可以通过图 1.6 看出，3 个圈分别代表 3 种部分形象，将部分形象加以整合、归纳、抽象，能得出一个总体形象。其中的部分形象可以有两种理解：可以理解为一个旅游地的产品形象、服务形象、社会形象等；也可以理解为一个地区几种旅游产品分别所具有的形象。

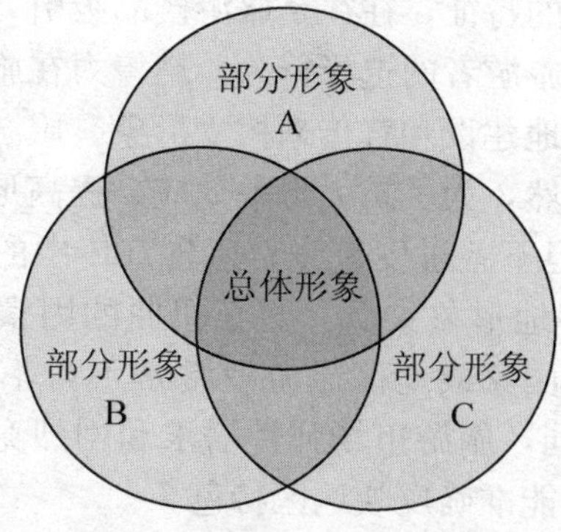

图1.6 部分形象和总体形象的关系

一定大小的旅游区域都能产生一个总体形象。总体形象比部分形象难以明确，需要经过一定提炼、概括才能形成，而且旅游区范围越大概括难度越大。相比省级和国家级而言，县一级的总体旅游形象就比较容易明确，因为区域范围越大，其区域内部各地间的差异也越大。

2）实际形象和期望形象

按照形象现实性，旅游地形象可划分为实际形象和期望形象。实际形象是指公众普遍认可的旅游地形象，它是旅游地进行形象塑造的基础和起点。期望形象是指旅游地管理者和形象设计者等期望在公众心目中树立的形象，是旅游地的理想形象，是旅游形象塑造的目标和努力方向。

以黄山为例，黄山自然景观堪称世界一流，1982 年成为首批国家级风景名胜区，1985 年以唯一的山岳风景区入选中国十大风景名胜区，1991 年入选中国旅游四十佳。黄山获得的这一系列殊荣，树立并强化了黄山拥有绝美自然风光的旅游地形象。这一形象经过媒介传播、旅游者亲身经历及传播，更加鲜明，更加深入人心。实际上，黄山不仅拥有优美的自然风光，而且还拥有灿烂的文化，1990 年被联合国教科文组织列入“世界自然和文化遗产”。黄山“文化遗产”的殊荣归功于周边地区底蕴深厚的徽州文化。徽州文化内涵十分丰富，几乎涉及文化的各个领域，具有重要的历史和文化价值，主要包含新安理学、徽州朴学、徽州篆刻、徽派版画、徽剧、徽州刻书、新安医学、徽菜、徽派雕刻、徽派盆景、徽州民俗、徽州方言、徽派建筑等。徽州文化充分体现了中国传统的儒家思想，同时也受到道家思想的深刻影响，应该说徽州文化是中国传统文化的典型反映。徽州是中国传统文化厚实的沉淀区，特别是现存大量的以徽州古村落、古民居、古牌坊、古祠堂、古街道等为代表的徽派建筑，极具历史文化价值、艺术观赏价值、科学考察价值，是难得的文化旅游资源。由于黄山神奇自然风光展现的旅游地形象，使得文化遗产的形象被淡化，徽州文化的旅游形象不鲜明。

3）真实形象和虚假形象

按照形象是否符合实际情况，旅游地形象可划分为真实形象和虚假形象。真实形象是指留给公众的符合实际的旅游形象，虚假形象则是一种失真的旅游地形象，是一种偏见，往往是由于信息传播失真或者意外事件所造成的。摒弃失真的旅游地形象，树立真实的旅游地形象，是旅游地所追求的主要目标之一。真实的旅游地形象能够反映旅游地最基本的富有个性的特征，而富有个性的特征，往往是旅游产品吸引力之所在。

由于旅游地形象直接影响旅游者的选择行为，销售力在旅游业发展中起着十分重要的作用，因此，旅游地得靠旅游地建设和宣传来树立形象。旅游广告宣传的主要目的就是更加广泛地传播旅游地形象。显然，为了扩大形象效应、提高形象的感召力，旅游信息传播中可作适度的形象“包装”，但不宜过度夸张。广告宣传中的旅游地形象脱离现实不是长久之计。一些学者对造成旅游地形象失真，甚至扭曲的因素进行了分析，原因是多方面的。布列顿认为：首先，一个国家或地区旅游业常常不得不用华丽的宣传来掩盖“阴暗面”；其次，由于旅游产品雷同，旅游市场弹性需求和剧烈竞争，使得每个旅游地都竭力树立美好的自身形象，但是不能准确反映地区特色。

虚假形象在现实中确实存在。例如，陕北风光在传统印象中是黄土高坡，干燥、大风是本地区特有的景观，形成了悲壮又荒凉的意象，但是经过现代人类绿化改造，现在这里的景观已经大为改观，不再是昔日的那种景观，而是一派郁郁葱葱、林木茂盛的江南风光意味，现在看来，原来的形象已经成为虚假的形象了(图 1.7)；今日到内蒙古草原已经看不到那样高而密的草场，“风吹草低见牛羊”的形象已经不是真实形象了(图 1.8)。

图 1.7　今日陕北乡村景观

图 1.8　今日内蒙古草原景观

4）有形形象和无形形象

按形象存在方式，旅游地形象可划分为有形形象和无形形象。有形形象也可称为外观形象，指的是公众能凭感觉器官直接感受到的旅游地实体形象。有形形象主要包括环境景观形象、员工、当地居民形象等，是可以以表象的形式再现的形象。审美是旅游中最普遍的活动，环境景观形象是大多数旅游地最主要的实体形象。旅游业是服务性行业，那么，其所提供的服务行为也有形象。员工形象是塑造旅游地形象的重要方面，如全体员工的服务态度、业务技能、工作效率、服饰仪表、言谈举止等。无形形象指的是在旅游地内部的管理理念、经营状况、旅游地特色等，公众对旅游地各种感知对象的感受效果是将感觉器官所感知的表象信息经概括、抽象所产生的形象。说它无形，却来自于有形事物的感知，是由对有形的事物感受并经过抽象加工产生的。例如，“绿水青山”为有形形象，“民风淳朴”为无形形象。其中，信誉是无形形象中的内容，它体现在旅游地经营管理各个环节中，在一定程度上会影响旅游者的心理。无形形象既抽象又具体，其结果是抽象的，表现方式是可感的。信誉是无形的，但是它是具体可感的行为形象的抽象概括，对旅游地来说却是一笔巨大的财富。因此，对于旅游地来说，有形形象和无形形象的树立都不可忽视，只有两者都重视，才能使旅游者满意。

5）主观形象和客观形象

按主客观形象的吻合程度，旅游地形象可划分为主观形象与客观形象。主观形象存在于设计师和公众个体心中，每个人都有一个对旅游地的感知形象，信息传播和主观原因的复杂性导致形象感知的结果存在较大的差异，明显带有主观性。不过主观形象与客观形象之间有时是重合的，有时是相违的。当主观形象接近客观形象时，所反映的就是旅游地真实的、客观的形象。可以说，客观形象是大多数人对旅游地的印象。

6）本底形象与市场形象

按形象的真实性，旅游地形象可划分为本底形象与市场形象。本底形象是旅游地呈现给旅游者的能体现旅游地本质特征的真实形象，具有真实性；市场形象是旅游地管理者以广告性和非广告性传播途径传播的形象，是未到实地旅游的公众心中的形象，往往具有一定的夸张。

7）正面形象和负面形象

按照公众的评价态度，旅游地形象可划分为正面形象和负面形象。公众对旅游地形象认同或肯定的部分就是正面形象，抵触或否定的部分就是负面形象。大多数旅游地都是以正面形象出现的，另一方面，难免有负面形象，即旅游地形象是一分为二的。公众所感受的形象信息既有正面形象信息，也有负面形象信息。如果一个旅游地的部分形象以正面形象为主，仍然其是属于好的状态；但是如果部分形象以负面形象为主，则意味着旅游地面临着形象危机。因此，任何一个旅游地都要努力树立并扩大其正面形象，竭力避免并消除其负面形象，以保证旅游地正常发展。

例如，2008 年国内“三聚氰胺奶粉事件”的负面影响太大，使得三鹿集团无力回天，彻底倒闭。无独有偶，另一个典型的案例是“瘦肉精事件”。双汇集团是以肉类加工为主的大型食品集团，其在 2008 年总资产达 70 多亿元，员工 4.5 万人，在河南、黑龙江、辽宁、内蒙、河北、山东、上海、浙江、江苏、湖北、广东、四川 12 个省(市)建有现代化的肉类加工基地和配套产业，具有年屠宰生猪 1 500 万头、年产肉制品 150 万吨的生产能力，已发展成为中国最大、世界领先的肉类供应商。2011 年，“瘦肉精事件”导致了双汇集团严重的品牌形象危机，此后，其付出了惨重的代价力求重树形象。好的形象是一笔巨大的资产，不好的形象好比一把锋利的尖刀，杀伤力极大。这些负面形象对企业造成了巨大的损失，是沉痛的教训，值得深思。

即学即用

旅游地形象多种分类方法对我们认识旅游地形象的概念有何意义？

1.2.2 国内外旅游地形象研究现状

为了帮助人们理解以及把握旅游地形象设计研究的方向，首先要了解国内外旅游地形象研究的历史和现状，分析存在的问题与发展趋势。

1. 国外旅游地形象研究现状

国外对旅游地形象的研究始于20世纪70年代。1971年，美国科罗拉多州立大学的J. D. Hunt撰写的博士论文“Image：A Factor in Tourism”被认为是旅游地形象研究的开山之作。在这之前，Lynch的“The Image of the City”、Relph的“Place and Place Lessness”、Crompton和L. John的“A System Model of the Tourist's Destination Selection Decision Process with Particular Reference to the Role of Image and Perceived Contrasts”等文献对旅游地形象的研究起到了一定的推动作用。

近几十年来，旅游地形象的研究已经在西方成为一个热门课题，Chon、Echtner和Ritchie、Stabler、Telis man-Kosuta都曾对旅游地形象研究的重要性做了详细的阐述，普遍认为形象影响着个体的主观感知、后续行为和旅游地选择。Guthrie和Gale提出：在旅游研究中，形象比可触摸的资源更为重要，因为感知虽不真实，却是消费者旅游行为抉择的主要依据。

纪丽萍(2006)归纳了1971—2002年国外旅游地形象研究的研究主题，主要有6个方面：形象的概念及组成、旅游地形象的形成机理、旅游地形象的评价与测量、距离与时间对旅游地形象形成的影响、居民对旅游地形象的积极与消极影响、旅游地形象的管理策略。

国外学者对旅游地形象研究已有较长的历史，也取得了一些的成果，但是这些研究多为实证研究，理论深度不够，主要存在以下问题。

(1) 对旅游地形象设计理论方面相对薄弱，有待完善与深入。例如，在旅游者选择旅游地的机理研究中，将旅游地自身因素和旅游者动机因素综合考虑的研究不够；对旅游形象形成原理研究不够深入；旅游地形象定位方法尚不成体系。

(2) 不同旅游地形象感知行为模式对比的研究相当薄弱。

(3) 旅游地形象形成的心理过程尚不够深入。

(4) 旅游地形象的感知系统认识不够深入全面，基本照搬了企业形象设计理论。

(5) 旅游地形象设计的内容比较含糊，目前只关注形象定位和广告口号、传播设计方法，而旅游地实质性认知对象设计研究不深入。

2. 国内旅游地形象研究现状

在国内，旅游地形象对旅游业发展的巨大促进作用也引起了以陈传康为代表的研究者们的重视，旅游地形象理论研究与实践逐步展开，到20世纪90年代中期，旅游地形象研究已经成为旅游学研究的热点问题之一，李蕾蕾在其博士论文的基础上于1999年出版了中国第一本较系统探讨旅游地形象的专著——《旅游目的地形象策划：理论与实务》，引发了国内学者对旅游地形象研究的重视，并取得了一些研究成果。从研究成果内容看，国内旅游地形象研究已经初步建立了理论基础；但是总体上看，应用研究仍将占据重要地位，理论研究还有待深入。

目前国内旅游地形象的研究集中在4个领域，即旅游者层面、旅游地层面、旅游地形象传播以及旅游地形象设计应用研究。其中旅游地形象设计应用研究实质上应该从属于旅游地层面上的研究，但由于其在整个旅游地形象研究中成果最多，因此单独划分成一个研究领域。总体上看，国内旅游地形象研究的对象仍然与旅游学科的三大成分相对应，延续了三大成分，即主体、客体和媒体的研究。目前国内旅游地形象研究现状呈现以下特点。

1）理论研究多侧重于旅游者和旅游地

国内学者们从两个视角来展开旅游地形象研究，一是从旅游者角度，二是从旅游地角度，并在上述两个视角下发展形成了旅游地形象研究的两大基本层面，即旅游地层面上的旅游地形象研究以及旅游者层面上的旅游地形象研究，并继之成为国内旅游地形象研究的出发点与切入点。国内学者对旅游地形象的概念表达了自己的看法，观点较多，目前尚未形成统一的看法。总体上看，旅游者层面上的研究非常薄弱，成果较少，对于国外较为成熟的成果的引进与学习研究不足，但学者们对该层面的研究正日趋重视。与旅游者层面上的研究相比，旅游地层面上的旅游地形象(旅游地感知对象)研究成果较多，涉及其构成类型与地域空间结构、等级层次及动态变化方面，而且是目前学者较为关注的研究方向。旅游地客观形象构成类型的研究呈现着多角度、多维的态势，观点众多，对于旅游地形象的语言表述的方法以及类别的划分关注不够，研究成果匮乏。旅游地形象设计内容深受传统企业形象策划思想的影响，不管是从构成要素角度、系统角度，还是从组成部分角度来说，国内旅游地形象设计的内容仍然引用经典企业 CIS 理论的 3I 内容，但对具体内容的表述与理解和 CIS 稍有差异，没有大的发展。此外，李蕾蕾力图使旅游地形象策划摆脱企业形象策划理论的影响，尝试构建了一个可以普遍适用于各类型、各层次的旅游地进行形象策划的统一模式——DIS 模式。此模式被广泛应用，学者们对旅游地形象设计的程序基础与要求基本达成共识。国内旅游地形象的传播研究在近年倍受关注，主要倾向于旅游地形象传播的媒介、手段、过程、策略的研究。旅游地形象传播的媒介手段及过程策略主要是引用企业形象传播理论，探讨传统的传播手段与策略在旅游地形象传播中的应用，形成了媒介、手段和策略等相关理论，创新研究较少。

2）多实证设计研究，理论研究较少

旅游地形象策划理论是在对旅游地形象传统意义的认识基础上，受企业形象策划理论的启发以及旅游开发与旅游业迅速发展的推动等综合因素的作用而产生并且成长起来的。中国旅游地形象策划的研究起源于不同学科(如规划、经济、公关等)对地区和企业形象策划和设计的研究，并深受企业形象 CIS 设计的影响，在很大程度上借鉴和套用了 CIS 的模式和方法。同时由于从事旅游地形象设计研究的学者多为地理学背景，因此，理论研究受企业形象设计和地理学理论影响较深。

国内关于如何设计某地旅游地形象的研究占据了旅游地形象研究成果的大部分，尤以作为重要旅游地及旅游城市形象的设计研究与应用成果为多，实证研究数量颇丰，涉及旅游地形象设计的方法、内容、程序、原则和形象定位等。郭英之在综述国外旅游感知形象的研究和国内研究现状的基础上总结出国内同类研究状况：就研究内容而言，主要是对区域性旅游地形象的策划研究；就研究方法而言，大多是对旅游地形象策划的定性研究，并有转向定性研究与定量研究相结合的发展趋势；就研究区域而言，只局限于对国内旅游地形象的设计研究；就研究成果而言，相当多的研究成果是从区域性旅游市场出发的，具有主观性，主要为地方政府经济和社会的战略发展提出建议及对策。近年来国内外关于旅游地形象的研究大多集中在具体的旅游地形象策划方面，无论从数量上还是质量上，旅游地形象设计与应用都是国内旅游地形象研究的重点，尤其是城市旅游地形象的设计实证研究所占比例很高，比较而言，国内纯粹的旅游地形象理论研究较为薄弱。

3）旅游地形象设计理论研究正逐步深入

20世纪90年代末，李蕾蕾撰写出版了国内第一本旅游地形象策划专著以后，旅游地形象创意策划倍受关注。近20年来，中国旅游业发展的理念大体经历了4个阶段，即资源导向→市场导向→产品导向→形象驱动，在当今激烈的旅游市场竞争中，形象塑造已成为旅游地占领市场制高点的关键。陆林、章锦河(2001)对旅游地形象的实质及旅游地形象的识别等问题作了有价值的研究。尹隽(2006)主要对旅游地形象策划的程序、方法及推广策划作了较全面的探讨。此外，还有学者对旅游地形象形成的心理过程有所涉及。这些都标志着旅游地形象设计理论研究已经受到中国学者的普遍关注，并且正在逐步深入。但是从总体上看，国内学者对旅游地形象研究历史较短，虽然取得了丰硕的成果，但也存在着一些问题。这些问题主要有：①理论深度不够，实证研究较多；②受企业形象设计理论影响，旅游地实质性认知对象设计理论研究少，旅游广告策划研究较多；③旅游地形象认知者角度研究较少，认知对象研究较多。

3. 国内外相关研究现状总体特点

综上所述，目前旅游地形象研究具有以下特点：①国外旅游地形象研究比中国起步早；②旅游地形象研究迟于企业形象研究，并且前者是以后者的理论为基础发展起来的；③理论研究薄弱，实证研究较多，旅游地形象设计理论自身特色不够明显；④旅游地形象设计理论研究主要立足于企业管理和地理学。

即学即用

以旅游地形象设计学为例，思考一下如何处理一门学科的理论研究与实证研究之间的关系？

1.3 旅游地形象设计与企业形象设计比较

企业形象设计理论被应用于旅游地形象设计，一方面，说明企业形象理论已经比较成熟；另一方面，说明旅游地形象设计与企业形象设计存在很多共性。不过，虽然旅游地形象设计与企业形象设计共性较多，但是也有不同之处，因此不能完全照搬企业形象理论，应当体现自身的特色，这样才能更好地指导旅游地形象设计工作。

1.3.1 设计原理与方法相同

虽然旅游地与企业的产品不同，但是其形象设计目的是一样的，都是为了扩大旅游地或企业影响，在公众中树立品牌，争取到更多的顾客，增强市场竞争力，创造经济效益，因此，在设计原则、方法等理论上一脉相承。企业形象设计理论在旅游地形象设计中得到较好的运用正说明了这一点。但是，完全照搬企业形象理论来研究旅游地形象也是不科学的。

1.3.2 设计内容有差异

形象构成系统的构成决定了形象设计的内容，下面对两种形象相关内容进行比较，以便找到它们之间的联系与区别，明确旅游地形象设计的内容。

1. 两种形象构成系统的构成及结构比较

旅游地形象与企业形象构成系统的性质存在一定的差异。旅游地形象可以是一个国家、一个省、一个市、一个景点的形象，也可以是一个旅游企业的形象，既有企业性质又有非企业性质；企业形象只指企业的形象。因此，在系统构成上两者有一定的差别。

1）系统核心形象不同

企业是盈利组织，而旅游地是一个区域空间，它们的性质与内涵存在很大差异。虽然旅游地也有经营者，但是盈利的一面并没有企业那样凸显，因此，人们对它们所关注内容和期望形象明显不同，其形象系统构成也不尽相同。一般认为，企业形象系统可以分为3个子系统，即理念形象、行为形象和视觉形象，其中最核心部分为理念形象。企业理念形象是由企业哲学、企业宗旨、企业精神、企业发展目标、经营战略、企业道德、企业风气等精神因素构成的企业形象子系统。企业行为形象是由企业组织及组织成员在内部和对外的生产经营管理及非生产经营性活动中表现出来的员工素质、企业制度、行为规范等因素构成的企业形象子系统。其中，内部行为包括员工招聘、培训、管理、考核、奖惩，各项管理制度、责任制度的制定和执行，企业风俗习惯等；对外行为包括采购、销售、广告、金融、公益等公共关系活动。企业视觉形象是由企业的基本标识及应用标识、产品外观包装、厂容厂貌、机器设备等构成的企业形象子系统。其中，基本标识指企业名称、标志、商标、标准字、标准色，应用标识指象征图案、旗帜、服装、口号、招牌、吉祥物等，厂容厂貌指企业自然环境、店铺、橱窗、办公室、车间及其设计和布置。

在企业形象的3个子系统中，理念形象是最深层次、最核心的部分，也是最为重要的，它决定着行为形象和视觉形象；而视觉形象是最外在、最容易表现的部分，它和行为形象都是理念形象的载体和外化；行为形象介于上述两者之间，它是理念形象的延伸和载体，也是视觉形象的条件和基础。如果将企业形象比作一个人的话，理念形象好比是他的头脑，行为形象就是其四肢，视觉形象则是其面容和体型。

其实，上述观点未必能说明企业形象的本质问题，确切地说，企业形象系统应当由4个子系统构成，即理念形象、产品形象、行为形象和视觉形象(图1.9(a))。企业形象可以表现在很多方面，但是对于公众来说，最关注的是企业产品，即产品的性能、质量和价位，而且企业理念主要是从产品形象中体现出来的。其次是服务质量以及它在社会中扮演的角色，企业名称、产品外观包装、厂容厂貌、机器设备、标志、商标、标准字、标准色等都是外在的，只是企业一些识别符号，通常对企业形象形成并不起决定性作用。企业产品感知要素对企业形象非常重要，因为产品是企业的命根，是企业形象的一面镜子，是体现理念形象的主要窗口。企业给予消费者的印象好坏的重点集中表现在产品上，产品不好，其他方面再好，如名称再好听、徽标设计得再好看，都无济于事。消费者关注的内容还有企业在销售及售后服务方面表现如何。

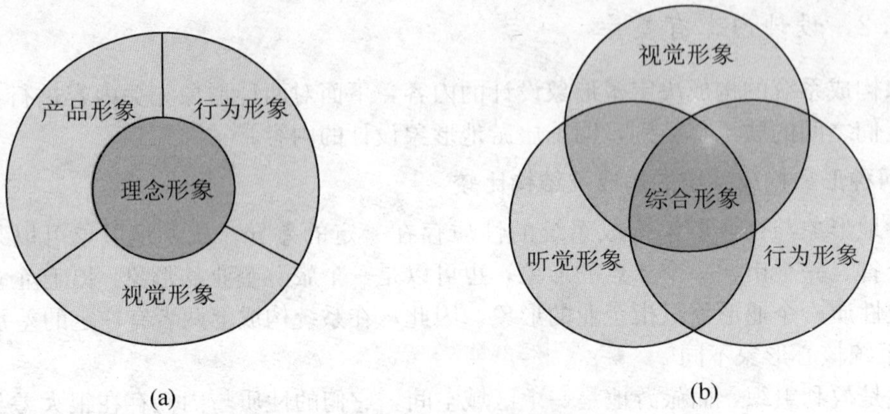

图 1.9　旅游地形象与企业形象系统及其结构比较

(a) 企业形象系统及其结构；(b) 旅游地形象系统及其结构

旅游地形象与企业形象构成系统及其结构不同，可以分为 4 个子系统，即综合形象、视觉形象、听觉形象和行为形象，其中核心形象是综合形象，是后 3 种形象的综合，而不是理念形象(图 1.9(b))。旅游地的形成有两种情况，一种是靠特有的旅游吸引物发展旅游，大多数旅游地经营者行为处于辅助地位，不管是自然旅游地还是人文旅游地，它们不是靠理念来发展的，要是有理念，也只是行为管理理念，这种旅游地占绝大多数，此类旅游地的核心是综合形象；另一种完全为了发展旅游而人造旅游吸引物，此类旅游地的一切形象是以理念形象为核心，理念决定着旅游地的产品、行为及发展方向。众所周知，理念是由人产生的，有一定的目标。对于大部分旅游地来说，旅游资源都是历史遗留，不是经营者创造的，其形象不是由理念来决定的，尤其是遗产型资源的旅游地。例如，黄山被称为人间仙境，这种形象不是由人的理念来决定的，因为黄山的风光也不是按照人的理念制造出来的；故宫、苏州园林、西递古民居旅游地的创造者是古代人，当初创造这些建筑的理念显然不是为了将来发展旅游，只是后人对它进行了利用。可以说，大多数旅游地形象不是以理念形象为核心的。当然，不否认有部分旅游地形象是由管理者理念决定的，管理者处于主导地位，尤其是旅游企业的理念可以决定发展目标，类似于企业形象。例如，芜湖方特欢乐世界建设之初就将其发展理念确定为“打造东方迪斯尼”，虽然类似这种形象包含管理者的理念，但是最终目标还是要综合特色明显，才能产生理想效应，旅游者感兴趣的不是企业形象，而是旅游项目的体现效果，能留下深刻印象的不是企业形象，主要是对旅游吸引物的印象。总之，将理念形象作为旅游地的核心形象仅适用于部分旅游地，而将总体形象当作旅游地的核心形象，则适用于各种旅游地。

2）形象的子系统的内涵有所不同

旅游地与企业是两种性质不同的认知对象，因此它们的形象要素的内涵也各不相同，即便是有同样的子系统名称，其内涵也不同。尽管旅游地经营实体有很多是企业性组织，但是从旅游体验角度看，即使是企业管理性质的旅游地，也不宜将其当做企业来看待，因为旅游者感兴趣的对象不是企业，而是旅游吸引物的功能与特色。旅游企业形象可以作为旅游地形象的一部分，但是不宜当做旅游地形象来看待。如果是要研究旅游企业形象，则可以将其当做企业形象来看待，或者将它当做旅游地形象的一部分，因为它们研究的内容是不同的。从旅游地构成要素看，也是相对地，不同地方有不同的组合特征。

(1) 行为形象内涵不同。企业行为形象是由企业组织及组织成员在内部和对外的生产经营管理及非生产经营性活动中表现出来的员工素质、企业制度、行为规范等因素构成的企业形象子系统。内部行为包括员工招聘、培训、管理、考核、奖惩，各项管理制度、责任制度的制定和执行，企业风俗习惯等；对外行为包括采购、销售、广告、金融、公益等公共关系活动。旅游地形象的这部分内容设计也需要，但仅仅是其中的一小部分，主要还是侧重于旅游环境中存在的各种行为形象，如当地居民、服务人员、旅游者等行为形象。

(2) 视觉形象内涵不同。企业视觉形象是由企业的基本标识及应用标识、产品外观包装、厂容厂貌、机器设备等构成的企业形象子系统。其中，基本标识指企业名称、标志、商标、标准字、标准色，应用标识指象征图案、旗帜、服装、口号、招牌、吉祥物等，厂容厂貌指企业自然环境、店铺、橱窗、办公室、车间及其设计和布置。旅游地传播形象内容方面与企业相似，但是由于旅游地产品与企业产品有很大的区别，旅游者购买的产品形式是虚拟的，是综合的，因此，两者形象涉及的内容有所不同，主要表现在旅游地视觉形象内涵侧重于旅游地视觉环境元素及其综合效果具有的形象。

(3) 旅游地形象构成要素比企业形象复杂。不仅视觉元素重要，而且听觉和嗅觉元素也很重要，尤其是听觉元素的地位很重要。这方面与企业形象相比有明显不同。旅游环境中各种要素综合地作用于人的感官，并触景生情，产生心理感应，加工成旅游地形象。设计者需要对环境声音系统进行匹配。而企业形象构成元素，除了产品的功能、质量及售后服务质量外，其他方面作用并不明显。

2. 两种形象设计内容比较

旅游地形象与企业形象构成系统及其内涵的不同，也就决定了设计内容的不同。不仅视觉元素不同，而且行为元素也不同。企业形象设计内容主要是理念形象设计、产品形象设计、服务行为形象设计、视觉识别系统及形象传播设计。旅游地形象设计内容主要是旅游地总体形象定位，视觉、听觉、行为认知对象的设计，视觉识别系统及形象传播设计。两种形象定位的传播符号与传播方法设计相同(表1-1)。

表1-1 旅游地形象与企业形象系统构成及设计内容比较

对比项目		企业形象		旅游地形象	
形象系统构成及结构	核心形象	理念形象	企业哲学、企业宗旨、企业精神、企业发展目标、经营战略	总体形象	特色、风格、品位
	形象子系统及其内涵	行为形象	生产经营管理及非生产经营性活动	行为形象	旅游地居民、管理者、服务者、旅游者
		视觉形象	产品外观包装、厂容厂貌、机器设备、基本标识、应用标识	视觉形象	视觉吸引物、旅游设施、基本标识
		产品形象	产品的性能、质量和价位	听觉形象	环境声音

续表

对比项目	企业形象	旅游地形象
设计内容	理念形象 产品形象 行为形象 识别符号系统 形象传播	总体形象 视觉形象 听觉形象 行为形象 识别符号系统 形象传播

即学即用

应用本节的方法分析个人形象系统的构成及其结构特征。

1.4 旅游地形象设计的过程与内容

旅游地形象设计是建立在全面了解旅游地情况的基础上，设计旅游地形象系统，并对各种认知对象进行分析提炼，以市场为导向，确定对外传播的总体形象，确定传播方式与范围的一个系统工程。通常旅游地形象设计流程主要包括以下方面。

(1) 旅游地情况调查。旅游地形象设计的第一步工作是要全面深入地了解旅游地情况，为形象设计工作奠定坚实的基础。调查内容应是既要全面又要有重点，不仅需要了解旅游地的自然地理背景、人文地理背景，还要了解旅游市场现状；既有宏观层面的内容，又有微观层面的内容。

(2) 旅游地形象特征分析。旅游地形象特征分析包括两方面，即旅游地内部分析和市场背景分析。旅游地内部分析主要是对地脉、文脉、资源的旅游价值进行分析，根据调查分析的结果，概括和提炼出旅游地形象总体特色和个别特色、建设的发展方向。市场背景分析主要是对类似的产品、供需状况背景，本旅游地市场现状、知名度和美誉度进行分析。如果调查结果显示旅游地形象不具特色、不够明确，应当提炼和设计鲜明的形象；如果调查结果显示旅游地负面形象突出、形象不利，应当设法扭转局面；如果调查结果显示形象陈旧，与现实形象不符、过时，应当设计新的形象；如果调查结果显示旅游地正面形象鲜明突出、形象优良，应保持和强化良好形象。

(3) 旅游地形象定位设计。明确形象特征后，还要根据特色、结合市场需要来确立自己的市场地位，表达形象特征与进行市场定位设计，确定建立旅游地整体形象的位置，要确定某旅游地形象在众多旅游地类型中处在什么位置，建立什么特色，并根据细分旅游市场，确定细分旅游市场的形象设计。旅游地形象定位是旅游地形象设计的核心，是旅游地形象要素设计的指导方针，一旦旅游地形象定位落实，以后的一切设计都要围绕着它来进行。可以说，旅游地形象定位立意的高低是决定旅游地形象设计乃至旅游地规划设计成败的关键。定位完成后，还要用语言形式准确地描述出来，以便于传播。只有通过一定的形式将形象描述出来，才能被其他人所感知。

（4）旅游地形象认知对象设计。旅游地感知对象是旅游者获取加工形象素材的信息源，旅游地形象系统的构建是一个多层次、多方面系统的复合过程。从特性认知来看，可以把旅游环境分为自然认知环境、人文认知环境和综合认知环境。首先为环境定“调”，即确定旅游地的风格，然后系统地设计旅游地自然认知对象和人文认知对象。旅游地认知环境设计是旅游地形象设计的重点内容。具体地说，它以营造特定认知环境，体现旅游地特色为目标，来设计各种环境的认知对象。这些工作似乎与景观设计有交叉，不过本书认为，旅游地形象设计侧重于认知环境格调定位设计；景观设计内容则是宏观和微观设计都有。环境中认知对象十分广泛，凡是作用于人的精神世界元素都在其中，人们会有意无意地感知这种环境，包括视觉认知对象、听觉认知对象、行为认知对象等，均视为环境要素。换一种说法，就是旅游吸引物及其辅助要素，也就是人们所说的“硬件”、“软件”，它们同时作用于人的心灵。

（5）旅游地形象识别符号设计。为了便于传播旅游地形象，或者说为了让公众准确识别旅游地，还需要设计一系列表征旅游地的符号，如旅游地名称、标志、标准字体、标准色等，让这些符号载体携带旅游地信息，通过各种传播渠道广泛传播，让旅游地形象与符号之间建立起约定关系。

（6）旅游地形象传播设计。为更有效地传播旅游地形象，激发人们的旅游动机，必须要选择适当的传播手段和宣传口号，使旅游地形象信息能有效地传递到相关受众，以便达到预期的效果，例如，采用报纸、电视、广播、网络、会展、节事活动传播方式。旅游地形象的传播应针对旅游目标市场中现实的和潜在的消费者，让其了解、信赖并购买旅游产品(图 1.10)。

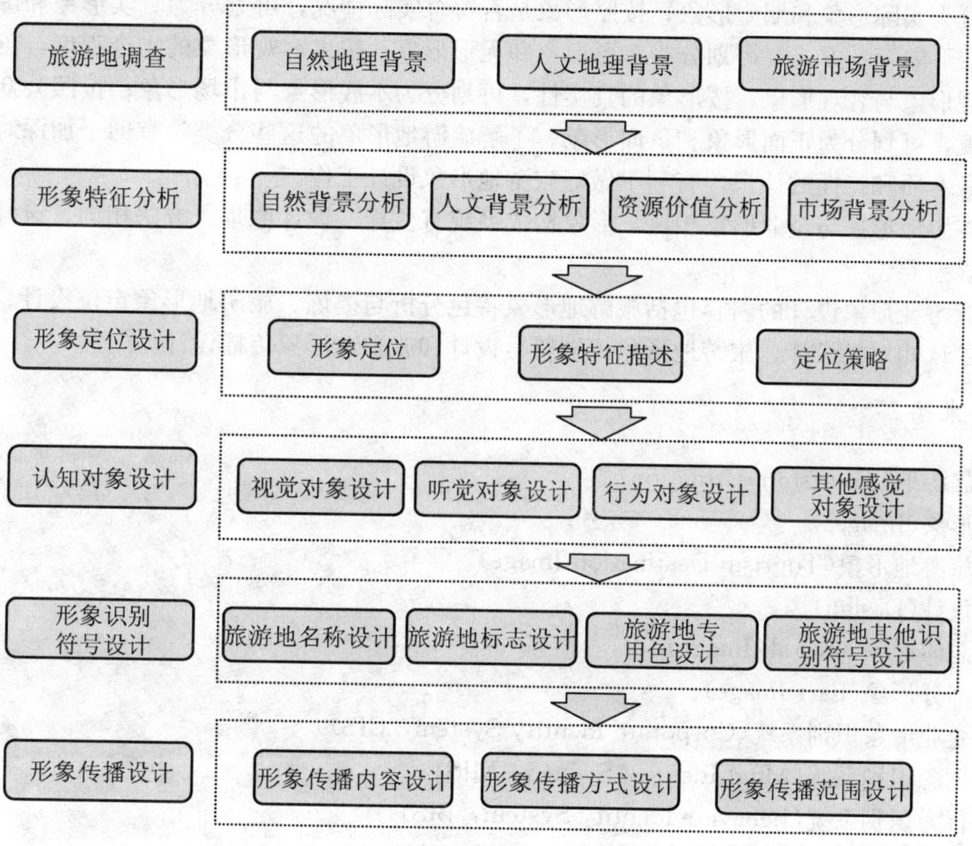

图 1.10 旅游地形象设计的过程

本章小结

旅游地形象设计是为了树立旅游地形象，对旅游地形象特色进行分析、提炼、定位，并确定形象识别符号、认知对象及间接传播方案的系列行为和过程。

旅游地形象设计的对象主要是旅游地形象认知对象、旅游地形象定位及传播方式。

旅游地形象设计学是研究旅游地形象设计理论和方法的学科，是旅游学的一个分支，是一门应用学科，主要理论基础包括旅游学、设计学、地理学、心理学和传播学等相关理论。旅游地形象设计学的主要研究对象为旅游地形象认知心理、旅游地形象定位方法、旅游地形象认知对象设计、旅游地形象识别符号设计、旅游地形象传播设计。

旅游地是具有旅游价值的特定区域，作为一个开放性系统，其范围可大可小，大至一个区域、一个国家，小至一个景区、景点，只要能用于满足人的旅游需要、实现旅游目的的地方都是旅游地。

旅游地形象是公众对旅游地环境特征的综合印象。这里的环境应当是认知环境，而不是理化环境，其构成要素包括物质的和非物质的环境元素，是旅游体验的场所、情境。

旅游地形象是旅游地的名片，是旅游业发展的主要动力，是一种无形资产，在旅游地发展中具有十分重要的作用。

旅游地形象按照形象包含的内容，可划分为部分形象和总体形象；按照形象现实性，可划分为实际形象和期望形象；按照形象是否符合实际情况，可划分为真实形象和虚假形象；按形象存在方式，可划分为有形形象和无形形象；按主客观形象的吻合程度，可划分为主观形象与客观形象；按形象的真实性，可划分为本底形象与市场形象；按照公众的评价态度，可划分为正面形象和负面形象。了解旅游地形象的这些分类，有助于加深对旅游地形象本质和特性的认识，有利于做好旅游地形象设计工作。

旅游地形象与企业形象相比，形象构成系统有差异，设计原理、方法相同，设计内容有明显差异。

旅游地形象设计的内容包括旅游地形象特色分析与提炼、旅游地形象定位设计、旅游地形象认知对象设计、旅游地形象识别符号设计和旅游地形象传播设计。

关键术语

旅游地(Tourism Destination)
形象(Image)
旅游地形象(Tourism Destination Image)
设计(Design)
总体形象(Overall Image)
部分形象(Part Image)
企业形象识别系统(Corporate Identity System，CIS)
理念识别系统(Mind Identity System，MIS)
行为识别系统(Behavior Identity System，BIS)

视觉识别系统(Visual Identity System，VIS)

旅游形象识别系统(Tourism Identity System，TIS)

知识链接

[1] 陆林，章锦河．旅游形象设计［M］．合肥：安徽教育出版社，2001.

[2] 李蕾蕾．旅游目的地形象策划：理论与实务［M］．广州：广东旅游出版社，1999.

[3] 尹隽，王海莉，周晓梅．旅游目的地形象策划［M］．北京：人民邮电出版社，2006.

[4] 杨思远．企业形象设计——理论及实务［M］．上海：上海交通大学出版社，1996.

[5] 李宏．对旅游目的地形象概念的两种理解［J］．旅游学刊，2006(6).

[6] 臧德霞，黄洁．国外旅游目的地形象研究综述——基于 Tourism Management 和 Annals of Tourism Research 近 10 年文献［J］．旅游科学，2007(6).

[7] 李森．企业形象策划［M］．北京：清华大学出版社，2009.

[8] 文春艳，李立华，徐伟，等．旅游目的地形象研究综述［J］．地理与地理信息科学，2009(6).

[9] 明庆忠．旅游地规划［M］．北京：科学技术出版社，2003.

练习题

一、单项选择题

1. 旅游地形象按形成过程可划分为 3 个阶段的形象，即原生形象、次生形象和(　　)。

A. 发射性目的地形象　　B. 间接感知形象

C. 复合形象　　D. 实地感知形象

2. 目前国内旅游地形象的研究集中在 4 个领域，即旅游者层面、旅游地层面、旅游地形象传播以及(　　)研究。

A. 旅游地形象设计应用　　B. 旅游感知

C. 旅游形象理论　　D. 旅游地形象的评价与测量

二、名词解释

1. 旅游地形象
2. 旅游地形象设计学
3. 设计学
4. 总体形象
5. 部分形象

三、简答题

1. 目前旅游地形象研究现状具有哪些特点？根据旅游地形象的概念，你认为旅游地形象研究应当从哪些方面展开？

2. 旅游地形象类型有哪几种划分方法？分别是什么？

3. 旅游地形象设计同企业形象设计比较有哪些异同？

4. 简述旅游地形象设计的过程。

案例分析

宋城集团成功的启示

宋城集团是中国最大的民营旅游开发投资集团，是世界游乐与主题公园(IAAPA)的高级会员，集团投资方向以旅游休闲为主，同时涉及房地产开发、文化传播、高等教育、电子商务等领域。目前，宋城集团已成为拥有由宋城旅游发展股份有限公司等15家子公司组成的投资集团，在华东各地开发景区面积26万亩，总资产20多亿人民币，年接待游客500多万人。在由中国旅游协会、杭州市人民政府，中国旅游报社联合主办的“2000年中国旅游与民营企业高峰论坛”上，宋城集团被与会专家称为中国最大的民营旅游开发集团。宋城的整合营销效益是明显的：宋城景区投入4年便接待游客700万人，3年内收回全部投资。2000年“五一黄金周”，宋城集团所属景区接待游客42万人次，门票收入2 200万元，首次超过西湖景区，占杭州旅游总收入的40%，开创了杭州及浙江旅游的新格局。从旅游地形象设计学来看，宋城旅游业成功的原因主要有以下几方面。

(1) 产品设计符合旅游者心理诉求，特色显著。宋城集团投资的主业是——人文主题公园，即通称的文化旅游业。以宋城景区为例，它营造了一个活灵活现的古代生活环境。宋城景区是依据宋代著名画家张泽端的《清明上河图》建成的。在这里，用成千上万块青砖砌成的城墙、泛着青光的市井里弄的石板路、“巨木虚架桥无柱”的虹桥、承载情感的月老祠、仿宋的小吃一条街，都严格按图施工，把千年前宋代街市逼真地再现在游客面前。不仅如此，宋城的文化还是鲜活的、令人亲近的。从每天清晨，大宋皇帝在文武百官簇拥下欢迎第一批游客的入城式，到晚上的大型歌舞《宋代千古情》；从街中的打铁、刺绣、弹棉花、磨豆腐、耍猴，皮影等市井百态，到开封盘鼓、杨志卖刀、王员外招亲，水浒好汉劫法场，构成了活生生的宋代风俗场景，使《清明上河图》穿越时空，栩栩如生地展现在游客面前。正如宋城景区的序中所说，“宋城是对中国古代文化的一种追忆和表达”。

(2) 统一管理一切营销行为。旅游公司、广告公司大力协作，六大景区整体推出，以提高旅游产品在市场的整体竞争力。宋城集团的这种营销模式其实是具有现代经营理念的“整合营销”。整合营销相对于传统营销的特点是信息的横向传播，传播双方是平等关系，用“沟通”来取代“促销”，使产品反映消费者的需求；而在实施过程中，更注重不同传播工具及手段优势的整合，降低企业宣传成本，使企业的价值形象与信息以最快时间传达给消费者。

(3) 重视宣传口号设计。“给我一天，还你千年”，这个宣传口号既表达了宋城景区以千年文化为主线，怀古寻根的主题，又显示出企业的一种营销理念，即对消费者的承诺和对自己产品的信心。这个宣传口号通过中央电视台等传媒及户外广告的整体宣传，已广为人知，在扩大品牌影响的同时，也向人们传递了企业的一种经营理念。

(4) 市场定位准确。宋城集团以杭州旅游市场为核心，以上海及华东地区为目标，积极扩大在“西湖一日游”市场中的占有率，在华东建立500家旅游社的委托代理网络，使长期客户占旅客量的50%以上。

(5) 重视传播设计。宋城集团为开辟上海市场，组织“暑期乐，杭州新景亲子游”，请100户上海家庭免费到杭州游宋城，该活动共收到15万封上海人来信，企业在上海产生了巨大的亲和力。与政府有关部门积极合作，举办各种大型文化艺术及会展活动，扩大影响，提升社会关注度。把在景区举办各种大型节庆活动和文体竞赛作为营销的重要手段。通过举办活动既更新了景区文化活动、丰富了文化内涵，活动本身也成为吸引游客的一大亮点。杭州乐园2001年5月1月举办的“200万寻宝大行动”，3天内吸引游客20万人次；2001年10月宋城火把节、杭州乐园狂欢节，分别吸引15万人次和22万人次的游客。

从本案例中你受到了哪些启发?

（资料来源：李建国．民营经济开发文化旅游资源的成功探索者研究报告．2002. 有删节、修改）

第2章　旅游地形象认知心理

本章教学要点

知识要点	掌握程度	相关知识
旅游地形象认知过程	掌握	形象、个人形象、企业形象、城市形象
旅游地形象形成的影响因素	理解	认知心理学、认知环境、环境设计学
旅游地形象形成因素之间的关系	了解	认知心理学、美学
旅游地形象认知结果的特性	掌握	人性学、认知心理学
旅游地形象认知的心理效应	理解	社会心理学、认知心理学
旅游地形象印象控制及其对旅游地形象形成的意义	理解	社会心理学、认知心理学控制论

本章技能要点

技能要点	掌握程度	应用方向
形象认知心理现象的研究方法	理解	形象评价模型研究
旅游地形象形成规律研究方法	掌握	旅游地形象或其他形象形成规律研究
旅游地形象印象控制的方法	掌握	旅游地形象或其他形象设计

导入案例

四川大学旅游学院对江油市的旅游形象受众感知做了调查，统计数据表明了受众对江油市旅游形象认知结果为：认为李白故里的有47.8%，认为自然风景的有41.3%，认为长钢基地的有20.2%。“李白故里”被受众感知最突出，自然风景也很突出，这两者最有可能成为江油市的旅游形象定位的主导因素，如果以“李白故里”来定位江油市的形象，或者以李白故里和自然风景结合来定位江油市的形象，都容易得到认可。

本案例说明：客观认知对象对认知者形成发挥着主要作用，但是不同的认知主体对同一个旅游地会出现不同的认知结果。看来旅游地形象形成受着主客观两方面因素的影响，究竟其中有些什么规律呢？通过本章学习你会有一个初步的认识。

（资料来源：http://wenku.baidu.com/view/ee1c2e758e9951e79b892777.html）

旅游地形象形成于公众的心中，其认知过程及认知结果是旅游地形象设计的重要依据，尽管人们不能直接设计它，但是可以分析其形成过程与规律，通过控制信息构成及信息量等来影响形象形成的心理过程与结果。目前，国内的研究多集中在旅游地自身形象塑造与传播中，而对旅游地形象认知的心理过程研究较少。既然旅游地形象形成的主体是人，旅游地形象客体设计必须围绕人的特性来设计，才能达到理想的效果。美国设计学家那基认为，“设计的目的是人，而不是产品”。这种观点表明了以人为本的设计理念，揭示了设计的本质问题，也就是说，一切设计都是以满足人的需要为目的，必须围绕人来进行。实用产品设计如此，旅游地认知对象的设计也应当如此，因为旅游地形象必须通过人的感知作用才能形成，如果不考虑人的因素，一切设计都是毫无意义的。因此，为了保证旅游地形象设计工作的针对性和有效性，首先必须把握旅游地形象认知的规律。通过本章内容的学习，要掌握旅游地现象认知的一般心理过程及其影响因素，形象形成的原理，印象的主要特征，如何控制印象形成方向。

2.1 旅游地形象认知过程及影响因素

导入案例

旅游地在征集的旅游地旅游宣传口号中可以看出，对同一个旅游地的旅游宣传口号设计，不同的设计者会提出多种不同的方案，以下以扬州和南宁为例来说明。

扬州旅游宣传口号是：“烟花水都，诗画扬州”；“烟花三月情，二分明月梦”；“访八怪故里，寻琼花芳踪”；“江南第一游，骑鹤上扬州”；“天下三分灵秀，二分尽在扬州”；“人居佳绝处，诗画新扬州”；“烟花月亮城，歌吹是扬州”；“精致扬州，享受生活每一天”；“古文水绿秀，扬州看不够”；“文化水都，扬舟天下”。

南宁旅游宣传口号是：“奇山秀水，风情南宁”；“歌海绿浪，情满壮乡”；“绿城寻歌梦壮乡”；“风情壮都，绿城南宁”；“绿城山水美，悠悠壮乡情”；“南宁：写满诗情绿意的请柬”；“绿色梦境，多彩南宁”；“绿城携手东盟，山歌唱响世界”；“走进多情山水，拥抱绿城南宁”；“歌在壮乡，美在绿城，游在南宁”。

（资料来源：http://hi.baidu.com/zywself/blog/item/f3fe27dd3aadfdd18d1029df.html）

这种现象说明了一个什么问题呢？如何去全面认识旅游地形象形成规律？在本节里将介绍旅游地形象认知的一般规律。

旅游地形象认知是人的心理活动，看不见，摸不着，是一个比较难以研究的课题。对于这样的现象，我们不能确切地去描述整个形象的形成过程，只能通过一些现实中存在的现象来分析、推理、综合，从而把握其中的一般规律和特性。简单地说，旅游地形象认知是认知者通过旅游或媒介获取旅游地信息，形成对旅游地认知环境的总体特征的认识过程。下面来了解一下旅游地形象认知的内涵，以及对影响旅游地形象认知的因素进行分析和讨论。

2.1.1 旅游地形象认知的一般过程

形象是一个内涵极深、外延极广的概念。不管是一个人、一个企业，还是一个城市或者一个国家，都有一个形象。形象是指认知对象在人的心中的印象，它是一种抽象、综合的印象。心理学认为，形象是人对某事物的整体印象。我们所观察的客观事物的信息，通过视觉、听觉、嗅觉等感觉器官的感知，在脑海中加工、表象，形成所谓的形象。形象是人们对客观事物产生认识和判断结果。旅游地形象认知过程受到主客观等多种因素影响，其中主观因素也很多，而且信息加工过程十分复杂，又不便于观察，但是其中存在一些规律性(图 2.1)。

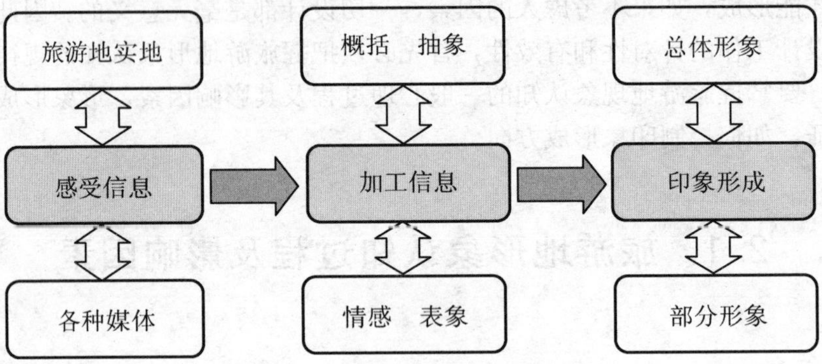

图 2.1　旅游地形象形成的过程

形象认知过程属于认知心理学研究的内容。认知心理学有广义、狭义之分。广义的认知心理学是指凡是研究人的认识过程的，都属于认知心理学。而目前西方心理学界通常所指的认知心理学，是指狭义的认知心理学，也就是所谓的信息加工心理学。它是指用信息加工的观点和术语，通过与计算机相类比、模拟、验证等方法来研究人的认知过程，认为人的认知过程就是信息的接受、编码、储存、交换、操作、检索、提取和使用的过程，并将这一过程归纳为 4 种系统模式：感知系统、记忆系统、控制系统和反应系统。强调人已有的知识和知识结构对他的行为和当前的认知活动起决定作用。

Fakcrompton 按照成因将旅游地形象分为三类：原生形象、引致形象和复合形象。原生形象是公众头脑中由已有经验和教育形成的目的地形象；引致形象是由广告、宣传推动产生的形象；复合形象是旅游者旅行后形成的更综合的形象。旅游地形象是旅游地综合特征在旅游者心中的印象，其认知过程大致可划分为感受信息、加工信息和印象形成这 3 个阶段。

1. 感受旅游地形象信息

旅游地形象认知的第一个阶段是旅游地形象信息通过各种媒介作用于感受者。这是形象形成的基本素材的获取阶段，信息量的多少会影响后两个过程。人类是通过各种器官来获取外部客观世界信息的，据研究，大约 83%的信息来自视觉器官，11%的信息来自听觉器官，而味觉、嗅觉和触觉信息合计仅占 6%。信息被输送到大脑中枢神经系统进行加工处理而形成知觉。由此而知，人类获取信息主要是靠视觉和听觉。对于旅游地来说，所有认知对象都有意义。

瓶颈理论认为，在人的认知通道中，感觉通道可同时登记和储存许多信息，但这些信息被转送到觉察器之前须经选择性过滤器的过滤，只有那些通过选择性过滤器的刺激的信息，才被知晓。因此，尽管有些事物进入了人的感觉领域，但由于没有引起注意也就不会留下印象。

据研究，人对于信息的接受有选择性特征，即选择性接触、选择性注意、选择性记忆。选择性接触指的是人们总是愿意接触那些与自己原有态度相一致的信息，以避免在心理上产生不和谐。美国学者科顿（J. L. Conon）经研究得出这样的结论，“几乎每一个研究均发现了显著的选择性接触的效果”。选择性注意是指人们无法事先决定信息的内容，总是喜欢关注那些与自己固有的观念、态度、行为相一致的信息，或是自己需要的、感兴趣的信息，这既是一种认知和谐心理因素，又是一种文化期待现象。选择性记忆则是指人们在信息传播过程中，愿望、需要、态度及其他心理因素影响他们对信息的记忆，也就是说人们很容易记住那些他们自己感兴趣的、一致的、需要的信息，进而忘却那些自己不感兴趣的、不需要的，甚至是不愉快的信息。

旅游地形象形成过程中，人们通过各种媒介和到旅游地感受到大量的旅游地信息，这些形象信息并非全部进入感觉通道并被记录下来，在这些信息被知觉并留下印象之前，需经过注意通道的选择，注意通道是类似瓶颈的单通道，一次只能让少量信息通过。公众可接触到的信息很多，但是真正感兴趣的信息却不多，这些少量经过过滤器过滤的信息才成为旅游地形象信息加工的材料，即旅游地形象是建立在对这些信息的加工的基础上而形成的。这种特点决定了公众接触到的信息并不能全部被知晓。哪些信息能够被知晓，除了受信息本身的特点如与旅游行为相关性、信息强度、规模大小、新奇性等因素的影响，还与认知者个人的兴趣、需要、动机、态度等有关。

2. 加工旅游地形象信息

机器的运行过程易于把握，人脑信息加工过程比机器复杂得多，很难具体地描述头脑中是如何加工信息，而且影响因素相当多，人类只能间接地研究其一般的规律。

旅游地形象信息通过注意通道的初步过滤后，人们会对被选择的信息进行知觉加工，最终形成一定的印象。这里的信息加工处理过程是一个复杂的心理过程，包括注意的筛选、知觉加工、认知解释，并受旅游者的心理能力和非理性因素(如个性、情感、习惯)的影响，这种印象经过旅游者之间的心理交流，逐渐趋同、整合、精练，最终完成印象的社会化过程。这样，旅游地形象就获得了抽象、概括的意义，并使这种抽象的形象不断调整，如此几经循环，旅游地形象得以定型进而形成公众对旅游地的共同印象。人类的知觉加工具有一些共同的特征和规律。

1）整体性

旅游地形象信息加工主要是以形象思维方式为依据，其特点有以下两方面：一方面，它不像抽象(逻辑)思维那样，对信息的加工符合逻辑顺序首尾相接地、线性地进行，而是可以调用许多形象性材料，同时合成新的形象，或从一个形象跳到另一个形象。它对信息的加工过程不是系列加工，而是平行加工，是面性的或立体性的，它可以迅速从整体上把握住问题。另一方面，形象思维对信息的反映是粗线条的，对信息的把握是定性的或半定量的。知觉对象是由许多部分组成的，但是人并不把对象感知作为许多个别的孤立部分，而总是把它作为一个统一的整体。在形象信息加工过程中，不是将各部分信息进行简单的拼合，而是进行复杂的加工融合。客观对象的许多部分形成复合刺激物，大脑皮层反映客观对象各种属性的关系，经思维概括、抽象形成对象的总体印象。在复合刺激物发生作用的时候，各个组成部分的强度具有重要意义，其中强的成分掩蔽弱的成分，弱的成分在复合刺激物中，仿佛失去了自己的独立作用。因此，在感知对象的时候，当具备了组成对象整体的若干关键部分，或者把对象的关键部分突出来，便形成知觉。旅游地形象刺激作为一个多要素的复合刺激物作用于旅游者，旅游者知觉系统中，单个元素不是一个个相互独立的，而是经过整合的总体印象，而且符合整体大于部分之和的规律。由于各个要素强度的差异，其在整体印象形成中的贡献率是不同的，旅游地形象的关键要素影响着旅游者对旅游地的总体印象。

2）知觉性

人们对新的刺激的整体反映须借助过去的知识和经验进行知觉加工。旅游地形象的形成过程，也是旅游者将新的信息刺激和过去的知识、经验建立联系的过程，旅游者会用自己已有的知识和经验去解释新的刺激，从而形成和自己已有的认知结构相协调的旅游地形象。具有不同知识和经验的人受到同样的刺激会产生不同的理解，从而形成不同的印象。除了知识经验外，旅游者的动机、情绪、兴趣等心理因素也会影响旅游者对知觉对象的理解，进而影响旅游地感知印象的形成。

3）选择性

在每一时刻作用于人的感觉器官的刺激是众多的。但是，人并不能注意到同时作用于感觉器官的所有刺激，也不能对作用于感觉器官的所有刺激都发生反应，而只能选择其中少数刺激加以反应，对外来信息有选择地进行加工。一般来说，对人产生强烈刺激的事物和对人比较有意义的事物较易识忆，被识事物在头脑中留下的印象越深，这种记忆保持的时间也越长，再认识和回忆也就越准确。旅游地能否在公众心目中留下深刻的印象，进而形成良好的旅游地形象，受记忆规律的影响。如果旅游地的自我形象容易识忆，如经提炼的主题口号，统一的视觉形象等，则有利于旅游者形成印象。印象形成后，还需进行不断巩固以防印象的淡化和遗忘。因此，旅游地需对旅游者进行多方面的宣传和多角度的刺激，巩固已经形成的旅游地形象。意象是经过抽象化加工的形象，留在脑海中，难以言表，意象表达依赖于个人的表达能力。

3. 旅游地形象形成

关于总印象形成模式，心理学家研究发现，人在获得各种信息的同时，会按照保持逻辑一致性和情感一致性的原则，将各种具体信息综合起来，形成一个总的印象或概念，并且使自己获得的信息和由其引起的情感最终汇聚成一个一致的观念。旅游地经大众传播媒介的传播，或者直接到旅游地感知，就形成了一种稳定的社会心理状态，形成稳定的旅游地印象。加工的心理机制有两种。一种是形象思维，即将感知到的具体事物形成的表象加以简单再现、拼合、变形、联想等，然后得出结果。另一种是抽象思维，即将感知到的具体事物形成的表象加以抽象、归纳，然后得出抽象概念。印象是综合加工的结果，按照其复杂程度，印象可分为具体的和抽象的。

1）旅游地具体印象的形成

旅游地具体印象能表明具体评价内容，并能用一定的方式描述出来（通常是文字语言），与他人所共享。例如，黄山被誉为“人间仙境”，非常概括地描述了黄山的景观特色，虽然“仙境”一词很抽象，但是这种景象的视觉元素是可以通过记忆中的某些表象联想与想象出来的，能被大家所理解，有具体的内容，内涵也很丰富，使人联想到很多仙境的景象。中国佛教四大圣地之一的九华山被誉为“莲花佛国”、“佛国仙境”，形象地描述了旅游地的特色。

2）旅游地抽象印象的形成

社会心理学家曾对印象形成过程的信息加工过程作了大量研究，但他们主要是对人的认知过程研究较多，建立了一些模型。在具体的总印象形成方式上，不同人可能有不同情况，社会心理学家提出了3种形成模式：加法模式、平均模式和加权平均模式。这些模型也适用于旅游地形象认知过程。得出旅游者对旅游地总体印象的好与差的抽象的结果，一般可以分出优、良、中、差。当然，我们需要研究一套适合于不同旅游地的评价指标，使得评价具有针对性、精确性。

(1) 加法模型。这种模型理论认为，人们在根据部分信息形成对他人的整体印象时，并非以特性的平均价值为依据，而是以特性价值的总和为依据。心理学家费希本(M. Fishbein，1964）认为，人们的总印象形成，首先遵循加法模式。评价结果与特征多少与强度有关。被评价对象肯定性特征越多，强度越大，则给人的总体印象也越好。相反，被评价对象消极性特征越多，强度越大，那么留给人的总体印象就越差。比如，某旅游地旅游吸引物有特色，给9分；景观美，给8分；服务设施好，给5分；服务质量不好，给－5分；累加得到的数值为＋17分。显然，加法模型和平均模型在解释印象形成时，所依据的分值含义不同。它所强调与侧重的，是整体得分越高，整体印象也就会越好。究竟哪一种加工模型更为准确，更符合实际情况呢？安德森(C. A. Anderson)对此进行了一系列的实验研究，其中所获得的研究结果，大都倾向于支持平均模型。安德森认为，尽管在某些时候可以用加法模型去解释一些印象的形成，但是在大多数情况下，平均模型更能说明人们印象形成时的细节。社会心理学家们经过大量研究证实，在日常生活中，人对被评价对象的总体印象的形成大多遵循加法模式。

(2) 平均模型。1965年安德森(C. A. Anderson)得出了平均模型(averagingmodel)，他认为，人们把所获得的信息加以平均以获得对事物的总体评价。如某旅游者旅游后，会把获得的正性与负性的信息进行加工。假如他认为旅游地景观很美，给＋10分；旅游设施较好，给＋4分；但是服务质量不好，给－5分，然后把这三特质的得分加起来除以3得3分，说明旅游地形象比较好。

1986年，安德森把他的模型改名为“加权的平均模型”（the weighted averaging model)，以强调在所有特质平均前会对那些人们认为非常重要的特质赋予较大的权重。如对旅游地形象来说，对旅游吸引物的功能是第一位的，其权重应当是最高的；对于服务的权重可以适度降低。

(3) 中心品质模型。凯利(H. H. Kelley，1950)曾经做过一个研究证实，人们在总体印象形成过程中，某些特别重要的性质在人们的总体印象形成中发挥着决定性的作用，会影响对另一些性质的评价结果，即通常所说的印象的中心性。以旅游地形象为例，旅游吸引物的品位、功能在各种评价指标中具有中心地位，决定着总体印象分值的高低，而且会影响旅游设施、服务质量等评价指标的高低。也就是说，如果旅游吸引物有很高的分值，即使旅游设施、服务质量原本不能得较高的分值，其总体印象也可能得较高的分值。

即学即用

请你设计一份问卷，调查并比较一下本校学生对自己所熟知的旅游地的印象。

2.1.2 影响旅游地形象形成的因素

旅游地形象形成受多种因素影响，从大的方面看，可将其分为认知主体、认知对象和其他因素(图 2.2)。

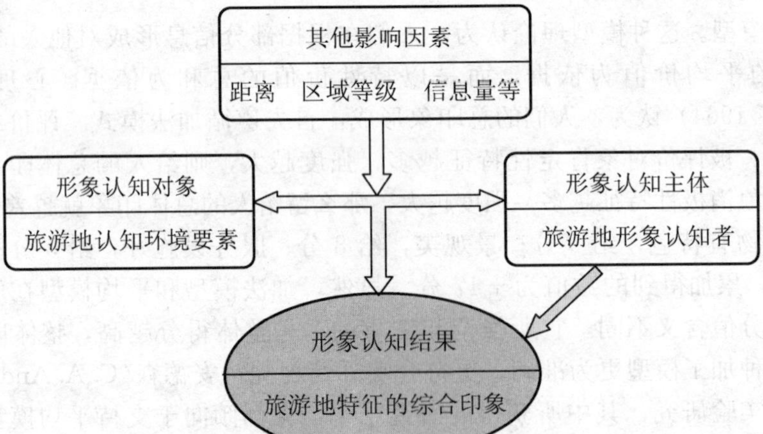

图 2.2 旅游地形象形成的影响因素与认知结果的关系

1. 形象认知主体

导入案例

某学校组织教职工去河南嵩山少林寺旅游，教职工们都带上了家属一同前往。回程的路上，家属们议论起了旅游经历。说到少林寺的“达摩影石”，大家七嘴八舌地议论开了。

王小姐(18 岁，打字员)：“那个‘达摩影石’究竟是什么来历？说是达摩坐禅变成的，是真的吗?”

王太太(45 岁，工人)：“‘达摩影石’有什么好看的？就一块石头，没什么意思!”

李太太(50 岁，家庭主妇)：“什么‘达摩影石’，我怎么没看见?”

陈太太(30 岁，中学教师)：“传说中，‘达摩影石’是菩提达摩在洞中面壁九年，最后入石，而形成的。”

周太太 (40 岁，大学教师)：“对，它体现了达摩参禅悟道的刻苦精神。但其实‘达摩影石’也并非真的达摩入石而成，而是白色的石英岩经过风化，逐渐出现斑点和线纹，这些斑点和线纹由于颜色深浅和分布不同，恰巧构成了一个‘坐禅’的形象，于是人们就赋予了它象征的意义。”

小丁(16 岁，中学生)：“那有什么意思！看少林寺的功夫才是最主要的。啊，少林寺的功夫真棒！哈！哈！”说着便动手舞了起来。

从本案例可以看出，本案例可以说明旅游地形象认知者的个体之间在注意、兴趣、价值观等多方面的差异。即使是对同一事物的评价，也会有不同看法。由此我们或许会认为，认知者个体之间心理太复杂，简直难以把握其中的规律，其实并不完全如此，人的认知心理尽管有差异，但还是有一定的规律的。

（资料来源：胡林，马洁，马莹，等. 旅游心理学［M］. 广州：华南理工大学出版社，2005：36-37）

认知主体即旅游地形象认知者。信息的加工系统是人的大脑，它对信息的加工过程十分复杂，虽然个体间有一定共性，但是差异也很大。认知者的个性特征、知识、经验、世界观、价值取向等，都会影响其对旅游地形象的认知。

1）认知主体心理的共性

因为人类具有相同的生理条件、心理条件以及在共同的自然和社会文化生存环境的作用下，使人类具有诸多共性。

从人的总体特性看，人的信息接受方式、记忆过程及知觉加工的基本过程相近；人的心理需求大多符合马斯洛需要的层次规律；人的注意随着低级需要的满足而向高级需要转移；人的需要兼有物质和精神二重性；人具有好奇心。此外，人具有热爱自然的天性，这种特性对于旅游地形象来说有着特殊的意义。

社会群体内部还有共同的世界观、价值观。每个人都属于一定的群体，不属于大群体，便属于小群体。它是由一定的社会文化背景决定的，造成认知社会特征的主要因素是文化传统、社会环境。文化传统所决定的受众特征，最突出的是民族特征。例如，中国人崇尚和谐、平衡，美国人喜欢创新、历险，德国人严谨，法国人情感丰富，日本人团队精神强，英国人比较刻板等。社会环境指不同的社会经济、政治背景。这些条件决定了认知者的社会特性。

2）认知主体心理的差异

认知主体除了共性以外，还有很多的个性差异，会影响旅游地形象的形成，主要有以下方面。

(1) 人生观。当认知者在对旅游地形成印象时，常会受到其内在世界观，尤其是其内在人性观的影响。尽管大多数人并没有很明确地意识到自己持有某种关于人性的观点，但是他却会在不知不觉或潜意识中，或多或少地受到这种潜在人生观的影响。

(2) 经验。认知者的经历和经验也影响着其旅游地形象认知活动。著名社会心理学家凯利(H. H. Kelley)认为，每个人都具有一定的心理组织结构，如同一个“滤色镜”，人们所看到的一切事物，都要经过这个“滤色镜”的“过滤”。组成这“滤色镜”的因素有：一个人的经验、生活方式、文化背景，以及个人的需要等。这种“有色镜头”的作用，是对认知对象加以分类和辨别。凯利的所谓“滤色镜”，其实也就是心理学家通常所说的“图式”。比如，一提到乡村风光，有经验的旅游者就会联想到山清水秀、小桥流水、农田、村庄的景象；一提到中国西北风光，就会联想到大漠孤烟、长河落日的景象。这些经验会影响形象认知者对同一地区其他景点的看法。再比如，如果旅游地形象宣传言过其实，游客到此旅游以后觉得与宣传形象差之甚远，那么他就会以为宣传材料都是假的，就会戴着“滤色镜”去看以后的旅游地信息。对于没有到过某旅游地的人来说，包含着很多主观联想和想象的成分。他们根据旅游地名称、形象宣传语言、图片、录像等信息，再联想到已经去过的相似的旅游地，并且加上自己的想象，加工成旅游地形象。显然，未到过旅游地的公众心中旅游地形象的形成与他的旅游及生活经历有关。

(3) 兴趣。认知者的爱好、需要、动机、价值观、年龄等诸多心理因素会导致兴趣点不同，从而影响其旅游地形象认知。以个性因素而言，自信心强的人和自信心差的人，在认知同一对象时，前者会有相对的独立性，后者则往往会由于服从权威、迷信别人而使其认知活动易受暗示，缺乏独立性，变得人云亦云等。人的个性也造成一些偏好的差异，即所谓的“仁者乐山，智者乐水”。不同性格、知识背景、年龄的人兴趣点不同，所关注的内容也会不同。一旦某人对某类事物产生浓厚的兴趣，当他在面对众多的事物时，优先注意到该类事物。有的人喜欢看名山大川；有的人喜欢看文物古迹；有的人喜欢休闲娱乐；有的人喜欢探险猎奇。同样的旅游内容，有的人觉得很满意，有的人却觉得不满意。显然对旅游地信息认知受个人兴趣的影响而有所选择。性格是天生的，即所谓的“江山易改，本性难移”，但是兴趣可以是后天养成的，如绘画工作者、艺术工作者、音乐工作者、生物学专家、文学工作者、旅游工作者、考古工作者、地理工作者、孩子、成年人、老人等，他们感兴趣的事情各有不同，在旅游中所关注旅游地的事物也会有所不同。不同的人看到一棵树会有不同的关注点，画家会特别关注它的形状的审美风格和审美价值，文学家会借景抒情，木匠会关注它的材质和用途，旅游工作者会关注它的旅游开发价值，地理工作者会关注它的地理分布及其成因。

(4) 气质。气质对人的认知活动会产生广泛的影响，在认知过程中，不同气质类型的人也会表现出不同的特点，从而影响他们的认知行为。四种气质类型的人表现出不同的认知行为。急躁型的旅游者一般为多胆汁质气质类型。他们喜欢新异的事物，如果旅游内容平淡，注意力就不集中，他们对旅游服务业要求较高，服务不好容易致使产生不良情绪。活泼型的旅游者一般多为血质气质类型。新异的事物容易引起他们的注意，但很快就转移注意力，比较随和，对服务业要求不高。稳重型的旅游者多为黏液质气质类型。他们表现得比较安静，喜欢幽雅的旅游环境，新异的事物不易引起他们的兴趣，自制力强，对服务不到之处不会过分计较。忧郁型的旅游者一般为抑郁质气质类型。他们在旅游过程中较为沉默，性情孤僻，不喜欢热闹的场合，旅游地人流过密，会引起反感；自尊心强，敏感、好猜疑。对急躁型和活泼型的旅游者来说，富有变化的、新奇的、刺激性强的旅游环境会给他们留下很深的印象；对稳重型和忧郁型的旅游者来说，幽静的、优美的、刺激性不强的旅游环境会给他们留下很深的印象。

(5) 修养与知识。认知者的修养不同，认知结果也有差异。知识结构不同，观察问题的角度，内容有较大差异。知识的多少，影响对旅游景观的鉴赏力。文学家、诗人、画家、音乐家等艺术家都是修养较高的人，对形象的鉴赏力及描述能力强，可以比较准确地描述旅游地形象特征。

(6) 年龄。不同年龄的人所注意的内容，对认知对象的理解能力不同。一般地，老年人喜欢幽静的、优美的旅游环境；年轻人喜欢富有变化的、新奇的、刺激性强的旅游环境，喜欢刺激、惊险并具有挑战性的活动；儿童具有天真、活泼、好奇的特性，喜欢热闹的、色彩丰富的环境。因此，如果不是他们喜欢的旅游地，难以引起他们的兴趣，也就难以产生合理的评价。

(7) 情绪。人非草木，孰能无情。人生活在社会中，必然会遇到得失、荣辱、美丑等各种情境，会表现出喜、怒、哀、乐、爱、恶、惧等情绪。据研究，情绪状态对人的认知心理有一定的影响。旅游者的情绪直接影响着信息传播中的认知、理解和反应。有实验表明，当人们的情绪处于不同的心理状态时，对相同的信息会做出不同的反应。良好的情绪可以提高人们的感受性，消极的情绪则会降低感受性。换句话说，当我们处于积极的情绪状态时，我们的感受阈限会降低，对外界刺激更加敏感；而当我们处于消极的情绪状态时，我们对事物往往视而不见，听而不闻，感受阈限会明显提高。在积极的情绪状态时可以接受更多的信息。情绪状态会在一定程度上影响人对一些模棱两可的刺激的知觉。一般来说，当个体正体验着积极的情绪时，就会用赞同的眼光去知觉和评价这些刺激，会给评价对象打较高的分数；而当他们处于消极情绪状态时，就会给评价对象一个相对较低的分数。情绪好坏会影响信息在记忆系统中的组织方式。无论在哪种类型的记忆中(短时记忆或长时记忆)，当个体处于良好的情绪状态时似乎有着更广的记忆信息范围。因此，情绪对记忆会产生强烈的影响。一般来说，当要记忆的信息与个体当前的情绪状态相一致时，这些信息更容易被记住。而且，不论对信息编码还是对信息提取，这种影响都存在。

2. 认知对象

旅游地的诸多认知对象，如旅游景观、旅游设施、旅游地服务、旅游地人文活动等是旅游者形成旅游地形象的客观因素，这些因素本身的实际形象如何，有哪些特色，是影响旅游地形象最终形成的主要因素。虽然形象形成因素受个体的经验、动机、个性等人的主观因素影响，而与客观实际有所偏差，但这种偏差是建立在客观实际形象的基础之上的，有一定范围，而且这种偏差会因为个体印象的社会化过程而不断减小。因此，一般来说，有着良好的认知对象的旅游地，都能让旅游者留下良好的印象。

认知对象特点可在旅游地直接传播给旅游者，也可以通过多种媒介间接传播给受众。不管是何种传播手段，认知对象特点会直接影响人们对它的认知和评价，影响人们的印象形成。例如，认知对象有与众不同的特点，就容易引起人们的注意。什么样的信息会“突出”而引起旅游者的注意呢？根据格式塔心理学的物体知觉原则，强度、运动、新异、对比都是较为重要的条件。对于旅游地形象而言，突显的(品位高的、级别高的、特色明显的)、新奇的、极端的，就很容易引起人们的注意。比如，黄山是世界级的名山，景观也很有特色，很容易受到关注。九华山是宗教旅游地，如果与黄山一样“打自然山水牌”，就不容易突出自己的特色，如果强调佛教文化旅游，就能显示其特色。不少地方打着“神奇××”的口号来吸引旅游者，正是为了突出自己。

那么，为什么“突出”的对象能更多地吸引人们的注意，能够给人留下深刻的印象呢？这是由于人生存的世界里信息十分繁杂，可以说是应接不暇，人们不可能全部接受，必须是有选择地接受，因而总是想以最少的投入获得最大的收获，争取效益最大化，即用认知上最少的努力来对周围的事物形成最快的印象。最便捷的方法当然是对最突出的刺激做出反应，而不是逐一处理全部的信息。信息大爆炸的年代，即便是同一类的信息都应接不暇，况且，人不是录像机，不可能记录所有的信息，只注意到了这些较为“突出”的特征。

当然，旅游地形象以外的信息也会被接受，例如景区发生了大事件、新闻等，也会影响到我们对它的认知。如果被认知的旅游地是首次接触，情境又无特殊之处，那么，其外部特征将成为认知的重要因素。但是，如果是熟悉的旅游地，因为尚有许多其他信息作为认知者认知和评价的参考，那么，对它的认知活动就会深入许多，而不仅仅局限于表面。

3. 其他客观因素

旅游地形象的认知结果，除了与认知者和对象有关以外，还受其他多种因素的影响，主要包括以下几方面。

1）心理距离

很多人都会有这样的体会，一座建筑、一条街道，平时来来去去地经过，丝毫感觉不出它们有什么值得欣赏的地方。可是这建筑、这街道上了照片或上了电影，再一看，会发现它们居然很有观赏性。这些情况的出现，就是由于心理距离而产生。当你置身其中，熟视无睹，是心理距离太近；上了照片或电影，置身其外了，有了适当的心理距离，才突觉其美。这是由于心理距离对于感受的影响。在旅游地形象感知中，不同的心理距离情况下，其认知结果是不同的，它直接关系着欣赏效果。

“心理距离”学说由英国心理学家布洛提出，用来解释审美现象，是西方现代美学中最有影响的审美心理学说之一。布洛认为，审美需要与实际生活、功利目的有一定距离，也就是说美感是超脱实际人生的，对于感知对象采取的一种超功利的态度，有利于美感的形成，这就是“心理距离”学说。一幢建筑、一座桥梁之所以上照片就美了，是因为将照片真正当成是欣赏的对象了，而不只是满足人们实用目的的东西，有了适当的心理距离。

依据“心理距离”学说，不同的认知者对相同的旅游地景观有不同的认知结果。旅游者是带着审美的态度来看旅游地，其美感度会明显地提高，不论从影像资料上看，还是到实地观赏，旅游地美感会很强；而当地居民则天天生活在旅游地，心理距离贴得太近，以使用的层面去看待旅游要素，往往难以摆脱功利性的束缚，因此，当地居民对景观的美感往往会明显低于旅游者。例如，徽州古民居，本地居民并不觉得那么好看，而且住在里面并不太舒适，而旅游者则觉得很有欣赏性(图 2.3(a))；农民种油菜是为了利用油菜籽榨油，可是没想到油菜花还能用于观赏(图 2.3(b))；农民修筑梯田的目的是为了便于种水稻，生产粮食，满足生活需要，不是供观赏用，而城里人把梯田当作造型很美的观赏对象来看，而当地村民则觉得城里人来看梯田不可思议，正是由于心理距离不同所造成(图 2.3(c))；石林地区种粮食、种树都不适宜，实用价值很低，但是从审美的态度来看却是极品，它是“颇具营养价值”的精神食粮(图 2.3(d))。因此，从这种意义上说，旅游者对旅游地形象认知的结果比当地居民认知的结果更好、更客观，旅游地形象调查应当选择旅游者更好。

(a)

(b)

(c)

(d)

图 2.3　保持适度心理距离来看待事物

(a) 村落建筑的观赏价值（徽派建筑）；(b) 油菜花的观赏价值（安徽休宁，潘志超摄）；(c) 梯田的观赏价值；(d) 石林的观赏价值（云南石林）

古人活动遗迹或物品距离现在时间越遥远越有神秘感，诱发人们无限而美好的遐想，也就意味着心理距离较大，可令人联想到与想象出许多古代人类活动的场景。

2）空间距离

旅游地形象认知有距离衰减规律。人对旅游地事物的认知，主要通过两种方法：①亲临实地感知；②通过各种媒介感知。显然两者所获取的信息量是无法相比的，认知的结果也会有明显差别。毕竟对大多数人来说，活动空间范围有限，因此，一般地，来自距目的地越遥远的旅游者对目的地的认知度就越低，甚至发生认知扭曲；反之，人们对所居住的地方及其附近地方的认知度较高，较全面。

不过，在通信技术尤其是网络技术发达的今天，空间距离的远近并不影响旅游地信息的传播，反而对一个地方的认知度会有较大的提高。距离越远，越有神秘感，反而引起人的好奇。距离越远的地方，越令人神往，更想知道另外一个世界是什么样，会更加乐于了解这些旅游地的信息，可能会造成距离越远，反而越想更多地了解。此外，空间距离远，心理距离也远，越能诱发其想象，而且想象中的事物往往比现实中的更美好，因为它是通过想象加工出来的。一般来说，人对环境的认知受活动区域范围的限制，如果超出一定距离之外，人们只有依据媒介信息加工想象去认知环境。从旅游决策来看，由于空间距离与旅游时间和费用是成正比的，旅游选择率服从距离衰减规律。由此可见，空间距离影响旅游决策，但是对旅游地形象认知的影响是两面的。

3）区域等级

旅游者对旅游地的认知首先要了解的是旅游地的地理位置，这种等级位置构成了旅游者心中关于该旅游地的最初形象，是旅游者形成旅游地本底感知形象和决策感知形象的基本方面。旅游者依据地理空间的等级层次性，形成对认知对象的位置或空间尺度的认知。

区域等级层次规律(也称为地理空间认知链)，即人们认识空间分布的事物是按照等级来进行的，先认识地理空间尺度大的，再认识空间尺度小的。这里的地理空间可以是行政(政治)区域空间，也可以是自然区域空间。这种自上而下的认知过程，产生了旅游地形象的背景替代规律、相似替代规律。例如，认识一个国家，先要认识是在哪个大洲；认识安徽，先认识中国。不过受接触信息频次的差异的影响，大多数公众对区域等级层次的认知能力很有限，能够被人认知的等级层次很少。在认识行政(政治)区域方面，如果是国外的区域，一般只能认知国家和首都及特别重要的州(省)府，对一般的州(省)(一级及其以下的地区)的认知就比较模糊，或者认知的数量很少；如果是本国的区域，一般只能认知省份(市、自治区)和省级行政中心及特别重要的地级市，对省辖市以下的居民点认知就比较模糊，或者认知的数量很少，甚至还不如对著名的旅游景点了解的多。例如，九华山属池州市管辖，往往公众对旅游胜地九华山了解比池州市还多，这与信息接触的数量和频次有关，如果让其接触较多旅游地信息，旅游地很容易取代第二等级行政区域的地位。在认识自然区域方面，如果是国外的区域，一般只能认知大洲和大洲的东、南、西、北部区域，很难更加具体了解；如果是本国的区域，一般只能认知是在本国东、南、西、北部区域，是内陆还是沿海，属于哪个省，其他方面的认知就比较模糊。

加大信息传播量可以减小因距离远带来的认知困难，使旅游地形象认知增强，甚至跨越区域等级规律。例如，很多人可能不了解黄山市行政区域空间的等级，却知道有黄山这个旅游胜地。因此，广告宣传可以让更多的公众熟知旅游地，对于扩大旅游地知名度有着重要的意义。

4）认知者接触信息的性质、数量、频次、内容

对于未到过旅游地的公众来说，人们接触信息频次和获取量对旅游地的形象认知起着一定的作用。当然这种信息传播方式可以是广告性的，也可以是非广告性的；可以是有意获取，也可以是无意中得知。广告性传播可以人为控制信息量，而非广告信息传播量取决于媒体关注度和信息对公众的价值。公众接触的旅游地信息频次多了，便加深了印象；如果获取旅游地信息量大了，认识会更深、更全面。从这个角度看，旅游地形象认知可以不受空间距离的影响。尤其在网络时代，在地球村里，空间距离感会逐渐弱化。旅游地应当充分利用先进信息传播手段，合理提高信息传播频次和加大信息量来提高知名度，让公众更多地了解自己。

2.1.3 旅游地形象形成影响因素之间的关系

旅游地形象形成的因素包括认知主体、认知客体和其他因素(图 2.2)。这三个方面中，认知主体和认知客体的特性对旅游地形象的认知影响最大，是其根本，其他因素也具有一定的影响。人是旅游地形象认知的主体，而且个体差异大，信息加工也很复杂，又是旅游地管理者无法干预的部分，只能分析和把握其部分规律。旅游地管理者只能对形象认知客

体进行控制，对其他因素进行干预，因此，旅游地形象设计者要了解这些因素的特点。从这个角度看，旅游地形象的优劣主要取决于旅游地本身的各种认知对象如何，特色是否明显。

2.2 旅游地形象认知结果的特性与控制

小思考

几乎每个人都有一个习惯，那就是在你出门前或多或少都要打扮一番，尤其是在去重要社交场合之前，更加重视自己的形象，这究竟是为什么呢？一个旅游地在展示给公众之前应当要做哪些整饰工作呢？通过本节的学习你将会懂得其中的道理。

对于旅游地管理者来说，都希望给旅游者留下一种美好而深刻的印象。因此，作为一个精明的旅游地管理者都会重视旅游地形象认知对象的设计，将其作为旅游规划的关键性的一项工作。公众感受到旅游地信息，经过知觉系统概括、抽象，会形成一个认知的结果——印象。把握印象的特性，对旅游地形象设计来说有着重要意义。

2.2.1 印象的一般特性

印象（Impression）是指客观事物在人的头脑里留下的印迹。在社会心理学领域研究较多，该学科主要研究对人的印象问题。社会心理学认为，印象是指人在最初遇到新的社会情境时，主观上按照以自己旧有经验为基础的理解，将情境中的人进行归类所形成的关于认知对象的概念，是社会知觉过程的结果。印象及其形成的问题是社会知觉及其过程的问题。形成印象是人们适应新的社会情境的一种需要。每一个人都具有使自己的行为获得明确定向的需要，都需要明确周围客体，尤其是认知对象对于自己的意义，从而使自己知道对一定的人应当作怎样的反应，行为抉择就会有明确的方向。人们认为，尽管对于人的认知和对事物的认知在内容上不同，但是认知目的与规律是相同的。例如，当公众选择旅游消费行为时，如果要明确旅游地的性质，必须先将旅游地归类，形成关于对象的一定概念——印象，明确该旅游地对自己的意义，为自己的旅游行为定向。

人们常常会谈论某地好玩或不好玩，对某地印象如何如何。从本义上说，印象应当是人们对于认知对象各方面的突出特点的认知，它所反映的是对象的总体特征。但是，在很多情况下，人们并不是等到把握了对象的全部特性之后，才下结论。有时甚至只是获取重要信息，就形成一种最初印象，作出判断，表现出自己的态度。当然，如果获取更多信息，便会形成比较完整的印象，但是第一印象却具有惯性作用，在某种程度上决定认知者以后的判断。在旅游地形象认知过程中，人们会利用和组织各种信息，来形成对旅游地的完整印象，进而来判断旅游地的特色和内涵，并决定自己行为的方向。

1. 中心性

衡量旅游地形象好坏的主要指标是旅游产品的旅游价值、服务质量、设施条件等。描述旅游地印象的形象语言主要涉及几个基本向度，也就是说，人们基本上是从那几个向度来描述对一个旅游地的印象的。一旦某旅游地被置于某一向度上，即使有再多的信息，也无法另外增加对它的印象。这个向度的重要性并非均等，旅游产品是其中最重要的向度，其他向度的重要性则稍低。因为在实际的认知过程中，我们一旦在这一向度上对旅游地形成好或不好的印象后，就会将它延伸到其他情境或其他特质上去。也就是说，一旦人们判断出某地是好或不好的时候，那么对此地的整体印象也就基本上确定了。

从印象形成的规律看，在实际的印象形成过程中，构成印象的各种信息资料所占的权重是不一样的，有些信息资料的权重大于其他信息，会对整个印象的形成有很大的影响，因而这个具有重大影响力的特性便被称为核心特性。对于旅游地来说，旅游产品的质量是影响印象形成的核心特性，也是旅游地得以生存的生命力所在。“一俊遮百丑”，也就是说如果旅游产品能够满足主要旅游目的的话，其他方面的不足，可以在一定程度上被优点遮住，旅游者往往不会过分计较。

2. 一致性

旅游地形象是认知者对旅游地这一特殊对象认识的结果。认知对象客观因素总体特征的客观性，以及主观认知心理因素的共性，决定了旅游者形成的旅游地形象会产生共性和趋同性。旅游地这一客观对象所包含的各种属性通过各种可感的形式作用于认知者，如旅游吸引物，基础设施、服务设施，人的行为等要素的信息通过感觉系统进入人的大脑，相同的客观对象会促使不同的人形成统一的印象，导致总体印象一致。在形成有关对旅游地的印象时，人们倾向于对其不同的特质形成较为一致的评价，即我们倾向于将旅游地视为某种“内部一致”的区域。人们一般不会将旅游地看成既美又不美，甚至当有关的信息资料出现矛盾(即相反的特性并存)时，人们也力图消除这些不一致(如重新整理这些资料，或有所歪曲)，从而把客体看成是一种特性一致的对象。由于这种“一致性”倾向的存在，如果某地被认为是“令人向往”的时候，那么它同时也应该是吸引人的。为了印象的“一致性”，人们往往在对旅游地有了基本的了解后，就去推论它其余的大多数特征。这种认知过程中的一致性倾向，是造成“晕轮效应”的主要原因。旅游地印象的一致性为旅游地塑造其形象提供科学依据。

3. 差异性

印象有共性，但是由于旅游者主观条件(关注的重点、经验、个性、年龄等)不同，会造成认知形象和旅游地的实际形象可能会存在一定的不同，总体上看应当是大同小异。旅游地形象设计者应当看到印象一致性，也不应当忽视个体之间的差异，以便减少差异。

4. 综合性

知觉具有整体性。印象形成过程中，信息选择是针对事物具体特征的。但事实上，我们最终形成的印象并不停留在各种具体特征上，而总是形成对事物的总体印象，并依据这一总体印象来获得最终的行为定向。人们会将旅游地视觉形象、听觉形象、服务形象等方面综合起来形成一个印象。因此，旅游地形象设计者应当全面考虑旅游地环境各种认知对象设计，旅游地形象设计不仅要抓主要认知对象，而且不能忽略一般认知对象，以便达到或接近旅游者预期的感受效果，这样，旅游地整体形象会更好。

2.2.2 旅游地形象认知的心理效应

社会心理学认为，在印象形成过程中，存在另外一些规律，比较显著的有首因效应、近因效应、光环效应、刻板效应等，这些都是印象形成中较为普遍的规律。由于这些认知常常并非客观地反映客观事物，而是扭曲、误解对象的特性，因此也被当作是社会知觉偏差。尽管如此，由于这些现象具有普遍性，因此把握这些规律有助于我们对旅游地形象形成规律的认识。

1. 首因效应

通常所说的印象更多是指第一印象或最初印象。在社会心理学中，由第一印象导致的，最初获得的信息比后来获得的信息对总体印象形成影响更大的现象，称为首因效应(Primacy Effect)，也叫最初效应。"首因"即首次或最先的印象，也就是通常所说的第一印象。社会心理学家的大量研究表明，在印象形成过程中，首因效应普遍存在。由于人们保持认知平衡与情感平衡的心理作用，往往使后来获得的信息的意义与已经建立起来的观念保持一致，对后来获得信息的理解，常常根据第一印象来完成。换言之，第一印象对后来所获得的信息理解和组织有着强烈的定向作用，它会影响人们以后对其行为的解释和稳定的内在特质的归因。

心理学家对首因效应产生的原因作了多种解释。一种解释认为，之所以最初获得的信息及由此信息形成的第一印象在总印象形成过程中作用更大，是因为在最初接触陌生客观事物时，人们注意力的投入完全而充分，因而此时的印象更鲜明、强烈。对后继的信息，人们的注意力会游离，因而信息对人的影响作用下降。心理学家通过实验发现，当实验者提醒被试者注意新接触的人或事物各方面因素且注意力不要只高度集中于最初信息时，首因效应随之消失。对首因效应的更为主要的解释认为，对后继信息，人们往往按照先入为主的最初印象的轨道来解释。另一种解释认为，人们认知事物也存在先入为主的现象。先获得的印象往往在头脑中占有主导地位，以后再遇到新的信息时，就不容易接受。

首因效应对旅游地的认知具有重要的作用。旅游地入口、旅游线路中的首站、首次旅游某地给旅游者留下的印象会影响旅游者后面的印象，这种印象很可能会在很长一段时间内左右人们对旅游地的看法。这种效应带来的问题是，当人们只获得了有关旅游地的部分信息时，就力图对旅游地的另外一些特征进行推理、判断，以期形成一个统一的和一致的印象。心理学家卢钦斯(A. S. Loehins，1957)用实验证明了首因效应的存在。因而，我们旅游地管理者应当认识到给旅游者留下良好的第一印象的重要性，尽量避免让不好的现象先入为主，而对旅游地形成偏颇的印象。

2. 近因效应

近因效应(Recency Effect)又称最近效应，是指当人们识记一系列事物时，对末尾部分内容的记忆效果优于中间部分内容的现象。据心理学家研究，在总的印象形成上，相对于首因效应而言，近因效应远不那么普遍和明显。近因效应的产生，是因为在形成印象过程中，不断有足够引人注意的新信息提供；或者原来的印象已经随时间的推移而淡忘，在人们回忆旧有信息存在困难，对一个人的判断要依赖目前情境时，人们就倾向于以新近信息为依据，从而产生近因效应。安德森等人研究发现，越是新近出现的特质，对形成最后的印象越重要。如果初始信息和最后信息之间有较长的时间间隔，或者在中间插入其他的与形成印象无关的任务，将会削弱首因效应，并显示出近因效应，则近因效应越明显。原因是前面的信息在记忆中会逐渐模糊，而近期信息为短时记忆，会比长时记忆的信息清晰。卢钦斯做了有关近因效应的经典实验来验证。卢钦斯还对首因效应和近因效应发生的时间做了研究，他认为，当两种信息连续出现时，首因效应明显；而当两种信息断续出现时，则近因效应较为突出。社会心理学实验研究还发现，人的个性特点也会影响近因效应的产生。心理特质表现为开放、灵活型的，会产生更多的近因效应。如果一个人有高度保持一致、稳定的倾向，缺乏足够适应性和应变能力，那么他的自我一致、自我肯定的倾向，会使首因效应更占优势。

既然近因效应对事物的认知具有强烈的影响，在设计旅游形象时就要特别关注相关设计。例如，旅游地出口、旅游线路中的末站、最后一次旅游某地会给旅游者留下很深的印象。

3. 晕轮效应

晕轮效应(Halo Effect)又叫成见效应、光环效应。当人们对认知对象形成了对某种特性的印象后，这种印象会影响对认知对象的其他特质的判断，人们会习惯以与这种印象相一致的方式去评价其他所有的特性。心理学家在分析晕轮效应时发现，人们按照自己的观念(而不是客观地)从对象的一种特性推断出其他特性，是一种普遍倾向。心理学家称这种从一种已知特性推知其他特性的普遍倾向为概化晕轮效应。显然，晕轮效应是"以点概全"，是一种认知偏见。可是在日常生活中常常会遇到这样的现象。例如，当一个人对另一个人的某些主要品质有了好的印象后，就会认为这个人一切都好；反之，若发现某人某些方面不好，就可能认为他什么都不好。人对于事物的认识同样具有这样的特性。许多社会心理学家都曾对此进行过研究，并且得出了一些有趣的结论。比如我们常常所说的"爱屋及乌"，"一叶障目，不见泰山"等。为了树立良好的旅游地形象，要重视光环效应的利用，避免其危害。旅游地应当尽可能给旅游者留下好的印象，不能因为某件小事而影响了整体形象。

4. 刻板效应

刻板效应(Stereotype Effect)是类属性思维现象，是指人们通过整合既有的信息及个人经验来类推对象的特征的一种认知方式。它倾向于按照既有概念来认识和解释认知对象，是类别化认知的产物。因此，刻板效应也被称为类化原则。"物以类聚、人以群分"，人类认识客观事物都是按照类别来进行，这就是类别化(Categorization)，这样把握对象的特性是很便捷的。人们习惯于通过刻板效应简化认知过程，以便迅速地获得关于特定对象的概念。例如，当提起江南水乡，通常人们会联想到小桥、流水、人家；当提起热带滨海风光，通常人们会联想到大海、沙滩、椰子树(图 2.4)。刻板效应对人的知觉的影响，通常是在人无意识下发生。此外，刻板效应还具有保守性、僵化性和对抗相反信息的作用(时蓉华，1998)。对旅游地形象传播来说，刻板效应既具有积极作用，也具有消极的影响，应当科学地利用。

(a)

(b)

图 2.4 人们对一些地区的刻板印象

(a) 江南水乡（浙江乌镇，黄剑锋摄）；(b) 海南热带海滨（三亚）

刻板效应一般被用来指人们对某个事物形成的一种概括和固定的看法。一般来说，在同一地域的文化和自然环境景观具有相似性。例如，同一民族或国家(地区)，有大致相同的风俗习惯、性格特征和行为方式等。同一地区的自然景观相似，这些相似的特点被概括地反映到人们的旅游地形象认知中，并被固定化，便产生了所谓的刻板效应。就社会心理学家的研究结果而言，人们的刻板效应一般是经过两条途径形成的：一是直接到旅游地旅游，然后将一些特点加以固定化；二是根据间接传播的信息如旅游地介绍、传媒的描述等形成对旅游地的概括性印象。现实中，大多数刻板效应来自第二条途径。客观地说，刻板效应并非全都不好，它对人们的旅游地形象认知具有积极和消极两方面的影响。从积极方面看，社会刻板效应中往往包含了一些真实的成分，它或多或少地反映了认知对象的若干情况。同时，刻板效应有助于简化人们的认识过程，为人们迅速适应环境提供了一定的便利。从消极方面看，由于刻板效应一经形成，便具有较高的稳定性，往往使人们的认识僵化，阻碍人们对新事物的接受。

2.2.3 印象控制及其对旅游地形象形成的意义

在社会心理学中，印象控制(印象整饰)一般指人际交往中选择最利己的言辞、表情、动作及服装等，以引导他人对自己有良好的印象。如果我们看一下周围的事物，在生活中常常可以看到这样一些现象：很多的人在去公共场合之前，或多或少地要将自己化妆打扮一番；有朋自远方来，主人通常会把房子打扫干净，收拾整齐，迎接客人到来。从化妆到穿着打扮，显示出对外貌的关心，实际上就是对自身形象的关心；居室的摆设、装饰品、卫生状况也是个人形象的一面镜子。印象整饰同样适用于对其他事物的认知定向。旅游地形象设计也具有同样的道理，旅游地的道路、环境经过整饰，可以变得整洁美观，给人以好的印象，"蓬头垢面"总不会讨人喜欢。在旅游服务中，我们每个人通常都应当以适当而得体的言语和非言语行为来表现自己，既不能太虚伪，也不能太不讲究，以期给对方留下一个良好的印象。把自己的优点"发扬光大"，把缺点和不足加以掩饰。这种有意识地控制别人对自己印象形成的方向的行为，被社会心理学家称之为"印象控制"或"印象整饰"。

人是社会的人，在人际交往中，大多数人都想尽量使自己得到他人的好评，每个社会交往者都要讲面子，既要保全自己的面子，又要顾及他人的面子，实际上这就是马斯洛的尊重和被尊重的需要。社会心理学家们做过许多验证，证明了印象整饰的必要性。印象整饰是用来达到这种目的的手段之一。家里要来客人，就要打扫庭院；国家间来往，也常通过隆重的欢迎仪式、热情的款待等印象整饰方式来表示主人的友好态度。在某种意义上，印象整饰是对客人的尊重，有积极作用，非常合乎情理。旅游地管理者为了使旅游地给公众留下良好印象，需要进行适度形象整饰，以在一定程度上控制形象形成。既要让人感受到想感受的信息，又要防止感受到不协调一面。

由此可见，旅游地自我形象的整饰很有必要，旅游地本来就是供人欣赏的和体验的，外观显得尤为重要，其他方面因素也要适当满足旅游行为的需要。例如，农村开发农家乐旅游，就需要对村庄的里里外外整饰一番，对居民家的庭院进行适度清扫、整理、装饰，要能给人以乡村旅游地所特有的朴素、自然的感觉，还要防止给人以脏乱的感觉(图 2.5(a))；旅游城市需要特别注意道路和店面的整洁(图 2.5(b))，还有环境绿化、美化、亮化设计，这都是形象整饰工作，目的是从感知对象层面来控制印象的形成结果。

(a)

(b)

图 2.5　印象控制

(a) 未整饰过的环境；(b) 整饰过的环境

即学即用

以附近某乡村为例，谈谈在开发旅游前该乡村应当要做哪些整饰工作来展示其特色？

你在认识一个人的时候是否也有刻板效应？举例说明。

本章小结

旅游地形象认知是认知者通过旅游或媒介获取旅游地信息，形成对旅游地物质和精神环境的总体特征的认识过程。旅游地形象是旅游地综合特征在旅游者心中的印象，其认知过程大致可划分为感受信息、加工信息和印象形成三个阶段。

旅游地形象认知的第一个阶段是旅游地形象信息通过各种媒介作用于感受者。旅游地形象信息通过注意通道的初步过滤后，人们会对被选择的信息进行知觉加工，最终形成一定的印象。这里的信息加工处理过程是一个复杂的心理过程，包括注意的筛选、知觉加工、认知解释，并受旅游者的心理能力和非理性因素(如个性、情感、习惯)的影响，这种印象经过旅游者之间的心理交流，逐渐趋同、整合、精练，最终完成印象的社会化过程。按照其复杂程度，印象可分为具体的印象和抽象的印象。旅游地形象具体评价，能表明具体评价内容，并能用一定的方式描述出来，与他人所共享。旅游地抽象印象的形成有 3 种模式：加法模式、平均模式和中心品质模式。

旅游地形象形成受多种因素影响，从大的方面看，可将其分为认知主体、认知对象和其他因素。

印象是指客观事物在人的头脑里留下的印迹，在旅游地形象认知过程中，人们会利用和组织各种信息，来形成对旅游地的完整印象，进而来判断旅游地的特色和内涵，并影响自己行为的方向。印象的一般特性包括中心性、一致性、差异性和综合性。

在印象形成过程中，存在一些普遍的规律，比较显著的有首因效应、近因效应、光环效应、刻板效应等，这些都是印象形成中较为普遍的规律。把握这些规律有助于我们对旅游地形象形成规律的认识。

印象控制(印象整饰)一般指人际交往中选择最利己的言辞、表情、动作及服装等，以引导他人对自己有良好的印象。印象整饰是用来达到这种目的的手段之一。旅游地管理者为了使旅游地给公众留下良好印象，需要对形象认知对象进行适度形象整饰，以在一定程度上控制形象形成。既要让人感受到想感受的信息，又要防止感受到不协调一面。

关键术语

加法模型(Additive Model)
平均模型(Averaging Model)
加权平均模型(Weighted Averaging Model)
中心品质模型(Center Quality Model)
认知主体(Cognitive Subject)
认知客体(Cognitive Object)
心理距离(Psychological Distance)
空间距离(Space Distance)
区域等级(Regional Level)
印象 (Impression)

首因效应(Primacy Effect)

近因效应(Recency Effect)

晕轮效应(Halo Effect)

刻板印象(Stereotype Effect)

知识链接

[1] 沙莲香．社会心理学［M］．北京：中国人民大学出版社，2002.

[2] 申荷永．社会心理学［M］．广州：暨南大学出版社，1999.

[3] 彭聃龄，张必隐．认知心理学［M］．杭州：浙江教育出版社，2004.

[4] 李蕾蕾．旅游目的地形象策划：理论与实务［M］．广州：广东旅游出版社，1999.

[5] 张宏梅．旅游地形象形成的心理过程及其影响因素［J］．安徽师范大学学报（自然科学版）．2004，27（2）：216－218.

练习题

一、单项选择题

1. 旅游地形象的认知过程中的知觉加工具有共同的特征和规律，主要是整体性、(　　)和选择性。

A. 系统性　　B. 统一性　　C. 知觉性　　D. 独特性

2. 社会心理学家对印象形成过程建立的模型有 3 种，分别为加法模型、平均模型和(　　)。

A. 减法模型　　B. 加权平均模型　　C. 加权模型　　D. 中心品质模型

3. 印象控制是(　　)。

A. 控制认知主体的个性　　B. 对认知对象进行整饰

C. 控制心理距离　　D. 控制空间距离

4. 人们按照自己的观念从对象的一种特性推断出其他特性的心理倾向在心理学中通常被称为(　　)。

A. 首因效应　　B. 近因效应

C. 晕轮效应　　D. 刻板效应

二、名词解释

1. 旅游地形象认知
2. 加法模型
3. 心理距离
4. 首因效应
5. 近因效应
6. 晕轮效应
7. 刻板效应

8. 印象控制

三、简答题

1. 旅游地形象的认知过程可以分为哪几个阶段?
2. 影响旅游地形象形成的因素主要有哪些?
3. 旅游地形象认知的心理效应有哪些?

实际操作训练

试通过调查问卷形式作调查，了解一下不同人对同一个旅游地的印象是否有差异，差异有多大。

第 3 章　旅游地形象特征分析与定位设计

本章教学要点

知识要点	掌握程度	相关知识
旅游地情况调查内容与方法	理解和掌握	地理学、文化学、市场营销学、科学研究方法学
旅游地情况分析方法	了解	美学、地理学、旅游学、市场营销学
旅游地形象定位方法	重点掌握	地理学、企业形象设计学、市场营销学
旅游地形象描述	理解	文学，艺术学
旅游地不同发展阶段的形象设计	掌握	旅游学、策划学、生命周期理论学

本章技能要点

技能要点	掌握程度	应用方向
旅游地情况调查方法	理解和掌握	旅游地资源分类、旅游市场调查、科学研究
旅游地形象特征分析方法	理解	旅游形象设计、旅游规划
旅游地形象定位方法	重点掌握	旅游形象设计、其他形象设计
旅游地形象描述方法	重点掌握	形象设计与传播

导入案例

国内外旅游地，不论区域大小都有自己的旅游地形象定位，以下举例说明。

北京：东方古都，长城故乡

大连：浪漫之都，时尚大连

北京大兴：绿海甜园，都市庭院

宁波：时尚宁波——魅力，故事，娱乐

厦门：温馨厦门

青海：中华脉源

黄山区：名山秀水地，休闲黄山区

吉林省：吉水白山，林海雪原；满蒙风情，朝族胜地；北胡故国，伪满旧都

长春：北国春城、绿色都市

浙江省：山水浙江，诗画江南

绍兴：魅力绍兴，人杰地灵

瑞士：世界公园，永久的中立国

西班牙：三S天堂，黄金海岸

这些旅游地形象定位基本能反映旅游地的形象特色，而且这些语言具有很好的表达效果。如何才能做到这些？通过本章的学习，你也将初步具备这种能力。

形象特色分析、定位和描述是旅游地形象设计的主要内容。通过旅游地资源及市场情况的分析综合，设计者的头脑中可以形成一个带有一定主观性的旅游地形象，如果符合实际并能得到多数人的认可，便形成了一个接近于旅游地实际的真实形象。旅游地形象是心中的形象，是抽象的，常见的传播方式不是图像形式，而是语言形式，设计者要用准确、简练、艺术的语言描述头脑中所形成的形象。为了提高市场推广效果，还要考虑市场因素，在市场上进行定位，并用简洁语言表达出来。通过本章内容的学习，要掌握旅游地情况调查方法与内容，旅游地形象构成要素分析方法、定位原理与方法，旅游地形象描述技巧。

3.1 旅游地情况调查

旅游地形象设计是一个系统工程，第一步工作是要了解旅游地情况，除了要进行旅游地内部情况调查，还要进行市场状况调查。

3.1.1 旅游地情况调查的内容

旅游地情况调查是旅游地形象设计的基础工作，包括旅游地的旅游资源调查与旅游市场调查。

1. 旅游资源调查

旅游资源调查是进行形象设计的第一步。独特旅游资源是树立形象的基本条件，独特性是一定地域旅游形象设计的立足点。旅游资源调查就是要在对旅游地资源要素调查的基础上，从旅游地脉、文脉及美学等方面提炼、总结特色，为形象定位提供依据。

旅游地形象设计者必须对本地的旅游资源了如指掌。旅游资源调查的目的是摸清家底，经过调查，以了解旅游地资源的现状、潜力、特征、类别、规模、数量和分布等方面的内容，并对其进行全面、系统的考察，以便分析资源的价值、品位、特色，为设计旅游地形象提供直接而准确的资料。旅游资源调查的内容涉及面广，在调查过程中要制作详细的资料档案，其内容主要包括以下几个方面。

1）旅游资源的类型、结构与规模调查

每一个旅游地的旅游资源构成不同，有的以自然资源为主，有的以人为资源为主，每种资源品位也各不相同，为了保证调查的全面性、彻底性，不应放过每一个细节，应当对本地物质和非物质旅游资源做全面调查。在中国都是按照国家旅游局2003年5月1日颁布的《旅游资源分类、调查与评价》（GB/T 18972—2003）分类体系进行旅游资源类型调查，归类汇总。旅游资源规模调查内容包括资源类型的数量、密度、地域组合、分布范围和面积等。旅游资源调查从以下分类展开。

地文景观类旅游资源（如峰、崖、石、洞、峡和特殊的火山、名山、雪山等）的数量、造型特征、分布状况、组合形成、成因、年代和遗迹等。

水域风光类旅游资源(如河、湖、井、泉、瀑等)的位置、源头、面积、深度、高差、流量、水量、水质、水色、形态、水温、季节变化、形态特征、成因、利用状况等。

天象与气候景观类旅游资源(如风、云、雾、雪、日出、日落、佛光等)出现的季节、持续时间、形态、观赏位置等。

生物景观类旅游资源(如观赏植物、古树名木、林特产品、林副产品、珍稀动物、野生动物等)中植物的种类、分布位置、面积大小、数量、观赏部位、景观特征以及动物的栖息环境、活动规律、生活习性等。

遗址遗迹类旅游资源(如名胜古迹、人类活动遗址等)的种类、历史价值、保存状况、数量、分布情况、相关的历史传说、传奇故事等。

建筑与设施类旅游资源(如活动场馆、宗教建筑、亭、台、楼、阁、陵区陵园、特色街巷等)的文化类别、位置大小、建筑风格、艺术价值、影响范围及历史、保护现状等。

旅游商品类旅游资源(如地方特色饮食、农林畜产品与制品、水产品与制品、中草药材及制品、传统手工产品与工艺品等)的特色、艺术价值、实用价值、纪念价值等。

人文活动类旅游资源。如各少数民族的民俗、神话传说、民间故事的情况;历史文化名人及相关事件的情况;区域内的婚丧嫁娶及各种禁忌、礼仪等;各种民间节日、旅游节、文化节、商贸农事节、体育节等节庆活动举行的时间、规模、影响范围等。

2) 开发现状调查

旅游资源按开发程度可分为已开发旅游资源、待开发旅游资源和潜在旅游资源 3 种形态。开发现状调查包括旅游资源现在的开发状况、项目、类型、产品、时间、季节、旅游人次、旅游收入、消费水平以及周边地区同类旅游资源的开发比较、开发计划等。

2. 旅游市场调查

旅游市场调查的目的在于了解旅游地的市场现状、知名度、美誉度、发展方向、市场前景。一般来说,凡属旅游设计有关的因素都应调查,市场形象调查主要是为了获得以下信息。

1) 旅游市场现状和潜在客源市场调查

年接待旅游者数量是衡量区域旅游总体发展水平的一个重要指标。了解现有旅游者的时空分布、人口结构(年龄、职业、性别、收入、民族、信仰等),旅游者对区域旅游的满意程度,出游动机及旅游方式,到访次数,旅游期望等。了解最大和最小日客流量、月客流量、季客流量和年旅游者数量。了解旅游者滞留时间、过夜人数、自费与公务旅游的比例、团队旅游与散客旅游的比例等。了解旅游者的消费行为,在吃、住、行、游、购、娱等方面的消费构成,人均日消费水平。了解月、季、年的旅游收入,海外旅游者创汇收入,国内游客旅游收入,以及旅游收入在当地国民经济中的比重等。了解客源国(地)的社会风俗和传统习惯、旅游的发展趋势、出游率、不同旅游地旅游者的旅游行为特征、客源地的政策导向以及宗教信仰等。

2) 同类产品调查

为了凸显自己的形象特色,必须了解和掌握其他地方已存在的旅游地形象定位的基本情况,主要竞争对象与合作者的基本情况(优势和劣势、经营状况、市场策略等)。调查其他旅游地旅游产品的生命力、市场占有率、销售潜力、分布地区等方面情况。

3）营销现状调查

对于未曾开发的旅游地来说，市场尚未形成，不需要做营销现状调查，但是可以了解到类似旅游地的市场营销现状。对于有一定开发历史的旅游地，则需要营销现状调查。营销现状调查内容主要包括旅游产品分销渠道的数量、分布和销售业绩，现有分销渠道畅通性，市场上主要中间分销渠道策略实施、评估和调整情况及其对本区域旅游产品的要求和条件等。调查内容主要包括营销对象，营销方式和信息传播方式，广告和非广告传播方式及其效果，营销投入预算，营销效果评估等。

4）公众认知现状调查

对于开发初期的旅游地，公众对它不甚了解，难以了解到公众对旅游地的印象。但是对于有一定知名度的旅游地，可以通过市场感应调查，了解本旅游地的知名度、美誉度以及公众对旅游地的具体印象。了解有多少公众知道本旅游地，公众如何描述本旅游地形象，旅游者对旅游地的形象认识，对旅游地的满意程度，对宣传、广告和公共关系的反应，旅游花费、停留时间以及对旅游地的意见和建议等。了解旅游市场感应信息，获得较为客观的评价信息，了解旅游地在旅游者心目中的形象与期望形象，以便于准确定位和塑造旅游地的旅游形象。公众认知状况通常需要从知名度和美誉度两方面进行，调查方式通常采用问卷调查方式，然后将调查结果进行统计。其结果能反映公众对旅游地的认知状况，这是形象定位设计的重要依据。具有针对性的旅游市场需求信息是旅游形象设计与传播决策的最重要依据，以旅游市场调查为依据可以减少形象设计的主观局限性。

3.1.2 旅游地情况调查方法

旅游资源存在的形式很复杂，涉及面很广。旅游市场不像菜市场，它是看不见，摸不着的，不易掌握。为了保证调查资料的全面性和有效性，需要采取科学的调查方法来获取相关的信息。

1. 旅游资源的调查方法

旅游学了解旅游地情况的调查方法主要有文献阅读法、实地考察法、座谈法。这些方法的运用有利于全面了解旅游地情况。任何一种调查方法都要有目的、有计划地进行。

1）文献阅读法

文献阅读法是指通过阅读搜集到的各种历史和现实的信息数据和情报资料了解旅游地的方法。阅读各种历史和现实资料是旅游形象设计者全面了解旅游地的重要途径，必须认真仔细地去做，此外，要尽可能地扩大阅读范围，因为旅游资源的概念很宽泛，旅游产业所相关的行业很多，许多潜在的资源需要通过这种方法来了解。

2）实地考察法

实地考察法主要是指通过现场勘察方式，对区域旅游资源、旅游产业、开发规划的现状进行细致地考察。对于旅游地形象设计来说考察包括以下两方面的意义。

（1）到实地观察、踏勘、测量，考察资源的数量、品位、价值等实际情况，获得形象设计所需的感性认识和设计灵感，还可以发现新的未被引起注意具有旅游价值的事物。可以现场考察各种形象构成要素，为后期进行本区域形象定位奠定基础。

图 3.1　实地考察

(2) 亲临实地考察，对形象设计来说具有重要意义，具有文献阅读所不能替代的效果。专家应当以普通游客身份进行旅游产品体验，景观欣赏体验，旅游文化氛围体验，感受旅游地景观意象，为进行形象特征描述，以及获取传播符号设计创新创造条件(图 3.1)。

3）访问座谈法

访问座谈法指通过召开会议或与熟悉当地情况的人员座谈来获取资料的方法。访问座谈法调查资料的质量较好，能集思广益，获得文献中看不到的设计思路和设计灵感。访问座谈法包括座谈会与访谈调查两种方式。访问座谈法的对象应具有代表性，具体应包括五类群体：一是旅游者；二是旅游企业的从业人员，包括旅游开发商和旅游经营商；三是旅游业相关部门的领导，如旅游局，发展和改革委员会，文物、城市建设、水利、交通、园林、工商管理、税务等部门；四是当地居民；五是当地从事旅游相关专业的专家、学者。

2. 旅游市场情况的调查方法

旅游市场是一个虚拟的市场，无法直接观察，只有通过某些抽样调查数据来进行推理，因此，旅游市场调查适宜采用问卷调查法和网络查询法。

1）问卷调查法

问卷调查法是调查者通过事先统一设计的问卷向被调查者了解情况、征询意见的一种资料收集方法，所需信息在调查前通过问卷设计转换成被调查者能够回答的一系列具体的选择和问答题。与访谈法相比，所得资料便于定量处理和分析。在科学技术日益进步、文化教育日益发达的现代社会，问卷调查法正得到越来越广泛的运用，调查的效果是值得肯定的。

2）网络查询法

网络查询法是指通过互联网进行的，有目的、有系统地收集、整理、分析大量与区域旅游发展以及区域旅游规划相关的下载资料的一种调查方法。因特网上存放着大量的信息，供世界各地网络用户查询和使用，它有着浩如烟海的数据信息和知识。

3.2　旅游地形象特征分析

为了凸显地域特色，设计者需要对旅游地进行全方位的分析。一方面要通过地理背景分析、资源的旅游价值分析，明确旅游地形象特色；同时必须分析市场品牌现状，因为形象特色应当是一定市场背景下的形象特色。

3.2.1　形象要素分析

旅游地存在于一定的地域，其地理背景是构成旅游地特色的基础，全面分析地理背景有助于全面、准确地理解和把握旅游地形象总体特色。旅游地形象感知对象十分广泛，天地万物都有成为旅游者感知对象的可能。

1. **自然要素分析**

自然要素被人们称为“地脉”。“地脉”原是中国传统风水文化中用于描述地形好坏的用词。中国传统文化认为，“地”为人间之根基，乃盘古身躯化成。凡人体经脉，在大地中都有一一对应的存在，被称为“地脉”，包含神秘色彩。现在“地脉”被学者们用于描述地域自然地理特征，已经赋予了新的科学的内涵，“地脉”用来指区域自然地理环境在时间上的演化及空间上的结构特征。这一术语常常被用于区域规划设计领域，是相对于“文脉”的一个概念。自然要素分析的内容十分广泛(表 3－1)。从地理学角度看，包括自然地理环境要素，其中最重要的要素有地质、地貌、水文、天文、气象、气候、生物等。为了深入了解自然景观资源的性质、类别、特点以及自然景观资源的形成机制，必然要对自然景观资源构成的各要素进行系统研究和分析。分析旅游资源种类、数量、品位、知名度，景观的审美特征、各种地理要素特点、动植物种类与数量、珍禽异木数量及种类、矿产资源种类及数量等。

表 3－1　自然要素分析的内容

自然要素分析	地形类	综合地表形态
		沉积与构造
		地质地貌过程形迹
		岛礁
	水体类	河段
		湖沼
		瀑布
		泉水
		海水
		冰雪
	生物类	独立树木
		森林
		草地
		花卉
		水生动物
		陆生动物
		飞行动物
		古生物形迹

续表

自然要素分析	天象与气象类	天象
		气象
	自然资源构成	类型结构
		空间结构
	自然区位	地形区位
		流域区位
		气候区位
		海陆区位
		经纬度区位
		生物区位

自然地理环境是自然形成的，并内在地呈现出在时间上显著的传承性及空间上的分布特征。与文脉一样，区域地脉也具有地域性。

地脉的分析就是找出地域自然环境元素的特性和彼此之间的关系。地脉分析应当从演化过程、品位、规模、类型、数量、等级、区位等方面的特征以及类型与空间结构等方面来分析。地脉的地域性来自于自然地理特征区域的差异性。地脉的价值在于其是自然环境的山魂水韵，也就是自然景观意境。这个概念很抽象，它是由各种代表地方特色的自然元素作用于人的感觉系统所形成的印象，是地域自然旅游环境的最本质的特性。要能站在这样的高度去看待地域自然特色。

地脉的分析也必须和旅游价值结合起来。地脉分析要能确定旅游价值及科学价值多高，特色是否明显。有些地区是以山岳景观为主，有的地方是以水景观为主，有的则兼具两者的特性；有的是以草原为主，有的是以森林为主。自然的鬼斧神工创造了绚丽多姿的自然景观，不同的元素组合，形成了不同风格的景观特色。

地脉的分析还必须与文脉分析结合起来，自然与人文景观的结合也是构成地域特色的一种形式。例如，黄山的自然与人文景观结合，增加了黄山景观的旅游价值。将文化融入自然景观，可以提高自然景观的欣赏价值。“山不在高，有仙则名；水不在深，有龙则灵”，这里的“仙”和“龙”可理解为历史文化内涵、名人效应。

旅游地的自然区位分析也是地脉分析的一个方面，如地形区位、流域区位、气候区位、海陆区位、旅游区位等。区域背景的分析有助于明确地域特色。

2. 人文要素分析

人文要素常被称为“文脉”。“文脉”一词，源于语言学，是用来表达文章上下文之间的关系和来龙去脉。现在，“文脉”一词常常被用于建筑学、城市规划学、区域规划学、旅游规划学等领域，其含义已经有所延伸。

在区域规划领域，对“文脉”的概念解释有两种。一种解释为，文脉是指旅游点所在地地域的地理背景，包括地质地貌、气候、土壤、水文等自然环境特征，也包括当地的历史、社会、经济文化等人文地理特征，因而是一种综合性的、地域性的结合自然地理基础、历史文化传统和社会心理积淀的三维时空组合。另一种解释为，文脉是指旅游点所在地地域文化历史传承脉络。克莱德·克拉柯亨把“文脉”界定为“历史上所创造的生存的式样系统”。这里的“脉”含有两层意思，其一是指时间传承的系统，其二是指空间分布的系统。前面两种关于“文脉”的解释均有其自身的道理，本来“文脉”一词就是借用，而且其涵盖能力较强。不过我们认为，由于“地脉”一词的存在，为了与此相对应，还是采用后面一种解释比较好。

从广义上说，文化指的是人类在社会历史发展过程中所创造的物质和精神财富的总和，它包括物质文化和非物质文化两个方面。物质文化是指为了满足人类生存和发展需要所创造的物质产品及其所表现的文化，包括饮食、服饰、建筑、道路交通、生产工具、乡村、城市、日常用品等传统文化，以及旅游文化要素(如宾馆饭店的数量、档次，交通情况，经济总量，人均产值，人均收入，旅游业总产值及人均产值，旅游企事业单位数量，总利税量，服务业从业人员数量、收入、学历、性别、年龄，旅游网站数量、服务内容及模式等)，是一种可见的显性文化。非物质文化与物质文化相对，是文化的核心。人类在社会历史实践过程中所创造的各种精神文化，大体上可分为三个部分：改造、利用和适应自然环境而产生的，如自然科学、宗教、艺术、哲学、历史、历史名人等；适应社会环境而产生的，如语言、文字、风俗、道德、法律等；与物质文化相配合和适应而产生的，如使用器具、器械或仪器的技术方法等。

文脉分析就是找出地域文化系统的本质属性和彼此之间的关系，还要分析类型结构、空间结构和区位(表 3－2)。文脉分析应当从历史过程、重大历史事件、文化品位、规模、类型、数量、等级、区位等特性以及物质文化类型与空间结构等方面来分析。文脉的地域性来自于人文地理特征区域的差异性。由于区域自然地理环境的不同和接受文化辐射的文化源的不同，其历史、社会和经济文化也不尽相同，这使得各区域具有不同的人文地理特征，不同的文脉。文脉的价值在于其是地域的“本”、“神”、“韵”和“格”，也就是人文景观意境与内涵。这些概念很抽象，它是由各种代表地方特色的人文元素作用于人的感觉系统所形成的印象，是地域旅游环境的最本质的特性。站在这样的高度去看待地域文化特色，便抓住了本质问题，就可以设计出高品质的旅游地认知环境。一个地区的特色可能只有最有代表性的某一方面的文化突出，也可能是综合各种要素强化地域特点。

表 3－2　人文要素分析的内容

人文要素分析	人类活动遗迹	古代人类遗址遗迹
		现代活动遗址遗迹
	当代人活动	工农业劳动、表演、会展等场景
	建筑与设施	综合人文旅游地
		活动场馆
		古今建筑
		园林
		农田
		居住地与社区

续表

人文要素分析	建筑与设施	归葬地
		交通建筑
		水工建筑
	旅游商品	地方旅游商品
	非物质文化	人类活动史、传说
		艺术
		民间习俗
		现代节庆
		自然科学、宗教、艺术、哲学等
		语言、文字、风俗、道德、法律、制度等
		器具、器械的使用技术方法等
		地方产品加工工艺
	人文景观结构	类型结构
		空间结构
	人文区位	历史文化区位
		政治地理区位
		经济地理区位
		交通区位
		旅游区位

中国是一个多民族的国家，民族数量仅次于俄罗斯、印度尼西亚、印度。在几千年的发展历程中，中国各民族之间相互融合、相互渗透，又相互分异，发展成现在的 56 个民族，在空间分布上形成大杂居、小聚居的特点。民族是人们在历史上形成的一个有共同语言、共同地域、共同生活和生产方式，以及表现出共同文化特点和共同心理素质的稳定性共同体。民族的多样，意味着文化的多样。每个民族都有自己的文化、艺术、风俗习惯和民风民情，如不同民族的音乐、舞蹈、戏曲、雕塑、绘画、手工艺、节庆、宗教、神话传说、民居建筑、集市贸易、饮食、服饰、待客礼仪等方面差异较大。因此，要想找到地方特色并非难事。

文脉和地脉结合起来，更能展示地方特色。因为文化的形成与自然有着密切的关系，而其两者结合起来更能显示特色。

文脉的分析还必须和资源的旅游价值结合起来。其文化能否用于旅游体验，转化成高品位的旅游产品是不确定的。因为很多文化遗产是非物质的，不能被旅游者所感知。例如，皖北地区的道教文化由于可看可听的内容太少，旅游者难以感受到其文化的存在，需要将非物质文化物质化；而皖南地区的徽文化及齐云山道教文化的可感元素就有很多，旅游者很容易体验到其文化的存在。提高非物质文化的可感性，也是形象设计者要解决的问题之一。

旅游地的文化区位分析也是文脉分析的一个方面，如历史文化区位，政治地理区位，经济地理区位，交通区位，客源地区位等。区域背景的分析有助于明确地域特色。

3.2.2 资源的旅游价值分析

资源的旅游价值是指资源对开展旅游活动所能产生的作用大小。资源的旅游经济价值与旅游价值一般是成正比关系的。资源的旅游价值高低决定着资源的开发前景，是旅游地发展的根本动力。也就是说，旅游地的资源能否满足人们那些旅游活动的需要，旅游价值有多高，这是旅游资源分析的关键问题。旅游的动机主要表现为修养身心、审美、社会交往、好奇探险、宗教信仰。修养身心、审美都是基于资源的美学价值，社会交往对资源的类型没有固定的选择要求，好奇探险对资源的益智性和娱乐性要求较高，宗教旅游对资源要求比较单纯。旅游价值的高低取决于资源与旅游动机的符合程度。

1. 审美价值分析

旅游形象设计必须从旅游审美价值角度来分析资源特色才更有意义。一个地方发展旅游主要都是基于具有较高审美价值的自然或人文景观，它是衡量旅游地品位高低的主要标志。旅游的过程是精神体验的过程，而且这种体验是以审美体验过程为主，甚至有人认为，旅游本身是一项综合性的审美活动。因此旅游地景观美学价值分析有特殊的意义，至少可以说，它是旅游地品位高低的最主要标志之一。景观的美学特征分析要以美学理论为依据，下面分别对景观的自然美和人文美特征分析的内容作简要说明。

1）自然美分析

自然界存在很多美的元素，给予人们以自然美感。设计者要用审美的眼光对各种资源作全面观察和分析，以评价旅游地景观的美学风格和美学价值的高低。资源的审美价值高，也就意味着旅游价值高，也就更容易树立品牌。自然美主要表现在形式上，不同的地域有不同的类型与空间组合特征。自然景观审美特征可以从以下几方面来分析其风格与品位。

(1) 形式美特征分析。形态美特征是其中要了解的主要方面。自然景观中的山岳景观、水景观、生物景观、天象与气象景观奇异形态是景观美的主要方面。无论是从宏观方面看，还是从微观方面看，自然万物之形妙在千变万化，令人味之不尽，陶醉其中。山体之形态、岩石之形态、水之形态、云之形态，植物之形态、动物之形态神奇多变，耐人寻味。“春水满四泽，夏云多奇峰。秋月扬明辉，冬岭秀孤松。”（顾长康诗）。由于大自然的鬼斧神工，造就了形态各异的山石形态，给人以美的感受。山通常给人以阳刚之美。越是奇特、险峻、形态多样，审美价值越高(图 3.2)，它能给人以神秘或崇高之美。水是一种形态多变的物质。有时是液态，有时是固态；有时静止如镜，有时排山倒海，有时晶莹剔透，有时飞流直下，无固定的形态，因时因地而变，这也是其魅力所在。水景观存在形式为海洋、江河、湖泊、瀑布、涧溪、泉水、冰、雪等。如大海广阔无垠，或波涛汹涌，或潮起潮落；江河滔滔，或惊涛裂岸；湖泊静如明镜，或波光粼粼(图 3.3)；瀑布如银河般跌宕如飞、喷珠溅玉；涧溪流水潺潺，泉水晶莹、淙淙外溢。每一种水景观都有其独特的魅力，体现不同的审美风格，会给人带来不同的感受效果。不过，总体上看，水是以阴柔为主要特性。植物形态越是婀娜多姿，树枝越是苍老，形态越奇特，审美价值就越高(图 3.4)。动物越稀有，越可爱，观赏价值越高(图 3.5)。天象、云彩越是奇特，形态越多变越有观赏价值。总之，从形态上看，形态越丰富、越奇特，审美价值越高。形象设计者应当具备较高鉴赏力，在设计之前，对本地所有相关景观要素作出科学合理的评价。

(a)

(b)

图 3.2　山体形态审美价值比较

(a) 山体形态多变而奇特(江西龙虎山，审美价值很高)；(b) 山体形态单调（审美价值一般）

(a)

(b)

图 3.3　不同水的形态具有不同的审美风格

(a) 平静的水(黄帝陵，阴柔美)；(b) 咆哮的水(虎跳峡，阳刚美)

色彩美也是自然景观美的构成要素。自然界中，万物纷呈，极尽色彩变化，主要由山石、水体、树木花草、烟岚云霞及阳光等构成。宇宙中有神奇的流星雨、日食、月食，绚丽多彩的极光；天空素以蓝天白云、朝霞与晚霞为佳景；水本是无色透明的，但由于洁净程度、水深度以及周围物象色彩的不同，而形成各种的色彩；自然和人工植被多呈绿色调，还常伴有五彩缤纷的鲜花，色彩丰富，此外，植被春翡夏翠秋金冬银的季节变化也会造就色彩风格的不同。例如，宏村附近的塔川秋色就是以红叶景观而著称，北京的香山红叶也因为较高的观赏价值而著称于世。植被的地理分布差异使得不同地区植被有不同色彩组合特征。从色彩上看，色彩越丰富、越神奇，随时间变化越多，审美价值越高。

图 3.4 历经沧桑的古树(观赏价值高)

图 3.5 珍稀动物白鳍豚和江豚(观赏价值高，蒋文华提供)

自然景观中有许多美妙悦耳的声音，如泉水叮咚、溪流潺潺、瀑落深潭、浪涛澎湃、雨打蕉荷、林海松涛、幽林鸟语、寂夜虫鸣、雷声震震等。能够聆听大自然的声音，是一种美的享受。不同的旅游地声音组合有所不同，构成的风格各异的自然协奏曲。自然环境中需要有声音的配合，景观会显得更美，即所谓的“鸟鸣山更幽”。自然环境中，需要万籁俱寂，也需要有声音的伴奏，可产生意境的变化，它们都具有欣赏价值。

美学家大多认为，嗅觉不是审美器官。但是由于人的视觉和知觉的作用，嗅觉信息对视听觉感觉系统美感的形成有一定的促进作用，芬芳的树木、花草、泥土，诱人的果蔬味，清爽的空气，它们刺激人们的嗅觉，由此联想和想象出视觉与听觉场景。

(2) 神采美特征分析。神采通常指人面部的神气和光彩，也用于指景物或艺术作品的神韵风采。不管它指的是人还是物，它显然不是一种形式的简单描述，而是综合的抽象的感受的描述。形与神是审美对象两个层面的问题，形是具体、低级的审美形态；神是抽象、高级、意境高妙、意蕴深刻的审美形态。它是一种意味，一种感受，一种充满生命力的对象的外显。神采的存在，有赖于人的品味，是“自然的人化”的结果。关于神采问题早在中国古代已经有过论述。东晋时期，绘画理论家顾恺之首次提出了传神写照、以形写神等美学命题，自此诞生了形神论，它使绘画摆脱了写实的层次，走上了以形写神、形神兼备的道路。顾恺之认为，形与神有着依附和统一的直接关系，但又有它们的独立性，形不等于神，神也不等于形。神采美是一种生命体所具有的正气内存、生命力旺盛的状态，其概念不仅被用于品评绘画作品，还通用于其他艺术作品。宋代书画家苏东坡说：“书必有神、气、骨、血、肉，五者阙一，不为成书也。”宋代沈括论时说：“书画之妙，当以神会，难可以气求也。”由此可见，形式美与神采美属于不同层面的美。形式美是一般意义上的美，可以悦耳悦目；而神采美虽然依赖形式而存在，却是高于形式美的一种美的形态，可以悦心悦意、悦神悦志。虽然神采美现象确实存在，但却是一个抽象、笼统的概念，可以意会，难以言表。

绘画等艺术品存在神采问题，自然景观也有神采问题，但是其只有在人的感受过程中才会产生。自然景观神采美属于意象美，这也是分析中需要关注的一个方面。通俗地说，景观的神采是一种意味，它是景观所具有的某种情调和深刻内涵的美。气象万千的自然景观是大自然赐给人类的宝贵财富。人们对自然的感受与描述也颇为抽象，并且加进的主体情思，使得景观更加有韵味。例如，自然景观的意象特征常被描写为以下几种：雄——形象高大，气势磅礴，一般是指其相对高大而形成的气势；奇——光怪陆离、变化万千的外部形态(图 3.6(a))；险——地势陡峭、险峻(图 3.6(b))；秀——山体丰满、起伏和缓、草木葱郁、流水潺潺、山清水秀；幽——以高山深谷或茂密的植被遮蔽的视线窄小、昏暗、迂回曲折的寂静环境；奥——比幽景更为复杂深远、扑朔迷离的空间环境；旷——视野广阔开朗，因观赏位置高低不同导致心理感应的不同而有平旷和高旷之分；野——未受人类干扰、雕饰或破坏的原始自然景观，能给人以远离尘世的“野趣”之美。人们还将自然景观之神采概括为：山之阳刚，水之阴柔，体现着不同风格的神采之美。有些描述似乎很具体，但是意境高远，如，“明月照积雪”，“大漠孤烟直，长河落日圆”，“春山澹冶而如笑，夏山苍翠而如滴，秋山明净而如妆，冬山惨淡而如睡”（宋·郭熙《林泉高致·山水训》）。这些景观都具有很高的意境。

(a)

(b)

图 3.6 景观的审美风格

(a) 黄山之奇；(b) 华山之险

(http://www.chinahuangshan.gov.cn/huangshanbeautyspot/zjhs/tshs/hszr/webinfo/2010/09/1284630861612798.htm)

宇宙万物都在不停地运动着，运动中的自然景象常给人以生机勃勃、神采飞扬、气象万千之美感，常见的动态元素有云、水、雨、雪等。例如，黄山变幻无穷的云海，它们如缕如带，飞云走雾，绵绵如絮，迷漫如帷；青藏高原、云贵高原地区变化无常的气象，时而风雨雷电，时而阳光普照(图 3.7)。不同地区景色有不同的构成元素。从动态上看，随时间变化动静变化越多、越神奇，审美价值越高。

(a) (b) (c)

图 3.7 自然界的美景

(a)云彩；(b)雪景；(c)气象多变的高原地区(玉龙雪山)

自然物象形态的多变性与奇特性，自然物象色彩组合的丰富性与时空多变性，自然物象时空动态变化的丰富性，自然环境听觉元素的多变性和悦耳性，自然环境嗅觉元素独特性，景观意象美的效果等方面都是评价旅游地品位高低的主要指标。上述各种认知对象往往是多方面组合在一起，不同的审美元素组合模式会形成不同风格的景观。旅游形象设计者通过感受、分析和概括，得出综合特征或者最突出的特征。

旅游资源的开发利用与区位有密切关系，地脉的分析还不能忽略区位的分析，通过区位背景分析和概括，找出与周边地区不同之处，抓住本地的优势。

2) 人文美分析

人文美这一名词虽然被很多人使用，但是目前在理论上并没有明确的定义。我们认为，它是相对于自然美而言的一种美的形态，是人类活动及其所创造的一切事物所具有的美感，不仅有物质形式的美，还包括物质产品中内容的美，它融入了创造者自身的人品、人格、人伦、人性和人生观，而且还蕴涵着丰富的文化。人文美的核心是具有浓郁的人文气息，能体现人的伟大创造力，可以使人产生亲切感、归属感、自豪感、文化感。人文美包括社会美、艺术美和技术美等形态。人文景观作为人类社会创造的产物，是一定的地域文化的物化形态。人文景观之美主要表现在内容和形式上，不同的地域有不同的类型和空间组合特征。人文景观的美在很大程度上与它们的社会内容有着密切的联系，所以人们在人文景观分析时，必须分析景观的文化内涵和品位。文化内涵越深，观赏价值越高，因为文化意蕴是成为人文景观美不可分割的一部分。人文景观的美学分析可以从以下几方面进行。

(1) 人文景观的文化内涵分析。人文景观，如建筑、城墙、佛塔、寺庙、教堂、水利工程、摩天大楼等(图 3.8)，有不同历史时期人类创造的，也有现代人创造。它们是人的本质力量的感性显现，从中体现出人的巨大创造力。无论是古老的城墙还是现代的高楼大厦，其结构的科学性和造型的艺术性，都会令人产生美感；而现代的许多新建筑更是体现了高科技的成就和精湛的艺术成就，从中折射出人类的伟大创造力，都是对不同时期人的本质力量的肯定，因而都具有审美的价值。每一个地方都有历史和现代建筑设施，要在大的文化背景中分析其地方性，分析底蕴是否深厚，是否具有美的内涵。审美对象越能体现人的本质力量，审美价值越高。

(2) 人文景观的社会美分析。人文景观具有丰富的历史文化意蕴，一处人文景观，虽然在形式上可能看不起眼，但是一旦与特定的历史文化相联系起来，就会发出异样的光彩。那些见证历史的古迹，那些留下文人墨客的足迹和诗文的建筑，都会使人更多体验到一种人文美。欣赏古建筑设施可以让人走进历史，历史仿佛就在眼前，怀古之情油然而生。人文景观既然为人类社会所创造，它们的美也必然蕴含着一定的社会生活内容，体现着社会之美。人文景观是人类活动的物态化形式，透过静态的景观可以联想到人的社会实践的动态景象。当我们进入古村落时，会联想到古代居民丰富多样的社会生活景象，会产生时间倒流的感觉。每一处景观都与当地人们生产、生活息息相关，有些景观成为地方特色的重要的标志之一。如从古代民居中可以对古人生活方式有一个形象的认识，也能使人感受古人对物质生活和精神生活的追求，而那些关于人文景观和自然景观的神话传说，更体现了人们对美好生活的向往。民俗风情，本身就是社会生活的一部分，充满着生活气息和情趣，表现出生活各个方面的美。设计者可以亲临这些景区体验这种氛围，以做出正确的分析。审美对象历史文化意蕴越深厚，其审美价值越高(图 3.9)。

图 3.8　临淮岗水利工程(临淮岗水利工程管理局提供)

图 3.9　古村落街巷(有文化底蕴)

(3) 人文景观的形式美和艺术美分析。人类的活动是有意识、有目的的创造性活动。有意无意中创造了美的形式。例如，梯田的造型并非出自观赏的需要，虽然算不上艺术品，但是其形式具有美感(图 3.10)。古今建筑景观大多兼顾实用性与艺术性，按照美的规律来建造。艺术美主要体现在材质运用、造型设计、色彩设计等方面。建筑的造型由于受到自然、材料、技术、社会、经济、文化、艺术等多种因素的制约，具有很强的时代性。在不同时代，不同文化背景下，其在材质、造型、色彩等方面都有很多区别。西方早在古希腊开始把建筑视为雕塑艺术的一种特殊类型，因而注重表现建筑的外观美。由于古希腊建筑采用的是石材，更易表现出建筑的雕塑美。中国古代建筑的造型更强调结构美，无论是柱、梁、枋、椽、飞檐翼角等构件，还是建筑的外形都讲究实用与审美的统一。以民居为例，北京的四合院，福建的圆形土楼，徽州的天井式建筑，一个地区一种风格。除了造型以外，建筑装饰手法也可以显示地方性。例如，徽州民居的三雕艺术、彩画装饰艺术，颇具地方特色。艺术手法越精巧、越奇特，文化内涵越丰富，审美价值越高(图 3.11)。

图 3.10　富有韵律感的梯田(观赏价值高，卫星影像)

(a)　(b)　(c)　(d)

图 3.11　具有文化艺术价值的遗产(观赏价值、文化价值高)

(a)摩崖石刻书法艺术(安徽齐云山)；(b)陶瓷雕塑艺术品(陕西秦始皇陵兵马俑)；
(c)宗教建筑(云南大理三塔)；(d)宗教建筑(云南傣族寺庙)

(4) 人文景观与自然景观组合特征分析。人文景观往往是存在于一定的自然环境中，在自然环境衬托下才显得更美。换言之，人文景观需要通过借自然之景能产生锦上添花的效果。有时，一处人文景观单独看并无独特之处，但把它与周围环境联系起来，便会大放异彩。中国的古代建筑常常建在风景优美的环境中，借助于自然风景来衬托建筑的美。自古名山僧众多，四大佛教圣地和四大道教圣地均在风景宜人的山林之中。佛寺庙宇隐藏在群山环抱之中，自然景观与人文景观交相辉映，给人以独特的美感和异趣。许多徽州村落隐藏于白云深处，给人以非人间之感。现代人文景观也同样离不开自然环境的衬托。许多风景优美的城市，除了其形态各异的高楼建筑外，还注重借自然景观来美化城市的风光。现代城市不再是拥挤的建筑、狭小的街道，而是大面积的草地、繁茂的绿化，把城市与大自然紧紧联系在一起。不同地区的人文景观和自然景观组合都存在很大差异，具有不同的景观意境。

(5) 人文景观的氛围特征分析。人文景观的氛围要站在景观意象高度来把握人文景观的特征，是乡村的氛围，还是城市的氛围；是庄严的氛围，还是轻松的氛围；是隆重的氛围，还是欢快的氛围；是古典的氛围，还是现代的氛围；是神秘的氛围，还是祥和的氛围(图 3.12)。这些需要设计者亲自体验和感受，并提出设计方案。

(a)　　　　(b)

图 3.12　地方景观氛围

(a)徽州村落景观(安徽黟县宏村)；(b)具有民族特色的城镇景观(云南丽江四方街)

2. 文化价值分析

文化旅游已成为当前十分流行的一种旅游方式。文化旅游是指通过旅游来了解、体验异地文化的行为或过程。地方文化的旅游开发潜力很大，很多旅游项目都是借助地方文化来开发的，资源的旅游价值高低通常与资源的文化价值高低成正比关系，文化资源的旅游价值是十分多样的，可用于欣赏、体验、娱乐，还可以用于开发旅游商品。因此，我们必须重视文化资源的调查与评价。按照存在形式，文化分为物质文化和非物质文化；按照形成时间，文化分为古代文化和当代文化。

人们按照存在状态将文化分为四种：一是思想文化，它由人类社会实践和意识活动中经过长期蕴育而形成的价值观念、审美情趣、思维方式等构成，是文化的核心。二是制度文化，它由人类在社会实践中建立的各种社会规范构成，包括社会经济制度、婚姻制度、家族制度、政治法律制度、家族、民族、国家、经济、政治、宗教社团、教育、科技、艺术组织等。三是行为文化，它以民风民俗形态出现，见之于日常起居行为之中，具有鲜明的民族、地域特色。四是物态文化，它是人的物质生产活动及其产品的总和，是可感知的物质实体的文化事物。旅游资源中的人文旅游资源都是文化资源，对旅游资源的文化价值分析，要按照一定的类别进行，以便有更清晰的思路。文化底蕴越深、历史越悠久、越是稀有，文化价值越高。我们通过资源的文化底蕴分析，不同文化之间的对比，时间层面的对比，不同地域间文化的对比，来分析资源的价值(图 3.13)。

(a)

(b)

图 3.13　底蕴深厚的文化遗产

(a)徽州古村落景观(安徽黟县宏村)；(b)长城(北京八达岭)

3. 益智和娱乐价值分析

具有益智和娱乐价值的资源是发展旅游业的重要条件，例如，古民居、古城堡、未解之谜、古人类遗址、洞穴、原始森林、峡谷、峭壁、激流险滩等这些旅游资源具有较高的探险、科学考察、修学、娱乐价值。好奇是人类所具有的一种天性。目前地球上存在很多科学尚不能解释的各种自然和人文现象，例如，复活节岛的巨石是外星人的杰作吗？玛雅人为何在丛林中建造自己的家园？矗立在英国的巨石阵是何人所建？金字塔是外星人留在地球的基地吗？为何至今人们都无法拥有建造金字塔的技术，是人类退步了吗？世界上为何会有那么多“死亡三角区”，是地磁作用，还是另有玄机？对此类资源，经过比较分析，明确资源的科学探索价值、益智性和娱乐性的高低，以便为开发旅游资源提供依据。

安徽泾县汀溪乡的“鬼磨剑石”堪称一奇，有块岩石上每天都会出现新鲜的磨剑痕迹，曾经派人守候，却没有发现“鬼”来磨剑，颇具神秘色彩(图 3.14)。这种奇异的自然之谜，能引来好奇的旅游者，其旅游价值较高。安徽马鞍山市濮塘镇附近的怪坡，出现“车往坡上溜，水往高处流”的现象，至今未有科学合理的解释。濮塘怪坡全长约 120 米，坡度为 1.85°，是目前国内最长的怪坡。在这段路，汽车下坡必须加大油门，而上坡即使熄火也可到达坡顶；骑自行车，下坡要使劲蹬，上坡却要扣紧车闸，人行坡上，也是上去省力，下来费劲。这种现象令人匪夷所思，可以引来好奇者观看、体验、探秘(图 3.15)。

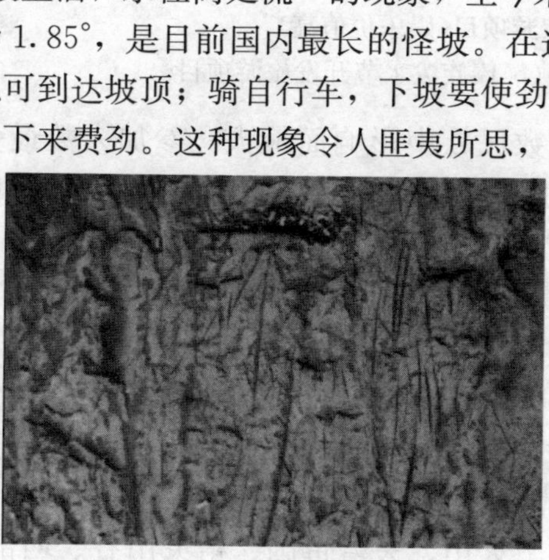
图 3.14　鬼磨剑岩石(局部)

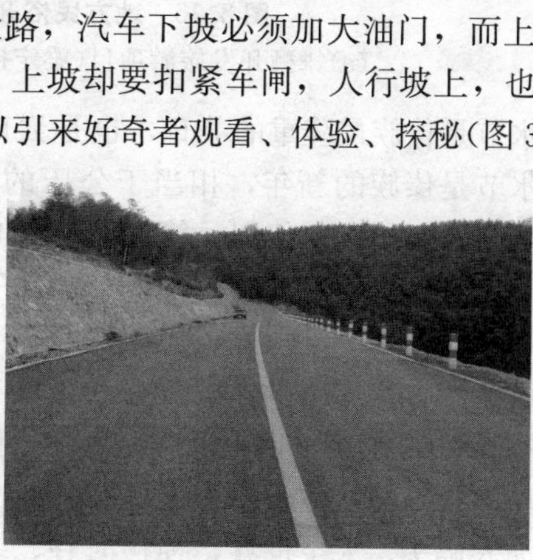
图 3.15　怪坡(章锦河摄)

在中国至今尚存在许多未解之谜。例如："桃花源"究竟在哪里、峨眉山"佛灯"之谜、石头为什么会预示阴晴、能预报天气的古井、竹子开花之谜、神农架"野人"之谜、喜马拉雅山雪人之谜、天池怪兽之谜、青海湖水怪之谜、汗血宝马之谜、马王堆汉墓的尸身不腐烂、龙虎山悬棺之谜等，这些足以满足人们的好奇心，都是开发旅游产品的很好资源。

从某种意义上看，旅游是一种娱乐行为。旅游资源能否满足人们娱乐的需要，满足程度如何，是衡量旅游资源价值高低的标准之一。在旅游的形象设计中，应当对相关资源进行科学地评价。古今中外不乏具有娱乐价值的娱乐活动习俗或场所。例如，传统的舞狮、泼水节、赛龙舟、庙会、斗牛、斗鸡、斗蟋蟀等(图 3.16)。当代世界上有许多高品位的游乐型主题公园，成为旅游价值很高的娱乐场所，每年能吸引大量的游客。游乐项目有多种主题，如原始社会模拟型、未来世界幻想型、大型惊险项目、智力比赛项目、经典射击等。有的游乐园项目很多，有的以一个或数个项目为主。世界上最负盛名的是 1958 年在美国加利福尼亚州洛杉矶市修建的迪斯尼乐园。它是米老鼠动画片制片人迪斯尼(W. Disney)一生的杰作，每年吸引数千万旅游者。后来，美国南方佛罗里达半岛又修建了同样的一座。1983 年，第三处以"迪斯尼"命名的大型游乐园在日本东京城附近落成。近年中国大城市中也出现了一些大型游乐园。

(a) (b)

图 3.16 地方民俗开发旅游项目(娱乐价值高)
(a)舞狮开发旅游项目(梁宁摄)；(b)傣族泼水节开发旅游项目

泼水节是傣族最隆重的节日，也是云南少数民族中影响面最大，参加人数最多的节日。泼水节是傣族的新年，相当于公历的四月中旬，一般持续 3～7 天。第一天傣语叫"麦日"，与农历的除夕相似；第二天傣语叫"恼日"（空日）；第三天是新年，叫"叭网玛"，意为岁首，人们把这一天视为最美好，最吉祥的日子。这种习俗已经被当地人开发成旅游产品。

安徽芜湖方特欢乐世界的娱乐价值很高，号称"目前亚洲规模最大的第四代主题公园"（图 3.17）。游客可以重返恐龙世纪、体验太空之旅、探秘影视特技、感受科幻神奇，是一个充满神奇的梦幻乐园，这是一个科技幻想的探险王国。园内有阳光广场、方特欢乐大道、渔人码头、太空世界、神秘河谷、维苏威火山、失落帝国、精灵山谷、西部传奇、恐龙半岛、海螺湾、嘟噜嘟比农庄、儿童王国、水世界、火流星等 15 个主题项目。其中包括许多国际一流的大型项目，大部分项目老少皆宜。这里有国际一流的高空飞翔仿真体验项目“飞越极限”，大型动感太空飞行体验项目“星际航班”，亚洲首座大型多水幕立体交互历险项目“所罗门封印”，中国首创的大型火山穿行历险项目“维苏威火山”，国内最大的玛雅主题大型历险项目“神秘河谷”，亚洲规模最大的恐龙灾难体验项目“恐龙危机”……(图 3.17)。

图 3.17　方特欢乐世界(娱乐价值高，梁磊摄)

4. 宗教价值分析

宗教价值分析是要对宗教场所的历史价值、文化价值、等级的高低等予以确定，以便于旅游形象定位。中国有峨眉山、普陀山、九华山、五台山四大佛教名山和武当山、龙虎山、齐云山、青城山四大道教名山，它们的宗教价值在国内处在首位。其他宗教场所地位相对较低，其影响范围也较小。但是要分析其来龙去脉，了解与高等级的宗教场所是什么关系、其影响力有多大，以便于挖掘它的旅游价值，还要做调查，了解该宗教场所有多大的市场空间影响范围，拥有多大的群体，以便于进行市场定位。

3.2.3　市场背景分析

旅游地形象设计最终还要瞄准市场，使内部形象建设与外部市场相结合，使形象设计具有针对性，才能真正实现设计的目的。

1. 旅游市场分析

旅游资源开发必须针对市场发展态势，才能推出有市场发展前景的产品。旅游市场分析的内容较多，主要包括以下几个方面。

(1) 需求与竞争态势分析。需求与竞争态势分析包括：国际市场分析、国内市场分析、竞争市场分析，如旅游经济发展速度、旅游经济总额占经济收入的比重、人均旅游消费额、总人数、总人次、总收入、停留天数、出游时间特点、出游次数、出入境人数、入境旅游者流向特点、国籍或省份、性别、年龄、收入、学历、种族、交通方式选择、获取目的地信息的方式等；本旅游地与竞争对手旅游人数现状与前景分析以及竞争者的状况分析；本旅游地的市场竞争优势与劣势分析。

(2) 本旅游地市场感应分析。根据调查数据，了解公众对本旅游地的评价，为形象设计与传播决策找到科学依据。

2. 分析方法

(1) 宏观分析和微观分析相结合。通过分析影响旅游宏观环境和旅游微观环境的因素，既研究市场的环境，又研究市场里的消费者。

(2) 定量分析和定性分析相结合。定量分析是建立在数学、统计学、系统论、控制论、信息论、运筹学、计量学、计算机等学科的基础上，运用方程、图表、数字、模型和计算机等对相关调查统计数据进行的数量分析。定性分析是建立在经验、逻辑思维和知识的基础上，运用政治的、经济的、心理的分析方法，对旅游者的态度、行为、动机、趋势等因素进行的分析。

知名度和美誉度分析是了解公众对本旅游地的认知状况的重要途径，由于它们所反映的是公众对本旅游地的熟悉和赞誉的程度，公众选择旅游地的重要依据，因此对旅游地形象设计有重要参考价值。了解旅游地市场感应，首先要调查分析旅游地的知名度和美誉度。分析旅游地的知名度和美誉度，将市场调查数据按照下面公式分别计算其结果：

$$知名度=\frac{知晓公众}{受调查公众}\times 100\%$$

$$美誉度=\frac{赞许公众}{受调查公众}\times 100\%$$

将上式计算结果用象限图来分析本旅游地的市场感应状况(图 3.18)。知名度与美誉度的组合可以分为旅游地形象的 4 种状态：第一种是知名度和美誉度都高，是最好的状态；第二种是知名度低，美誉度高，是较好的状态，发展潜力大；第三种是知名度高，美誉度低，是不好的状态，需要转变发展路线；第四种是知名度和美誉度都低，是最差的状态，需要做大的改革。

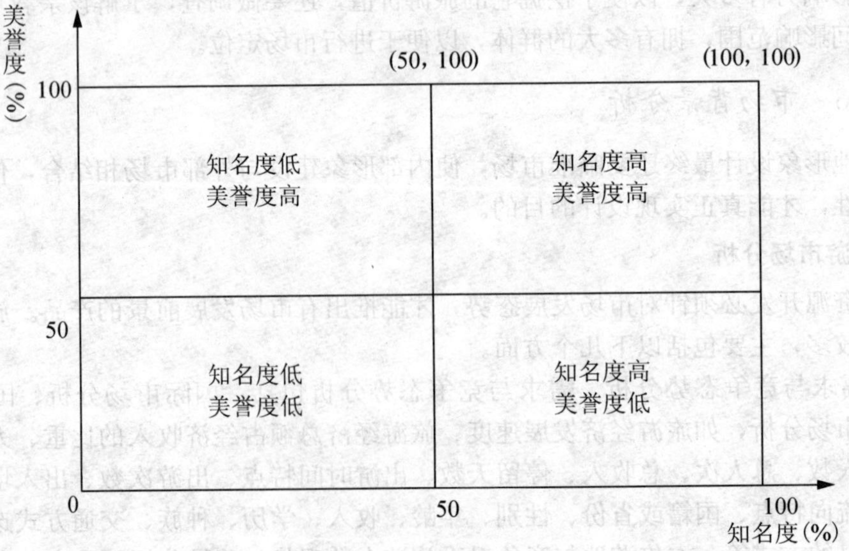

图 3.18 象限图分析法

如果知名度不高，就要提高宣传力度，拓展传播渠道；如果美誉度不高，就要分析其原因，有针对性地采取措施，以提高自身的美誉度。如果知名度和美誉度两方面都比较高，仍然需要从长计议，如何去保持良好的发展势头，防止衰落。

动态与静态分析相结合。这是因为市场环境因素是经常变化的，如政治、经济、社会、文化、法律、技术等经常变化，采用动态分析方法为的是让旅游地形象设计策略与外部环境相适应。对于变化不明显的因素应当采取静态分析法。

即学即用

根据本章理论，尝试对本地某较小旅游地进行全面旅游资源调查，分析其旅游地形象构成要素。

根据本章理论，尝试对某旅游地的市场现状进行调查，并作出分析，写成论文投稿。

3.3 旅游地形象定位设计

导入案例

为了更好地传播旅游地形象，人们禅精竭虑，用尽奇招。表3-3是国外一些旅游地定位设计。

表3-3 部分国家或地区旅游地形象定位设计

旅游地	旅游地形象定位
瑞士	世界的公园；瑞士，瑞士，还是瑞士；上月球之前先来瑞士一游
夏威夷	夏威夷是微笑的群岛，这里阳光灿烂
中国香港	魅力香港，万象之都；动感之都
泰国	Amazing Thailand(神奇的泰国)
新加坡	无限的新加坡，无限的旅游业
澳大利亚	令人心旷神怡的澳大利亚
马来西亚	亚洲魅力所在
印度	探索圣雄甘地的生平
韩国	开心胜地，好客邻邦
土耳其	不是欧罗巴，胜似欧罗巴
伦敦	儿童的圣地
英格兰	潮流，典礼，历史之乡
西班牙	Everything Under The Sun(阳光普照西班牙)

续表

旅游地	旅游地形象定位
葡萄牙	古今交会的异国他乡
德国	别在沙滩垒古堡玩，请到德国来看真的吧
瑞典	是奇妙的，即使是冬季
加拿大	越往北，越使你感到温暖
突尼斯	空气，阳光，海水浴
埃及	历史的金库
纽约	I Love NewYork(我爱纽约)
佛罗里达州	佛罗里达，与众不同
宾夕法尼亚州	American Starts Here(美国从这里开始)
魁北克	It Feels So Different(感觉如此不同)
阿鲁巴	Our Only Thing Is You(我们唯一的事情就是为你服务)

能否从这些定位中发现其中的某些规律？相信通过本节的学习，读者对旅游地形象定位方法会有深入的了解。

旅游地本底形象和市场形象之间是表里关系，有了本底形象为基础，传播才有内容，市场形象才能有依据。本底形象是本质形象，而市场形象是针对市场的形象，必须以本底形象为支撑，两者内容可以相同也可以有偏移。管理者要针对市场将本底形象转化为市场形象，市场形象必须有市场针对性，了解、分析市场现状，才能更好地开拓市场。旅游地要走向市场，必须与市场对接，在市场上占有一席之地。市场调查是市场形象设计的依据之一。市场形象分析是在本底形象分析的基础上，站在市场角度来分析资源的特色。对于有一定发展基础的旅游地就可以通过市场调查来了解本旅游地的市场地位。

市场是由消费者构成，形象又是存在于人的心中，在人的心中有一个看不见的坐标系统。因此，市场定位实际上是在人们的心中定位，只要人们心中有了你，何愁没有市场。

3.3.1 旅游地形象定位的参照系

合理、巧妙地定位旅游地形象可以帮助旅游产品迅速占领和扩大市场。在物理学中，研究一个物体的运动时，确定物体的运动是相对别的物体来说的，被选来作为参考标准的物体或物体系，叫做参照物或参照系。旅游地形象虽然是抽象之物，但是它与物体定位具有相同的原理，也是在与其他参照形象对比中确定本旅游地形象位置的。如果参照对象明确，那么本旅游地形象目前所处的位置或者目标形象定位也就易于明确。显然，明确旅游地形象定位参照系，对做好旅游地形象定位是十分有益的，它可以帮助设计者理清定位思路，达到定位目的，减少盲目性。

旅游地形象形成主要取决于认知主体和认知对象。从认知对象方面看，要被认知者认知，必须首先要使其能引起认知者注意，而没有个性、没有强度的对象就不容易引起注意。有比较才有鉴别，一个旅游地的形象，靠什么与别的旅游地形象区别开？换言之，一个形象与另一个形象不同之处在什么地方，对比度有多大？对比是建立在一定背景上的，只有主体与背景之间具有明显的对比才容易引起注意，给人留下深刻印象。当然，对比度越大，越容易区别。研究旅游地形象，必须首先研究旅游地形象对比要素，也就是说，要了解对比表现在哪些方面，否则设计工作就很盲目。旅游地形象识别的参照系是进行市场定位的参考条件，我们认为应当从纵横两个维度的比较来定位，即横向与纵向对比。在认知主体心中也同样存在一个看不见，却与之相对应的无形的坐标系统，在此坐标系统中，每一个旅游地都会有一个相应的位置。

1. 旅游地形象定位参照系的特点

不同事物的定位有其不同的参照系，可见之物的定位参照系易于明确，而抽象之物的定位参照系不易明确。旅游地形象是抽象事物，难以把握其特点。旅游地是一个可供人们进行旅游活动的区域，可以看成是一种广义的旅游产品，旅游形象定位与旅游产品定位具有对应关系，因此旅游地形象的定位本质上是产品的定位。市场是由商品、买方和卖方构成。旅游业有一个专业市场，该市场上有一系列可供选择的产品，这些产品构成一个体系，形象体系对应于产品体系而存在，旅游地形象定位的参照系是由各种旅游地形象构成的体系。旅游地形象定位就是要为产品在市场上找到有利的位置。通过对旅游地形象体系构成及认知规律的观察、分析发现，其定位参照系具有以下特点。

1）二维的参照系结构

从现有的研究成果来看，没有明确说明旅游地形象定位参照系的结构特性，但是人们从一些旅游地形象研究成果中可以发现某些线索。从学者们对形象感知特征的研究可以看出，公众对旅游地形象的认知主要是从类型与等级两个维度来进行的。从对大量旅游地形象定位设计案例的考察中也能看出，无论形象表达语言如何变化，其中所包含的内容不外乎类型和等级两方面。从旅游资源研究内容也可以得到启示，它是以分类与评价两方面为核心内容：一方面，要研究旅游资源分类，以认识旅游资源特色；另一方面，还要对旅游资源进行评价，以认识旅游资源的价值。旅游产品分类与旅游资源分类密切相关。旅游资源的特色决定着旅游产品的特色，旅游资源的品位决定着旅游产品的品位，而旅游地形象是旅游产品的特色与品位的象征。可以说，市场上的旅游产品体系在结构上存在一个看不见的由纵向与横向坐标构成的坐标系统，每一种产品都有其相应的位置，它们因消费者需要而存在，一旦消费者心中失去了地位，或者说没有存在价值，这种产品也就会自然消失而退出历史舞台，就会从坐标系中消失。也就是说，凡是参照系中有的产品，都是有其自身的市场的。在形象认知主体心中也同样存在一个与旅游产品体系相对应的无形的坐标系统，对每一个旅游地都会有其相应的位置。旅游地形象设计就是要明确旅游产品的特色与品位等信息，并通过一定的语言将这些信息传达给公众，使得自己的旅游产品在市场上占据更有利的位置，以便拥有更多的消费者。在设计旅游地形象时，首先要告诉公众你的旅游地是属于哪种类型，然后要告诉公众是哪一个等次的旅游产品，因为消费者在选择旅游产品时，首先也要根据自己的需要、偏好确定选择哪一类的产品，同时还要确定选择哪一等次的产品。由此可见，旅游地形象定位参照系的结构具有二维性(图 3.19)。

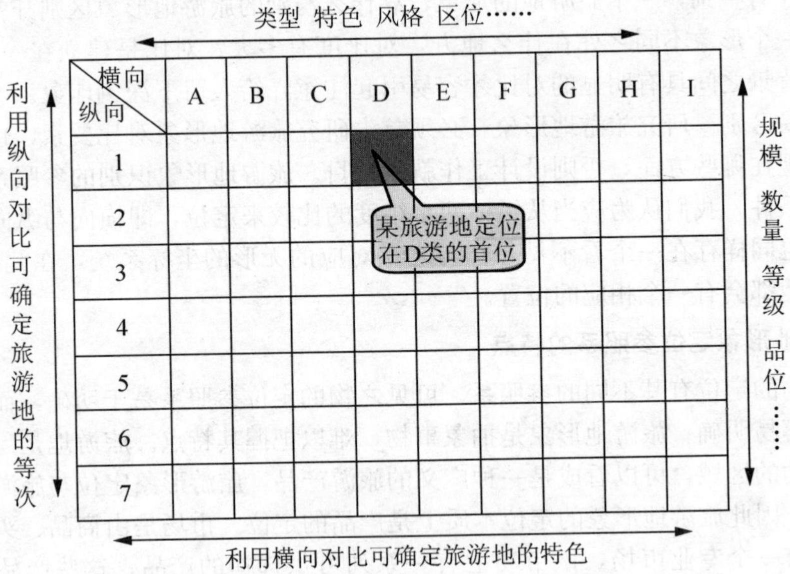

图 3.19 旅游地形象定位参照系示意图

2）多样的对比要素

不论是横向还是纵向参照系都具有多种可选的对比要素，在进行形象定位时，可以以某一要素构成参照系，也可以综合多种要素来进行定位。上述定位对比要素仅仅是常见的，其实旅游地构成要素中还有更多的对比要素需要设计者去发现和应用。在定位工作中，应当灵活应用这些对比要素，以利用最有利于自身的对比要素来建立参照系。影响旅游地形象形成的主要因素是认知主体和认知对象。从认知对象方面看，要被认知者认知，首先必须要使其能引起认知者注意，而没有个性、没有强度的对象就不容易引起注意。有比较才有鉴别，对比是建立在一定背景上的，只有主体与背景之间具有明显的对比才容易引起注意，才便于识别。在进行旅游地形象定位时，首先要选择一定的对比要素来进行对比。旅游资源的属性多种多样，只要注意观察，便可以找到有利于定位的对比要素，这就要求设计者发挥自己的创造性思维来实现创新。

3）特殊的参照对象

不同的领域或行业具有不同的产品形象构成体系。旅游产品与企业产品特性不同，作用不同，因此定位的参照对象也有明显区别。旅游地形象定位参照对象都是旅游相关品牌形象，其具体内容与企业形象等定位参照对象不同，应当是旅游行业产品的形象体系。旅游地形象定位的过程是全面了解自己和市场的过程，是对市场产品体系的梳理和结构特点的把握的过程。明确同行业竞争对手，并通过与参照对象的对比来反思自己的优势和不足，才能扬长避短，出奇制胜。旅游地形象参照系是由一系列相关形象构成的形象参照体系，了解这个体系便很容易找到有利于自己的旅游地形象位置。

2. 构成形象定位参照系的对比要素

根据前文所述，旅游地形象定位参照系是按照一定对比要素建立的，其对比要素有横向对比与纵向对比之别。下面以常见的一些对比要素为例来论述对比要素在旅游地形象定位中的应用，以某些对比要素的运用进一步说明构成旅游地形象参照系的构成方法。

1）横向对比要素

旅游地横向定位是以总体特征或某一种特征属性来找到或设定本旅游地的位置。通过横向对比来定位是旅游地形象设计的常见方法。横向定位参照系可以将旅游地的类型、特色、区位等属性作为对比要素来建立。以其中某个对比要素来建立坐标系，梳理一下在某对比要素建立的坐标系中现有的旅游品牌，并进行比较，本旅游地所在位置便显而易见了。如果以某一对比要素比较时，与本旅游地特色相近的旅游地较少，便对自身有利，就应当采用这种对比要素来定位。否则，应当换一种对比要素，继续寻找对自己有利的位置。

(1) 旅游地的类型。旅游地分属不同的类型，明确旅游地属于哪一类十分重要，这样不仅便于找到旅游地形象的位置，也便于公众识别。旅游地类型不仅有因划分依据不同而分出的类型体系，而且类型还有不同等级的划分。自然类和人文类旅游产品是一种对比度很大的分类。国标 GB/T 18972—2003 对旅游资源的分类比较科学合理，易于区分，如果参照这个分类系统很容易找到本旅游地的所属类型。最简单的旅游形象定位是告诉人本旅游地属于人文的旅游地还是自然的旅游地。如果这样不足以说明本旅游地特色的话，还可以按照地理景观、水域风光、生物景观、天象与气候景观、遗址遗迹、建筑与设施、旅游商品、人文活动等主类来分析本旅游地形象特色。如果这样仍然不足以强化本旅游地主要特色，还可以在亚类里寻找其位置。在这种定位的基础上，再加上纵向定位，就可以更加明确本旅游地的形象特征。根据旅游资源的不同及开发工作的着眼点的差异形成不同类型的旅游地。如果按照上述分类仍然不足以体现本旅游地的优势，还可以加上额外的要素来强调自身的特色。当然，上述的分类方法只是旅游产品的分类的一部分，其他分类方法同样可以用于定位。例如，可以分别根据旅游资源成因、旅游目的、审美特征、产品适宜人群等来建立参照系，同样能说明旅游地的类型和性质，然后按照一定的分类方法将一定区域(全世界、全国或全省)所有同类旅游产品加以比较，梳理一下一定区域范围内是否有同类旅游地、有多少，以便在对比中找到本旅游地的特色。如果在某种分类中能够显示本旅游地的优势，则可以确定本旅游地的位置。否则，就需另找出路。旅游产品类型不仅可以从不同角度划分，而且可以从不同层次划分，显示出旅游产品类型划分方法的多样性，也给旅游地形象定位留下了更多灵活定位的空间。

可以说，分类是旅游地最明显的特征，一旦被定位在某一类旅游地，也就找到了它在旅游市场上的位置。例如，九华山属于的宗教旅游地，长城属于古建筑旅游地，黄山属于自然景观的山岳型旅游地，徽州属于古村落旅游地，这样的表述形象显然是很明确的。以分类作为参照来定位旅游地形象，容易找到自己的位置，但有时难以表明自己的特色，这时就需要根据其他参照条件来表明自己产品的特色。

(2) 旅游地的特色。特色是一个事物或一种事物所表现出的显著区别于其他事物的形式、色彩、风格等方面的属性，特色的概念比较宽泛，凡是区别于其他旅游地的属性都可以看作特色。特色通常指同类之间相比存在什么不同，是对同类旅游地而言。当我们根据分类来定位很难显示本旅游地的地位时，就必须再附加一些说明，即说明与同类产品相比还有哪些不同之处，以便显示出本旅游地的地位的特殊性，这是突显自我的非常有效的方法。由于地理位置不同，自然和人文现象也不同，地域分异普遍存在，通常距离越远，差异越大。同类型旅游地之间或多或少地存在不同的属性。同中有异，异中有同，世界之大，无奇不有，倒是完全相同的事物难找。由此看来，找出特色不是难事，只是明显程度和差异点不同而已。例如，多个同样是古村落的旅游地相比，如果没有自己的特色，就难以凸显自己的地位。

对于旅游地形象定位来说，风格是旅游地特色的一个重要方面。风格是事物在形式和意蕴方面所显示出的格调、意味。旅游地风格是旅游地特性的一个重要方面，主要表现在旅游地景观审美意象、形式、色彩以及服务方式等方面，它是形象对比要素之一。例如，从审美风格来看，同样是自然景观，却有雄、奇、险、秀、幽、奥、旷、野等不同风格。泰山以“雄”著称；被称为中国四大自然奇观的云南石林、桂林山水溶洞、长江三峡和吉林雾凇，以“奇”著称；西岳华山以“险”著称于世；江南山水向来以“秀”著称，峨眉雄秀，西湖娇秀，富春江锦秀，洞庭湖旷秀，桂林、雁荡山、张家界之奇秀；四川青城山以“幽”著称；雁荡山灵峰观音洞、武夷山茶洞、广东肇庆七星岩、桂林普陀栖霞洞等景观具有“奥”的特征；四川黄龙、九寨沟等景区，保持原始风貌，具有远离尘世的“野趣”。人文景观的风格更为复杂，人文景观均是某一地域宗教文化、民族文化的物化形态，景观的风格、造型、色彩等均具有那个民族的特色。同样是人文景观，却有雄伟、优雅、幽邃、古典、惊险、新奇、华丽、浪漫等类型之别。以园林为例，世界园林分为中国园林、欧洲园林、阿拉伯园林三大主要类型，中国园林又分为皇家园林、私家园林、城郊风景区和山林名胜 4 种类型。由此可见，风格是旅游地形象对比要素之一。为了避免与同类处在相同的位置而不能显示自己，可以通过某方面独特的风格来区别同类，以显示自己的与众不同。

(3) 旅游地的区位。旅游地所处的地理位置和区域也是比较的依据之一。旅游资源的概念相当宽泛，因此它可以利用各种区位概念来定位。旅游地都分布在一定的地理位置和区域，这里的区位包括自然区位和人文区位。自然区位一般包括地形区位、流域区位、气候区位、海陆区位、纬度区位、生物区位等，人文区位一般包括历史文化区位、政治地理区位、经济地理区位、交通区位、旅游区位等，凡是有利于自己的区位因素就可以用作定位依据。旅游地类型对比中，如果将旅游地放在不同的区位，会有不同的价值。如果放在世界看，同类的旅游地可能会很多，但是如果放在某国家或某个省来看，可能是唯一的。因此，明确旅游地所处区位，对旅游地形象定位来说很有必要。有些旅游地在世界上没有地位，但是在国内，或者在省内可能有一定的影响力；有些性质、品位、强度相近的旅游地，相距较远，在大区域里没有影响力，但是在小区域内仍然具有优势地位。因此，区位因素也是旅游地形象识别的因素之一。例如，“塞北江南”，“江南大草原”，苏州被誉为“东方威尼斯”，临淮岗洪水控制工程被誉为“淮河上的三峡工程”，其中就包含着区位因素。再比如，不同地区都可以发展乡村旅游，尽管有雷同之处，但是在小区域范围内，其形象仍然可以树立，未必都要吸引远距离的游客。

2) 纵向对比要素

如果要在众多旅游产品中确立自己的位置，从横向对比来定位往往是不够的，还需要在同类中占据比较高的位置，如此定位才会使旅游地的形象地位更加引人注目。因此，横向与纵向定位参照系往往同时用来进行旅游地形象定位，纵横两条线交叉，其位置明确无疑，也很容易识别。纵向定位参照系通常可以利用规模、等级、品位、数值等属性作为对比要素来建立。以某个对比要素来建立坐标系，梳理一下某一类现有的旅游品牌，并进行排序，本旅游地所在位置便显而易见了。当以某一对比要素来进行比较，本旅游地处在较高的位置，便对自身有利，就应当采用这种对比要素来定位。否则，应当换一种对比要素，继续寻找对自己有利的位置。

(1) 旅游地的规模。规模指的是旅游地格局、范围等方面的尺度。数值也能在一定程度上说明旅游产品在同类旅游产品中的地位。一定区域内可能会有较多的同类旅游产品，这时如果仅仅显示分类特征，就突出不了自己，如果自己的规模方面有优势，就应当以此来突出自己。在类型相同的情况下，比规模是其中的一个方面，可以以此确立起形象。例如，芜湖方特欢乐世界是中国目前规模最大的第四代主题公园，说明了规模的大小。形象定位中经常用“××之都”，“××王国”，“××大世界”等语言来描述旅游地，都是用以说明旅游地规模较大。例如，“奥帆之都”——青岛，“湿地之都”——盘锦，现存规模最大的古代宫殿和古建筑群——紫禁城，世界上规模之大梯田景观——紫鹊界（湖南），中国最大的小商品集散地——浙江义乌，中国佛教四大名山，场所规模大是其重要特征。

(2) 旅游地的等级。等级是指旅游产品在一定产品分类中所处的地位，能在很大程度上说明旅游产品在同类产品中的地位。在一定地域内，在某一类旅游地中确定有利于自身发展的旅游形象位置。同类型的旅游产品相比，按一定指标可以划出等级，级别高的旅游产品容易引起公众的注意。旅游地的分类有多种方法，在每一类中都具有等级之分。如按照旅游动机、审美特征、产品特性、适宜人群等分类，每一种类型之中都可以划分等级。旅游产品还可以按照行政管理层面来划分，如自然或文化遗产分为世界级和国家级，在中国设立了国家历史文化名城、文明城市、森林公园、自然保护区、文物保护区、地质公园、湿地公园等类型的有关旅游区域名城，它们大多有国家级和省级(有些类型有县级)之分。中国将风景名胜区分为1A～5A这5个等级。旅游地经营管理者往往以获得较高等级为荣，因为它是旅游地品位高低的象征。如果是高等级的旅游地，有利于凸显自己，用于形象定位显然具有很好的效果。在形象定位时，应当选择有利于自己的分类方式。例如，黄山是世界自然与文化遗产。将一定区域内的旅游品牌按照一定旅游地类型进行排序，观察自己所在的地位是否较高，如果处在优势地位，就应当以此来定位；如果不利于凸显自己，就应当利用旅游产品的其他属性来定位，以便达到理想的定位效果。

(3) 旅游地的品位。品位指的是旅游产品的品质、档次。对于旅游地来说，可以从历史文化价值、科学考察价值、审美价值、旅游价值等方面来考察，通常品位高的旅游地旅游价值高，容易引起公众的注意。在定位时可以将一定区域内的同类旅游品牌分类比较。例如，文化底蕴深厚的儒家、道家、佛家文化就具有较高的文化价值；徽派民居建筑具有较高的文化内涵和审美价值；周口店北京猿人遗址具有较高的科考和历史价值；黄山的自然景观具有极高的审美价值。对于旅游城市来说，品位还可以用政治地位、经济地位、文化内涵等旅游地相关事物属性来比较。这些信息体现在旅游地形象描述语言中，有利于突出旅游地在市场上的地位。

(4) 旅游地要素中某些数据。旅游地某些实物数值也能在一定程度上说明旅游产品在同类旅游产品中的地位和特色，因为这种定位中蕴含更多的言外之意。在类型相同的情况下，而且某些重要数据可以显示其特性，那么就可以用其来定位，某些数值也可以作为纵向对比的一个要素。通过比较数据，以获得较高的地位，这也是形象对比的一个方面，可以将此作为形象对比要素之一。旅游地实物的尺度方面，如山的海拔、河流长或宽、湖泊的面积或深度、瀑布宽或落差、建筑物高度或数量等。例如，珠穆朗玛峰是世界最高的山峰，世界上海拔最高的宫殿是布达拉宫，鄱阳湖是中国第一大淡水湖，青海湖是中国最大的咸水湖，京杭大运河是世界上里程最长的运河，徽州地区是现存明清古民居数量最多的地区之一。这些信息能够在一定程度上显示旅游地的优势，同时也从某个角度表达了旅游地的品位可用于旅游地形象定位。

3.3.2 旅游地形象定位设计的原则

形象定位设计只有秉承正确的理念和原则，并且选择合适的定位方法，才能取得成功。

(1) 个性化。体现个性是形象定位的基本原则。有个性才便于识别，在同一区域不能有两个雷同的旅游地，要追求差异化发展，否则不能吸引公众的注意，也就争取不到客源。旅游形象的个性是指一个旅游地区在形象方面有别于其他地区的高度概括的本质化特征，是区域自身诸种特征在某一方面的突显。它可以是历史的、自然的或社会的，也可以是经济的、政治的或民族的。例如，宏村与西递都是古村落旅游地，难以实现差异化发展，两者有争夺客源的现象，应当有所错位。形象定位要体现与其他旅游地的差异，才能展示个性，便于公众识别。为了强化旅游地的特色，不能人云亦云，平淡无奇，要想尽办法突显自己，出奇制胜。当本旅游地与其他旅游地性质相近时，应当找到与之不同之处，来定位自己的旅游地形象，以便在人们心中找到自己的地位，提高旅游地的市场竞争力。

(2) 突出优势。当一个旅游地有某一种旅游资源特色十分明显，品位比较高，具有较强的吸引力，其他资源相比较一般，就要集中优势，突出这一种资源来在市场上树立形象，其他旅游资源则众星拱月，围绕核心资源做文章，更容易达到目的。如果想面面俱到，抓不住重点，则适得其反。通常地，一个旅游地都有其优势旅游资源，一定要充分展示其独特的魅力。例如，安徽最有优势旅游资源的是黄山，旅游地形象应当以突出黄山来显示安徽旅游地形象，以点带面，而不能眉毛胡子一把抓。芜湖市的方特欢乐世界的出现，改变了“芜湖人游芜湖”的格局，改变了安徽旅游空间格局，是以点带面的成功例子。这说明具有较大影响力的旅游景点对地区旅游格局的影响是很大的，具有明显带动作用。方特欢乐世界运营后，芜湖市才有了明确的形象，如果能利用其突出的优势来树立形象，可以产生事半功倍的效果。

(3) 利己性。形象设计必定站在自己的立场，采取最有利于自己，避免不利于自己的定位，也就是说，定位时采取何种方法，立足于什么特色，取决于是否有利于自身的发展。因此，旅游地形象定位是站在有利于自己的角度。

(4) 针对性。形象设计的主要目的是为了争取市场，除了准确定位以外还要根据市场来定位，要有效针对市场，有的放矢，才能真正实现设计的目的。通过对顾客需求差异予以定位，来取得较大的经济效益。市场分为普通市场和专项市场，要兼顾两方面市场。针对文化旅游可以推出“博大精深徽文化”。

(5) 超前性。超前性就是要用超前的眼光，敢为人先的创新来定位形象，而不能只看眼前或近期，尤其是新建人文景观旅游地，即在项目设计时，要有独具特色或规模第一的超前意识，先入为主，会给公众留下深刻印象，因为它已在人们的心目中形成了定式。

(6) 动态性。虽然形象必须保持稳定性，但是由于旅游地内部和社会发展、旅游消费者的消费心理、旅游市场变化等外部因素的不断变化使得旅游地的发展存在生命周期性，一般都要历经起步、发展、成熟、衰落几个阶段。如果采取相应形象设计对策可以在一定程度上加快旅游地发展，防止旅游地的衰落，使之保持旺盛的生命力。为此，旅游地管理者必须与时俱进，动态跟踪定位形象，适时调整，不能一成不变。

3.3.3 旅游地形象定位方法

旅游地形象定位方法应当能体现设计理念，并能用于解决各种旅游地定位问题，也就是要能涵盖和说明各种定位现象。旅游地形象定位方法是指导旅游地形象设计的基础理论，它可以帮助设计者理清定位思路，做好形象设计工作。从本质上看，旅游地形象设计理论与企业形象设计理论同出一脉，它们设计原理相同，设计方法相近。现有的旅游地形象定位方法不少是借鉴了企业形象设计理论而形成。从现有的研究成果看，国内外关于旅游地形象定位方法多为实证研究，理论性研究较缺乏。李蕾蕾是中国最早论述旅游形象定位方法的学者，她提出了领先定位法、比附定位法、逆向定位法、空隙定位法、重新定位法5种旅游地形象定位法，奠定了旅游形象定位方法的理论基础。

1. 旅游产品体系特征及公众认知模式

由于旅游地形象设计与企业形象设计原理相同，旅游地形象定位方法大多借鉴了企业形象、产品形象定位方法。企业形象和产品形象定位方法多种多样，我们可以效仿，但是不能机械地效仿，应当在把握旅游地形象体系特征和旅游地形象认知规律前提下来研究形象定位方法。

一个事物的位置是相对于其他事物而言的，一种旅游产品要想在旅游市场上找到理想的位置，必须从认识市场产品体系特点以及全面了解现有旅游产品情况入手，因此认识旅游地形象体系特征对形象定位方法研究显得非常重要。旅游地是一个可供人们进行旅游活动的区域，旅游地形象是对旅游地特征的描述，也可以看作是对旅游地这种广义的产品的描述，不论是总体形象，还是具有代表性的部分形象，都是对产品的表达形式，产品特性与形象之间具有对应关系，对产品体系特征的把握就是对形象体系特征的把握。因此，抓住了产品体系的特点也就抓住了产品形象体系的特点。旅游业有一个专业市场，该市场上有一系列可供选择的产品，这些产品构成一个体系，形象体系对应于产品体系而存在，旅游地形象定位设计就是要为产品在市场上找到有利的位置。

实际上，旅游地形象认知就是对旅游产品的认识，产品形象在人们的心中的排列有一定的规律，它是按照两个维度来排列的：一方面，公众要知道旅游地是属于哪种类型的；另一方面，要知道哪一个等次的旅游产品。将这两方面的信息加入到自己所熟知的产品形象体系中去，在此过程中，与心中已知的旅游地形象构成的参照系相比较，一个旅游地的形象位置也就确定了。公众在选择旅游产品时，也要根据自己的需要和偏好首先确定选择哪一类的产品，同时还要确定选择哪一等次的产品，因此人们在认识旅游地形象时，大多是从分类和分级两个维度来把握。从对大量旅游地形象定位设计案例的考察中也能看出，无论形象表达语言如何变化，万变不离其宗，所包含的内容不外乎类型和等级两方面。由此可见，旅游产品体系存在一个无形的由纵向与横向坐标构成的坐标系统，每一种产品都有其相应的位置。同样，在形象认知主体心中也有同样存在一个与之相对应的无形的坐标系统，对每一个旅游产品都会有一个相应的位置。当我们对旅游地进行形象定位时，只要建立一个二维的旅游产品形象参照系就很容易明确自己旅游地的位置，并发现其位置是有利还是不利，也就会知道如何避免自身的不足，避开竞争对手对自己的不利影响。旅游地管理者正是希望通过形象设计使得自己的旅游产品在这个产品坐标系上占据更理想的位置，以便拥有更多的消费者。旅游产品不仅有因划分依据不同而产生的类型体系，还有因分类等级不同构成的类型体系。在形象设计中，设计者需要灵活掌握，选择最有利于自己的分类方法来定位。

2. 旅游地形象定位方法

了解了旅游地形象体系特征与认知规律以后，我们便知道采用什么方法才能突出自身的形象，怎样才能在市场占据有利的位置，这种形象定位方法体系的构建也就有了针对性。根据定位方法应具备的特性、旅游地形象体系特征以及旅游地形象认知规律，企业和产品形象的定位方法比较多。如果效仿企业形象设计理论来设立旅游地形象定位方法，同样可以列出许多。但是方法太多，容易混乱。经过整合，我们认为以下几种方法对旅游地形象定位有重要指导意义。

1）横向定位法

横向定位法是根据旅游地总体特征或某一种旅游地的属性将自身定位于某一类旅游地的定位方法，也可以称之为类型定位法。横向定位法是根据类型、风格、特色等对比要素来表明特点。此方法适用范围很广，因为旅游地所属分类需要所有旅游地形象都表明信息，而这些信息也是公众必须获取的旅游地信息。例如，长城属于古建筑旅游地，青城山属于宗教旅游地，黄山属于自然景观的山岳型旅游地，都需要通过一定的语言表达出来。如“问道青城山”说明了该处属于道教旅游胜地，“生态王国”说明了该处属于生态旅游胜地。“佛教圣地”、“泉城”、“水城”、“江南水乡”、“湿地公园”、“地质公园”、“生态乐园”等语言都具有表述类型的功能，只要用一定的语言传达这些信息，旅游地特点也就很明确，未必所有的旅游地都要抢占领先位置。一旦明确所属分类，旅游地的特色也就被大家所了解。旅游产品类型不仅可以从不同角度的划分，而且可以从不同的层次划分，给形象设计者留下了更多发挥的空间。

横向定位可从两方面入手：①从选择分类方法入手。选择最有利于显示自身特色的分类方法建立形象参照系来占据有利位置。旅游产品可以分别根据旅游动机、审美特征、资源性状、资源成因、适宜人群分类，采用其中对自己有利的一种分类建立产品体系参照系来进行定位，说明旅游地的特色。②从分类级别入手。首先定位于某一种分类体系中一级分类中的某一类，如果不能显示出自身的优势或特色，就需要在二级分类中寻找位置，如果仍然不能显示出自身的优势或特色，就需要继续在三级分类中寻找位置(表 3 - 4)。越是低级分类，越容易显示出自身的个性。例如，自然类和人文类是一种对比度很大的分类。最简单的旅游地形象定位是告诉他人本旅游地属于人文的旅游地还是自然的旅游地。如果这样难以说明本旅游地特色的话，还可以说明自己是属于地理景观、水域风光、生物景观、天象与气候景观、遗址遗迹、建筑与设施、旅游商品、人文活动等分类中的哪一类来说明本旅游地的形象特色。如果这样仍然难以强化本旅游地主要特色还可以在低一级类型里寻找自己旅游地形象的位置。如果按照上述分类仍然不足以体现自己产品的优势，还可以加上更多的限定性词语来表述。当然，这里所举的例子只是旅游资源的分类的一种，其他分类方法同样可以采取类似的方法来定位旅游地形象。这种定位方法不仅思路清晰、便于操作，而且有一定的发挥空间。

表 3-4 以某种依据划分的旅游产品类型体系示意表

一级分类	A																
二级分类	A1				A2				A3				AN				
三级分类	A11	A12	A13	A1N	A21	A22	A23	A2N	A31	A32	A33	A3N	AN1	AN2	AN3	ANN	
一级分类	B																
二级分类	B1				B2				B3				BN				
三级分类	B11	B12	B13	B1N	B21	B22	B23	B2N	B31	B32	B33	B3N	B41	B42	B43	B4N	
一级分类	C																…
二级分类	C1				C2				C3				CN				…
三级分类	C11	C12	C13	C1N	C21	C22	C23	C2N	C31	C32	C33	C3N	CN1	CN2	CN3	CNN	…

当一个旅游地与别的旅游地性质大致相近，不易显示自己时，只有设法错位，另辟蹊径，换一种属性类型指标来对比，才能突显自己。设计者可以根据旅游地的特点，以某一种特性与别的旅游地形象错开，树立自己的形象。例如，在古徽州地区，各县的村落景观大同小异，如果不错位定位，就不能突显自己。江西婺源县为徽派民居的乡村景观，乡村旅游形象定位为“中国最美的乡村”；安徽休宁县也是徽派民居的乡村景观，乡村旅游形象定位为“中国最幸福的乡村”。这样错位定位就容易识别。通常新建人造景观旅游地容易错开，因为在建设之前就可以先定位，而遗产型旅游地定位相对较难。

2）纵向定位法

纵向定位法是将旅游地放在某一类旅游地中来表明所处的等级的定位方法，也可称之为等级定位法。它与横向定位法所比较的内容不同。这也是被广泛应用的树立形象的最有效的方法之一。本方法是依据规模、等级、品位等属性来表明在同类中是处在领先位置，还是第二、第三等其他位置。领先定位法可以看做是其中的一种特殊情形。该定位方法设计思路也很明确：首先是选择适当的分类来建立参照系，然后确定在该类中所处地位。先找第一位，等级上不仅可以有绝对的第一，还可以有并列第一。若不能定在第一位，可以定在第二位，或者加附加条件来争取第一位，如果等级太低，则应当用其他定位方法另找突破口。如果这方面特性不能占据第一位，可能另一方面特性可占据第一位。

形象定位中经常用“××之都”、“××王国”、“××大世界”等语言来描述旅游地形象，都是用于说明旅游地的等级的。等级是指旅游产品在一定产品分类中所处的地位。同类型的旅游产品相比，按一定指标可以划出等级，级别高的旅游产品容易引起人们的注意。旅游地的分类有多种方式：旅游资源有按照学术上的分类，如按照成因、旅游动机、审美特征、资源性状分类；旅游资源还有按照行政管理层面来划分，如自然或文化遗产分为世界级和国家级，在中国设立了国家历史文化名城、文明城市、森林公园、自然保护区、文物保护区，文物保护单位、地质公园、湿地公园等名城，它们都有国家级和省级(有些类型有县级)之分。

横向与纵向定位参照系往往是相配合用于旅游地形象定位，纵横两条线交叉，其位置明确无疑。建立坐标系可以单个指标来建立，也可以综合多个对比要素来建立。以某个对比要素来建立坐标系，梳理一下某一类现有的旅游地品牌形象现状，并进行排序，自己所在位置便显而易见了。

3）独立定位法

独立定位法是以唯我独有、不可再生或复制的旅游资源来确立自身的地位的定位方法。现实中很多旅游资源大多不可再生，唯我独有的资源比比皆是。利用独特的旅游资源，不必排序，不问类别，可以自立门户，即使如实描绘旅游地形象，也不难彰显自己的特色和魅力。例如，大熊猫之乡(卧龙自然保护区)，包公故里(合肥)，华佗故里(亳州)等。这种定位方法最能体现差异化定位理念，也易于操作，是被广泛应用的一种。这种定位方法很容易操作，效果也很好。虽然这种定位方法直接表明分类概念，却包含旅游地类型信息。采用此定位方法能达到很好的效果，但是并非适用于任何地方，必须是在某种资源具有较高旅游价值的情况下，否则，即使是唯我独有，也毫无意义。

4）比附定位法

比附定位法的本意是利用市场知名度高的产品及其特色来宣传自己，也被称为“借光法”。本方法在企业和产品形象设计中被广泛应用，适用于某种特性与类比对象的现有知名度美誉度都很高的并与其相似的旅游地。这里采用的是借助类比方法来帮助公众识别其特色，比较的是特色。这样定位，不需更多的解释就很容易让认知者联想到该旅游地的特色，同时还可以借别的旅游地的知名度来提高自己的知名度，一举两得，具有很好的传播效果。例如，方特欢乐世界被誉为“东方迪斯尼”，很容易让公众联想到该旅游地是现代主题公园特色；流行于淮河流域的花鼓灯被称为“东方芭蕾”，很容易让公众联想到该舞蹈的特色。此类定位比较常见，如中国威尼斯(苏州)；东方威尼斯(周庄)；东方拉斯维加斯(澳门)；塞上江南(银川)；中国迪斯尼，云南西班牙(临沧)。这种方法向公众传达了这样的信息：说明与比较对象具有很大的相似性，可以与之相媲美，品位相当或相近，只是所处的地域不同。此方法定位思路很明确，易于操作，定位传播效果也很好。但是过去人们将其理解为避开第一位，抢占第二位，这种理解也有偏差，因为它并不是所要占据第二位，而是表明自身的特色与品位。

5）逆向定位法

逆向定位法不是按照正常的逻辑思维来定位，而是用逆向思维方法来定位，以便于与参照对象形成极端对比。因为极端的事物容易引起人们的关注，处在中间的或平常的事物不容易引起人们注意。当形象的这一头已经被人占据了，而如果能站在另一头，就可以与参照对象构成强烈的对比。客观世界对立因素很多，例如，最大与最小、最南与最北、最东与最西、最长与最短、最新与最古老、最美与最丑、最冷与最热等，需要设计者发挥联想与想象来构思。运用对立因素树立形象，对比强烈，能满足公众的好奇心理，特别容易引起公众的注意。设计者应当展开自己的想象力，寻找各种对比的要素，来定位旅游地的形象。本方法定位思路很明确，同时还能启发设计者勇于打破正常的思维方式和方向，进行创新思维，虽然它对于许多旅游地并不适用，但却不失为一种很好的定位方法。

6）抢先定位法

抢先定位法是采取先下手为强来占领有利的位置的定位方法。当在市场上体系不成熟，某类产品等次尚不明确，衡量标准、比较依据很难模糊或者不易明确的前提下，要先入为主，抢先占领最高或最前位置，只要合情合理，别人也无法否定。例如，“江南第一漂”，不知是开发时间最早，还是规模第一，总之，第一总比第二好，容易引起公众关注。有些事物定性的描述是不能量化的，正好为这种定位方法的应用提供了有利条件。如最美、最具魅力、最精彩等都是非定量非精确的表述，只要有这方面的条件即可使用。例如，“中国最美的乡村(婺源)”，其他地方也有很多最美的乡村，如果有的地方先用了，其他地方就不宜再使用，先下手为强是一种可行的也是有效的定位方法。发展旅游就应当有这种竞争意识。不管怎样，目的是为了扩大旅游地的影响力。但这种定位法必须有个前提，就是没有明确的对比指标，或者是在某一方面市场产品尚不成熟，说不清谁是第一，否则，难以自圆其说，得不到公众认可。例如，“天下第一滩”（北海），“华夏第一古县城”（平遥)等，不容易被否定。

3. 现有定位方法比较

每一种方法都能发挥其特有的作用，适合于不同的旅游地特色和市场背景。独立定位法适用于具有特殊旅游资源的旅游地，用于强调“人无我有”。横向定位法和纵向定位法与旅游地形象体系特征和认知规律相契合，其重要特点是可以帮助设计者看清市场规律，理清定位思路，站得更高，看得更远，并具有很大的包容性。纵向定位法和横向定位法往往综合运用，因为等级是建立在一定类型基础之上的。过去所采用的领先定位法适用于某一方面有绝对优势地位的旅游地，用于强调“人有我优”。领先定位法可以看成是纵向定位法的一种特殊情形，因此可以归属于纵向定位法。空隙定位法和比附定位法可以看成是横向定位法的特殊情形，因此可归属于横向定位法，因为它是说明旅游地类型特征的。空隙定位法有别于独立定位法，前者是在新设立的系列产品中除了自身以外还有其他同类产品，而后者则是表明自己旅游地特色绝无仅有的。比附定位法的意义不仅是表明类型，还有一种意义是“借光”，因此也可以单独作为一种方法看待。逆向定位法对于某些有特殊资源的旅游地是一种很好的定位方法，颇能启发设计者的思维。重新定位法不应看作是一种定位方法。抢先定位法有着特殊的意义，它特别强调市场竞争意识，可以激发形象设计者的创新思维，应当保留这种定位方法。有这6种方法基本上能涵盖各种定位现象，可以用于应对各种复杂的情况，能满足定位设计的需要。旅游地形象定位设计是一种创造性劳动，必须灵活应用各种定位方法，才能做得更好。

知识链接

根据李蕾蕾的研究，旅游地形象定位方法有以下5种。

1. 领先定位

旅游者依据各种不同的标准和属性建立形象阶梯，例如，通常根据产品的类别，建立如饮料的、胶卷的、溶洞的、古都的、海滨的、高山的、滑雪地的……形象阶梯，在这些形象阶梯中占据第一位置的，就有领先的形象。领先定位是最容易的一种定位方法，适宜于那些独一无二、不可替代的事物，例如，埃及的金字塔、中国的长城……，都是世界上绝无仅有的人类奇迹旅游地。似乎不需要下力气就可保持不衰的地位。但如此绝对领先、形象稳固的旅游地毕竟不是多数，大量的旅游地要依据其他方法进行形象定位。

2. 比附定位

比附定位并不去占据原有形象阶梯的最高位。实践证明，与处于领先地位的第一品牌进行正面竞争往往非常困难，而且，失败为多，比附定位避开第一位，抢占第二位。由于第一的位置只有一个，而大多数商品和服务都不甘居人之后声称第二，在这种情况下，少数定位于第二的品牌反而会给消费者留下较深的印象。比附定位最经典的例子是美国汽车出租公司——Avis公司的形象定位，该公司最先承认屈居人们心中第一位的Hertz公司之后，大获成功。旅游地也可通过与原有根深人们心中第一位的形象相比附，确定第二位的形象。事实上，不少旅游地已经注意并使用这种比附关联的定位方法。例如，牙买加的形象定位表述为“加勒比海中的夏威夷”，从而使牙买加从加勒比海区众多海滨旅游地中脱颖而出。我国对海南三亚也定位于“东方夏威夷”，目的无非是利用夏威夷绝对稳固的海滨旅游地形象使自身形象比较容易被国际游客认知。

3. 逆向定位

逆向定位强调并宣传定位对象是消费者心中第一位形象的对立面和相反面，同时开辟了一个新的易于接受的心理形象阶梯。例如，美国的“七喜”饮料就宣称为“非可乐”，从而将所有的软饮料分为可乐和非可乐两类，“七喜”则自然成为非可乐饮料中的第一位了。深圳野生动物园的形象定位也属于逆向定位，它将人们心目中的动物园形象分为两类，一类是早已为人熟识的普通笼养式动物园，在中国，这类动物园以北京动物园最著名，动物品种最丰富；另一类为开放式动物园，游客与动物的活动方式对调，人在“笼”(车)中，动物在“笼”外，从而建立起国内第一城市野生动物园的形象。

4. 空隙定位

比附定位和逆向定位都要与游客心中原有的旅游地形象阶梯相关联，而空隙定位全然开辟一个新的形象阶梯。与有形商品相比，旅游点的形象定位更适于空隙定位，尽管旅游点的数目也呈现爆炸性增长，特别是同类人工景点相互模仿，促使景点数量剧增，但仍然存在大量的形象空隙。旅游者期待个性鲜明、形象独特的新类型景点出现。空隙定位的核心是分析旅游者心中已有的形象阶梯的类别，发现和创造新的形象阶梯，树立一个与众不同、从未有过的主题形象。例如，中国第一个小人国“锦绣中华”的建立，使国内旅游者心中形成小人国旅游景观的概念，并随着各地微缩景观的大量兴建，产生小人国旅游点形象阶梯，显然，“锦绣中华”比后来者处于强势地位。

5. 重新定位

严格说来，重新定位并非一种独立的定位方法，而是原旅游地应当采取的再定位策略。由于旅游地的发展存在生命周期，如何面对衰落，一直是旅游经营者的一大难题。重新定位不失为一条可选之路。旅游地的发展历经产生、成长、成熟、衰落各 4 个阶段，已在游客心中建立起稳固而清晰的形象，再去宣传老形象，已不能适应旅游需求的变化，更难以生发号召力和吸引力。人们总是希望有新的东西去取代旧的东西，重新定位可以促使新形象替换旧形象，从而占据一个有利的心灵位置。重新定位的成功之例可能是美国加州的重塑新形象。

（资料来源：李蕾蕾．旅游目的地形象策划：理论与实务［M］．广州：广东旅游出版社．1999：121—123.）

即学即用

分析表 3-5 中旅游形象采用了哪些定位方法？

表 3-5　部分地区的定位方法判别

旅游地	形象定位	采用的定位方法
武夷山市	东方伊甸园，纯真武夷山	
马尔代夫	印度洋上人间最后的乐园	
苏杭地区	上有天堂，下有苏杭	
张家界景区	天生一个桃花源，地造一个张家界；缩小的仙境，扩大的盆景	
山东肥城市	范蠡西施幽栖梦，世外桃源在肥城	
广东恩平市	天上瑶池仙境，人间恩平温泉	
北海市	世界的“珍珠港”，东方的“夏威夷”	

续表

旅游地	形象定位	采用的定位方法
云南省	永远的香格里拉	
咸阳市	中国金字塔之都	
阿姆斯特丹	北方的威尼斯	
瑞士	如果山有故乡，那一定是瑞士	
河南省	领略华夏文化，畅游中原山水	
东营市	齐鲁神韵，豪情山水	
三亚市	天涯芳草，海角明珠	
台州市	神奇台州，生态之旅	
石家庄市	燕赵古韵，魅力之城	
福建省	福山福水福州游	
伊春	林海雪原；中国林都	

3.4 旅游地形象的描述

设计者对旅游地形象的印象是不可见的，必须借助一定的语言表达出来，这种语言可以是自然语言，也可以是绘画语言，但是最常用的，也是最便于传播的表达方式是自然语言。这里所说的旅游地形象描述是在对旅游地概括与提炼的基础上用(自然)语言描述出来，形成一个旅游地诱导形象。形象的语言描述是形象设计的最关键也是最难做好的工作之一。

3.4.1 旅游地形象特征的概括和提炼

概括指的是归纳出事物的本质属性和共同特点。旅游地形象概括是对旅游地所有元素整合、梳理、取舍。概括是对全局的把握与创意安排。概括的结果也决定了设计的成败。要做到“简约不简单”，大胆舍去琐碎的细节，抓住旅游地本质特征。提炼，原意指采用化学方法或物理方法使化合物或混合物纯净，从中提取所需要的东西。旅游地形象设计中提炼是指从众多形象元素中，提取具有代表性的元素。并不是说所有的设计元素都应在提炼后同等的应用于形象设计，经过提炼的认知对象，应有合理的层次关系。要有一种兼容并蓄、化繁为简的思想，高度提炼要素。提炼的最终目的是明确和强化特色，增强形象的感染力。设计者合理巧妙地提取有用的形象元素，舍弃干扰主题的次要元素。

旅游地形象特色的提炼和把握是旅游地形象设计的关键性工作。通过上述几方面的分析工作，旅游地形象会从不明确到初步明朗化，但是到后期的提炼工作难度会更大，要正确处理局部形象与整体形象的关系，可以从两方面入手。

(1) 从整体入手。当旅游地单要素不足以体现地方特色或不具备较强的影响力，只有多种要素综合后具有的效果会更好，综合旅游地各个方面得出相应较抽象的结论。例如，黄山是以奇松、怪石、云海、瀑布(山、水、气象、生物、人文)等多种要素综合的景观，它的奇妙组合的效果胜过单要素效果，应体现综合特征；而牯牛降是以原始森林、峡谷溪流为其主要特色的景观，可以突出单要素特征。

(2) 从局部入手。有些旅游地总体特色不易明确或者总体特色不具备较强的影响力。但是有个别具有强大吸引力的局部或个别景观，便可以代表整个旅游地的特色，可将最具影响力的旅游景点或旅游资源来作为特色的代言者，强调的是优势资源，以起到以点带面的效果。正确处理整体与局部的关系，整体与局部是相互联结的，局部寓于整体之中，并通过局部表现出来，局部也离不开整体。二者在不同的场合可以相互转化。如果一个地区的局部旅游资源具有很强的代表性和强大的区域影响力，就可以局部作为区域旅游特色的整体来看待。具有代表性的旅游产品如同一个酒店的招牌菜，在酒店的特色中占据主要地位，也会在顾客心中留下深刻印象，往往成为吸引顾客的主打产品，这就说明局部具有代表整体的能力。例如，芜湖市旅游发展过程中，由于没有较大影响力的旅游资源来代表芜湖市的旅游特色，综合形象不明显、不突出。现在方特欢乐世界具有较大的影响力，就可以利用它来树立芜湖市旅游形象，很容易取得成功。

3.4.2 旅游地形象的描述

为了便于各种媒介传播，需要对旅游地形象进行描述，即使用语言来为旅游地“画像”。旅游地形象的语言描述，是对物境、心境的描述，涉及文学艺术问题，但是旅游地形象的描述这项任务却义不容辞地落到了旅游地形象设计者的身上。按照感知方式，艺术分为视觉艺术、听觉艺术、视听艺术和视听-想象艺术。文学作品是当读者看到文字或听者听到语言后，经过联想和想象来形成形象，其结果是一个虚拟的形象，不像绘画、影视作品那么直观，但是它是一种最易于传播，也易于接受的一种传播语言。文学艺术具有虚幻性、主观性、想象性的特点，也就给予人们更多的发挥空间。旅游地的山神水韵要用语言来表达，要有诗人的天才，画家的眼光，音乐家的感受力方能表述得更好。旅游地形象是用文字语言来描述的，其形象不那么直观，需要读者或听者联想和想象的参与。虽然旅游地形象语言文字简短，但是应当能够诱发公众丰富而美好的想象，其语言应具有以下几方面特性。

1. 有深刻内涵

描述旅游地形象的语言要言简意赅，意蕴深刻，以少胜多，不仅要有所指，还要让其多一些言外之意。旅游地形象语言语句都很简练，但是所包含的意思还要能涵盖所要表达的内容。有内涵，但不能直白，和盘托出，一览无余；运用含蓄的语言更能到达高妙境界，实中有虚，虚中有实，虚实相生，以有限的语言来表现无限的内涵，即所谓的“言有尽而意无穷”，其语言要有“景外之景”、“象外之象”、“弦外之音”、“味外之旨”。“用意十分，下语三分”，让人回味无穷，仿佛烟霞迷茫中幽径顿出，激发人们无限的想象与联想。著名散文家余秋雨先生以“拜水都江堰，问道青城山”这两句话非常准确、传神地反映了都江堰和青城山的特色和文化内涵。余秋雨先生曾在其书中写道：“要看水，万不可忘了都江堰”，都江堰因水而受到人们的膜拜。青城山作为中国道教的发祥地之一，其道家思想、音乐、武术、饮食和养生之道等都有着十分丰富而独特的文化内涵。“拜水”和“问道”两词具有深刻含义，并且简洁、对仗。

2. **有诗画意境**

有诗画意境指给人以美感或有强烈的抒情意味。当读者看到或听到所描述的语句时，可以引起无限美好的遐想，形成如诗如画的意境。语言艺术也具有画笔一样的表达功能，运用文字语言同样可以像绘画一样描述旅游地形象，达到情景交融、虚实相生、韵味无穷的境界。唐人王昌龄对诗的创作做过描述："诗有三境：一曰物境。欲为山水诗，则张泉、石、云、峰之境，极丽艳秀者，神之于心，处身于境，视境于心，莹然掌中，然后用思，了然境象，故得形似。二曰情境。娱乐愁怨，皆张于意而处于身，然后驰思，深得其情。三曰意境。亦张之于意而思之于心，则得其真也。"要做到这些，有一定的难处，却可以作为我们的追求的目标。好在古人对各地的景观均有描述，可供参考或借用。虚实相生的语言可以产生诗情画意的效果。眼前之景为实，想象虚构之景为虚；景物为实，情感为虚；形象为实，抽象为虚；有限为实，无限为虚；正面为实，侧面为虚。虚可生实，实可生虚。总之，实境乃是一种真境、事境、物境；虚境乃是在此基础上给读者创造的一种想象的空间、诗意的空间。例如，"白日依山尽，黄河入海流"，写的是实景，历历如在眼前；"欲穷千里目，更上一层楼"，则由实见虚，把景物与心胸打成一片，从视野的开阔，可以见得抱负与气度的远大。人们从这两句诗中还可以悟到站得高才看得远的生活哲理。

3. **有创新性**

创新性的描述也是旅游地形象设计成功的主要标志，为的是突出自己，引起公众的注意，并留下深刻印象。要与别的旅游地相区别，必须要新，不能人云亦云，平淡无奇，否则不能引起公众的注意，不便与其他旅游地相区别，容易误解或混淆，造成识别困难，也就达不到传播的效果。"魅力安徽"、"魅力四川"、"魅力河南"、"魅力江苏"、"魅力湖北"、"魅力广西"等多个省都这样定位，大家都有魅力，很难突显自己的特色。大家都有魅力，也就分不出谁更有魅力，公众会感到迷茫，在选择旅游地时，就难以确定方向。因此，创新对于旅游地形象设计来说是十分重要的。

4. **有传达效果**

为了形象提高传播概率，使得形象描述成为公众易于接受、乐于接受、乐于传播的语言，应当提高语言的表现力。比如巧妙运用修辞，以情造文。

1）巧用修辞

成功的描述具有准确性，易于理解性，具有感染力，并具有意味、有趣味性和语言节奏音律之美，还易读、易记。提高语言的传达效果必须学会巧妙运用修辞。"修辞是修饰文字词句，运用各种表现方式，使语言表达得准确、鲜明而生动有力"（《现代汉语词典》）。学会运用修辞对于旅游形象的语言描述与传播具有十分重要的意义。很多成功的广告用语都是巧妙运用修辞手法的典型范例。

由于不同民族的语言（包括它的书面形式，即文字）建立在有不同的文化背景之上，具有不同的修辞手法。汉语的语素以单音节为主，词以单音节和双音节为主，并且汉语又是非形态语言，没有词形变化的约束。这两个特点决定了汉语修辞具有以下特征：①语言单位便于灵活组合；②特别适合于组合成音节数目相同，结构上相同的语句，并且很容易押韵，例如"上有天堂，下有苏杭"；③汉语里形成了大量的四字成语，其中绝大部分含义深刻、形式简洁，很强的表现力；④汉字的特点还适合于运用某些特殊的修辞技法，如回文、顶针、谐音双关等。

汉语修辞手法有六十三大类，七十八小类(表3-6)。常用的修辞格有：比喻、比拟、借代、拈连、夸张、双关、映衬、移就、对偶、排比、错综、仿词等。作为旅游地形象设计者若能通晓这些修辞手法，并巧妙地运用它们，就可以极大提高旅游地形象描述语言的表现力。运用修辞格可以分别从语意、形式、声音方面入手，也可以多种修辞综合运用。

表3-6 汉语修辞手法

语意					
		22	委婉	42	回文
1	比喻	23	分承	43	重言
2	白描	24	拈连	44	重叠
3	比拟	25	摹绘	45	排比
4	夸张	26	呼告	46	连及
5	警策	27	互体	47	互文
6	避复	28	通感	48	倒文
7	歇后	29	借代	49	倒装
8	层递	30	析字	50	顶真
9	衬垫	31	换算	51	复迭错综
10	衬托	32	降用	52	对比
11	用典	33	双关	53	对仗
12	引用	声音		54	反复
13	移用	34	飞白	55	镶嵌
14	须真	35	仿词	56	转文
15	象征	36	谐音	57	仿拟
16	指代	37	迭音	58	列锦
17	翻新	38	叠字	59	共用
18	设问	39	偏义复词	60	合说
19	反问	形式		61	变用
20	反语	40	示现	62	歧义
21	婉曲	41	回环	63	跳脱

大类分小类说明：1. 比喻：明喻、暗喻、借喻、博喻(复喻)、倒喻(逆喻)、反喻、互喻(回喻)、较喻(强喻)、譬喻、饰喻、引喻、隐喻；10. 衬托：反衬、陪衬；22. 委婉：迂回语、谦敬语、避讳语；23. 分承：并提、合叙、合说；25. 摹绘：摹形，摹声，摹色；28. 通感：移觉、移就；50. 顶真：顶针、联珠；53. 对仗：对偶、队仗、排偶。

（资料来源：本表内容根据帅帅的老木匠．修辞［OL］．（2009－03－15）．http：//baike. baidu. com/view/5432. htm 整理）

下面是部分修辞手法应用的实例。

比喻："天鹅颈下的珍珠(哈尔滨市)"；"长三角之弦"，"皖南门户"（芜湖市）；"包公桑梓地，黄山北大门"（合肥市）；"京九线上的明珠"（阜阳市）；东部"小延安"（定远县藕塘镇）。

比拟："红色泾县，宣纸之乡"；"长三角度假后花园"（合肥市）。

借代："两岸青山相对出，孤帆一片日边来"（芜湖市天门山）。

拈连："山水在城中，城在山水中"（芜湖市镜湖区）。

谐音："晋善晋美"（山西省）。

双关："最美风光在安徽"（表面上是指黄山，其实背后还指安徽所有的自然景观，一语双关）。

映衬："感受黄山，天下无山"；"新黄山，古徽州"。

移就："长三角后院园林，东西部花园走廊"。

对偶："寄情灵山秀水，感悟宣纸文化"（泾县）；"红色金寨，绿色天堂"；"文化古蓼城，水韵新霍邱"（霍邱县）；"寄情江南，寻梦徽州"（大皖南旅游区）。

排比："新镜湖，新形象"（芜湖市镜湖区）；"半城山，半城水"（芜湖市）；"新合肥，新旅游"。

设问：中国式"迪斯尼"乐园在哪里？

白描："风・花・雪・月"（大理）。

夸张："给我一天，还你千年"（杭州宋城）；"不到喀什，等于没有到新疆"；"没到过重庆，不了解中国"；"你给我一天，我给你一个世界"（深圳）。

描述旅游地形象的文学体裁没有严格要求，既可以用诗句，也可以用楹联或一般语言。由于篇幅限制，不宜用散文、小说、游记来表达。

2）以情造文

古人云："诗者，志之所之也，在心为志，发言为诗，情动于中而形于言"（《毛诗序》）。旅游地形象描述未必用诗歌形式，但它也是文学艺术，设计者触景生情，描述情境，可以提高旅游地形象语言的感染力。因为"意境的生成重在情与景、意与境的相交相融，相契相合"。当然，对于一般旅游地形象设计者，未必能做到这些，不过可以借助公众来共同完成设计任务。著名散文家余秋雨先生在游览都江堰、青城山后有感而发，留下了墨宝"拜水都江堰，问道青城山"，这里面饱含作者的主观情感。很多文人都是在游览景观后由感而发，留下很多千古绝唱，是"为情而造文"的最佳典范。旅游地形象设计者在欣赏旅游地景观，体验旅游产品后，也会产生一定情感活动，情景交融，有感而发，便有可能写出佳句。主观情感的融入有助于提高文句的表现力。

这里所要描述的是旅游地本底形象，有时可以作为形象口号使用，但是有时其感召力不够，未必顺应市场需要，如有必要，还需重新设计传播口号。

即学即用

分析表 3-7 中旅游形象描述采用了哪些修辞手法？

表 3-7 形象描述语言修辞手法分析

旅游地	形象定位	修辞手法
葫芦岛	葫芦宝岛，幸福海洋	
金华	自在之城，诗意金华	
洛阳	传奇洛阳，悠哉新城	
雅安	雅致之城，安逸人生	
宝鸡	关中天府，活力水城	
银川	动感夏都，回味银川	
大连	浪漫之都	
云南	万绿之宗，彩云之南	
浙江	诗画江南，山水浙江	
湖南	人文湘楚，山水湖南	
海南	阳光椰树，碧海银沙	
北京	东方古都，长城故乡	
昆明	昆明天天是春天	

3.5 旅游地不同发展阶段的形象设计

根据国内外学者的研究，旅游地发展具有一定的周期性。为了加快和维持旅游地发展，需要依据旅游地发展的不同阶段的特性，采取相应的旅游地形象设计策略。由于不同管理者或管理部门管理水平参差不齐，未必都能把握旅游地的发展方向和发展机遇，如果得不到正确的指导，就不能主动根据市场的变化背景来树立和推广旅游地形象，存在一定的盲目性。尽管自己拥有良好的旅游资源，但是发展不快，或者是“靠天收”，甚至可能提前衰落。如果能跟踪和观察旅游地发展的每一个阶段，及时提出旅游地形象设计策略，适时干预旅游地发展进程，对某一发展阶段有着重要意义。下面简要说明旅游业不同发展阶段的形象设计策略。

3.5.1 初级阶段的形象设计——深谋远虑

由于某地自然或人文景观具有较高的旅游价值，引来少量的旅游者自发观光，但基本没有旅游设施，当地居民被动地考虑开发旅游，兴建简单的服务设施，提供旅游服务，旅游地开发开始启动，但是旅游地形象、发展目标、发展措施不够明确，具有一定的盲目性。在尝到一些甜头后，居民积极提供旅游基础设施及相关服务，并主动促销使客源市场逐渐扩大，开始有了旅游季节。但是旅游基础设施不能充分满足旅游需要，如果旅游者达到一定数量，便不堪重负。本阶段仍为旅游地发展的初级阶段。

本阶段的设计要做到深谋远虑。产品形象定位与宣传工作应当及时展开，为打开市场做准备，谋求后期的快速发展。为了使旅游产品尽快成型和推广，旅游地管理者应当高瞻远瞩，聘请专家参与旅游地形象设计工作(包括旅游发展规划设计工作)，全面分析旅游地文脉、地脉、市场环境、资源的旅游价值，以确立产品特性、品位高低、市场前景、区位特点、市场空间分布、适应群体等方面问题，设计旅游地形象，并确定有效的传播手段。宣传工作与旅游地内部建设同步进行。

3.5.2 发展阶段的形象设计——推波助澜

本阶段旅游设施得到发展，促销力度得到加大，外地资本对旅游业的控制加大，旺季的旅游人数远远超过了当地人口数量，致使当地人可能对旅游者产生抵触情绪。本阶段为旅游发展的中级阶段。

本阶段的设计要力求推波助澜。本阶段旅游地已经有了一定的知名度和美誉度，需要解决的问题是如何加快步伐，争取更多的客源，产生更大的经济效益和社会效益。本阶段的旅游地形象在公众中已经形成，设计工作要解决的关键问题是如何扩大形象传播范围和影响力，扩大客源地空间范围，提升游客数量。因此，要致力于传播的策略、创意、方式各个方面的创新和配合，要竭尽全力发掘出有特色的诉求点，重在市场开拓，提高旅游产品在市场中稳定的占有率。首先，要了解本旅游地在公众中的形象，了解旅游动机的变化趋势，因势利导，确立形象特色；其次，要了解客源市场状况，即了解客源地分布现状、旅游者构成、旅游动机等；再次，设计形象传播策略，大力宣传旅游地形象。

3.5.3 成熟阶段的形象设计——开拓进取

本阶段旅游业已经作为一种产业形成，成为当地经济的重要组成部分，有较为稳定的客源市场，相关设施已经基本具备，一些陈旧老化的旅游设施已降为次等设施，旅游者数量增长率变缓，管理者试图通过努力来延长旅游季节，力争保持旅游产业增长的态势。

本阶段的设计要能开拓进取。本阶段旅游地已经成熟，需要解决的问题是如何保持一定的增长趋势，维持稳定的客源，即旅游地可持续发展问题。本阶段的旅游地形象很明朗，设计工作要解决的关键问题是设计特殊形象，如何细分客源市场和争取回头客。因此，重点放在细分市场调查与开拓。首先要了解本旅游地，分析和确立特殊形象特征，其次要通过调查了解细分市场，然后明确形象传播策略。例如，黄山景区市场细分，可以按照客源市场区域来设计特殊形象；长三角、珠三角、京津唐、中国香港、中国台湾、日本、韩国等地域，可以按照旅游者的群体来确定特殊形象。

3.5.4 衰落阶段的形象设计——重新定位

随着社会的发展，市场需求的变化，导致本旅游地不再时兴，旅游者被新的更好的同类旅游地所吸引，或者本旅游地没有重游的价值，或者旅游资源因开发不当遭到破坏，本阶段旅游者数量已到达顶峰，即不再增长，甚至呈下降趋势。

本阶段应当要重新定位。对于此类旅游地，要想有新的起色，必须与时俱进，另辟蹊径，采取适当的措施，才能起死回生。如重新定位旅游功能，便有可能出现不同程度的复兴。本阶段要做好形象重新定位与传播工作。为了使旅游产品尽快得到认识，应当做好新形象与旧形象的衔接，充分利用原有的知名度。聘请专家作专题研究，分析衰落原因，寻找发展机遇，重新设计旅游地形象(图 3.20)。

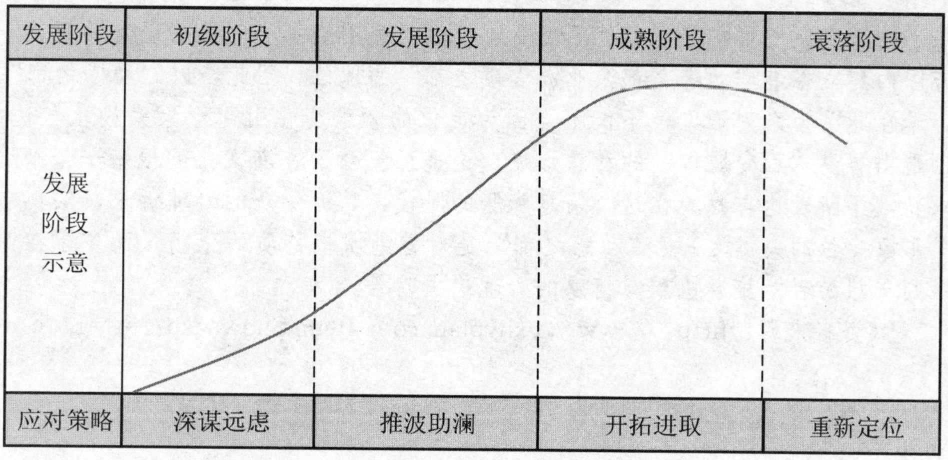

图 3.20 不同发展阶段旅游地形象设计策略

即学即用

下面是几个旅游地的形象定位资料，试分析它们分别所采用的定位方法，描述语言的内涵、意味及表现力。结合定位设计理论来论述你从中受到哪些启发。

● “百分百的新西兰”——100% pure New Zealand

人口只有380万，而地域面积相近于日本的新西兰，以其雄伟的地貌景观、奇特的荒野自然环境、独特而富有活力的文化以及不长却独具吸引力的历史变迁，成为众多国际旅游者追寻的圣地。具有多元化特色的新西兰社会，处处体现着成熟与包容，而简单的“百分百”定位，不仅表现新西兰旅游资源的多样，自然、文化与艺术景观的精彩纷呈，更紧紧扣住市场旅游者的情感认同，将宁静、活力、轻松、刺激、冒险、以及旅游体验的纯正与原汁原味，以直观而明了的方式展现在受众面前。简约而不简单、亲和力与神秘度并存，正是“百分百的新西兰”！

● 非常新加坡

新加坡国小，立国时间短，也没有什么根深蒂固的本土文化。基本上可以说是个移民国度。所以考虑问题起来没有什么束缚，这点倒是跟我们形成了鲜明的反差。

非常新加坡——是个什么样的新加坡？伴随着这样一个口号，我们在电视宣传片里看到了新加坡的流光溢彩，看到了新加坡的多元特质，看到了我们所熟悉的明星们在动情地推荐这个平易近人的国度。其实，新加坡也很平常，但确实又很非常！

● 香港：购物天堂→动感之都，就是香港→乐在此，爱在此

作为国际性大都市的香港，是亚洲首选旅游目的地和购物天堂。曾经的“购物天堂”定位，随着整个亚洲旅游发展以及全球关注焦点的变迁，发生了动态变化。

香港的城市旅游形象定位虽然不断变迁，然而都围绕一个明确而坚定的目标——在全球范围内建立香港“动感之都，亚洲盛事之都”的地位。因此，以“动感之都”、“爱在此，乐在此”为系列形象，不仅不会因为定位的频繁变化引起形象模糊化与边缘化，反而创造出香港“百变城市”的动感形象。这也正契合了香港文化的根基——永远不断求变求新，不断表达自我。在这个信息膨胀的时代，贴近受众的心理诉求，实现有效记忆，是形象定位的关键之一。“动感之都”是对香港城市特质的张扬，而“乐在此，爱在此”则与旅游者对旅游快乐与情感的心理追求暗合。

（资料来源：http：//www.cxhyplan.com/Item/Show.asp? m=114&d=59）

本章小结

旅游地形象特征分析、定位和描述是旅游地形象设计的主要工作。

旅游地形象设计是一个系统工程，第一步工作是要了解旅游地情况，除了要进行旅游地内部情况调查，还要进行市场状况调查。旅游地情况调查是旅游地形象设计的基础工作，包括旅游地的旅游资源调查与旅游市场调查。

旅游资源调查就是要在对旅游地资源要素调查的基础上，提炼、总结旅游地特色，为形象定位提供依据。旅游资源调查的内容主要包括旅游资源的类型、结构与规模调查和开发现状调查。

旅游地市场调查的目的在于了解旅游地的市场现状、知名度、美誉度、发展方向、市场前景，一般包括旅游市场现状和潜在客源市场调查、同类产品调查、营销现状调查和公众认知现状调查。

旅游学了解旅游地情况的调查方法主要有文献阅读法、实地考察法、座谈法。旅游市场是一个虚拟的市场，无法直接观察，只有通过某些抽样调查数据来进行推理，因此，旅游市场调查适宜采用问卷调查法和网络查询法。

为了突显地域特色，设计者需要对旅游地进行全方位的分析。通过地理背景分析、资源的旅游价值分析，明确旅游地形象特色。同时，形象特色应当是一定市场背景下的形象特色，还要必须分析市场。首先是对形象要素分析，包括自然要素分析和人文要素分析；其次是对资源的旅游价值分析，资源的旅游价值是指各种资源能否用于旅游活动，适合于开展哪些旅游活动，以及旅游价值的高低，包括审美价值分析、文化价值分析、益智和娱乐价值分析和宗教价值分析；最后是对旅游市场背景分析，包括需求与竞争态势分析和本旅游地市场感应分析，其分析方法又可分为宏观分析和微观分析相结合、定量分析和定性分析相结合、知名度和美誉度分析相结合，以及动态与静态分析相结合。

旅游地形象定位设计，首先需要确定旅游地形象定位的参照系，旅游地形象定位参照系具有二维的参照系结构、多样的对比要素、特殊的参照对象的特点，其中对比要素又有横向和纵向之分，横向对比要素包括旅游地的类型、旅游地的特色、旅游地的区位3个方面；纵向对比要素分析包括旅游地的规模、旅游地的等级、旅游地的品位和旅游地要素中某些数据等方面。

形象定位只有秉承正确的理念，才能把握正确的方向，选择合适的定位方法，实现定位目的。旅游地形象定位原则有个性化、突出优势、利己性、针对性、超前性和动态性7个方面。

旅游地形象定位方法是指导旅游地形象设计的基础理论，其具体方法有横向定位法、纵向定位法、独立定位法、比附定位法、逆向定位法和抢先定位法。这些方法可以单独使用，也可以联合使用。在对旅游地进行形象定位设计时，必须灵活应用各种定位方法。

旅游地形象描述是在对旅游地特色概括与提炼的基础上用文字语言描述出来，形成一个旅游地诱导形象。旅游地形象概括是对旅游地所有元素整合、梳理、取舍。旅游地形象设计中提炼是指从众多形象元素中，提取具有代表性的元素。要正确处理局部形象与整体形象的关系，可以从整体和局部两方面入手。

旅游地形象的语言描述，是对物境、心境的描述，涉及文学艺术问题，其语言应具有深刻内涵、诗画意境、创新性、传达效果几方面特性。

根据国内外学者的研究，旅游地发展具有一定的周期性。为了加快和维持旅游地发展，需要依据旅游地发展的不同阶段的特性，采取相应的旅游地形象设计策略。

关键术语

旅游资源(Tourism Resources)
旅游市场调查(Tourism Market Research)
文献阅读法(Literature Reading Method)
实地考察法(Field Trips Method)
问卷调查法(Questionnaire Survey Method)
网络查询法(Internet Inquiry Method)
宏观分析(Macro—analysis)
微观分析(Micro—analysis)
定量分析(Quantitatve Analysis)
定性分析(Qualitatve Analysis)
知名度(Popularity)
美誉度(Reputation)
旅游地形象定位(Positioning Method of Tourism Destination Image)
横向定位法(Horizontal Positioning Method)
纵向定位法(Vertical Positioning Method)
独立定位法(Unique Positioning Method)
比附定位法(Analogies Positioning Method)
逆向定位法(Reverse Positioning Method)
抢先定位法(Forestalling Positioning Method)

知识链接

[1] 尹隽，王海莉，周晓梅．旅游目的地形象策划［M］．北京：人民邮电出版社，2006.

[2] 李燕琴，吴必虎．旅游形象口号的作用机理与创意模式初探［J］．旅游学刊，2004，(01)．
[3] 马梅．格式塔——旅游地形象宣传口号的原型分析［J］．城市规划学刊，2004，(03)．
[4] 章锦河，凌善金，陆林．黟县宏村古村落旅游形象设计研究［J］．地理学与国土研究，2001，17(3)：82－87.
[5] 王晨光．旅游地营销［M］．北京：经济科学出版社，2005.

练习题

一、单项选择题

1. 旅游地情况调查是旅游地形象设计的基础工作，包括旅游地的旅游资源调查和(　　)。

A. 旅游地类型调查　　B. 旅游地客源调查
C. 旅游产品调查　　D. 旅游地市场调查

2. 对旅游市场情况的调查方法除了问卷调查法以外，还有(　　)。

A. 网络查询法　　B. 文献阅读法
C. 实地考察法　　D. 访问座谈法

3. 对旅游资源的审美价值的分析属于(　　)。

A. 形象要素分析　　B. 资源的旅游价值分析
C. 市场背景分析　　D. 旅游形象分析

4. 海南三亚的“东方夏威夷”形象定位是属于(　　)定位法。

A. 横向定位法　　B. 独立定位法
C. 比附定位法　　D. 逆向定位法

5. 观察下图，其中 W 所示状态表述正确的是(　　)。

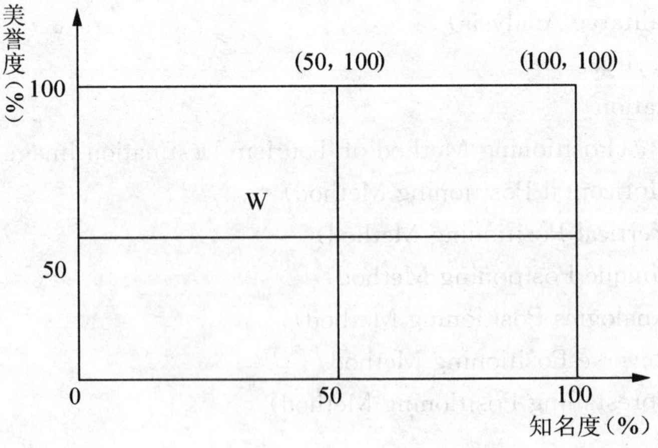

A. 高知名度和高美誉度　　B. 低知名度和高美誉度
C. 低知名度和低美誉度　　D. 高知名度和低美誉度

二、名词解释

1. 地脉
2. 文脉
3. 知名度
4. 美誉度
5. 旅游地形象定位
6. 横向定位法
7. 纵向定位法
8. 独立定位法
9. 比附定位法
10. 逆向定位法
11. 抢先定位法

三、简答题

1. 如何对旅游地情况进行调查？
2. 旅游地情况的调查方法有哪些？
3. 对旅游地形象特征应该从哪几个方面进行分析？
4. 请简述旅游地形象定位原则。
5. 旅游地形象定位方法包括哪些？试举例说明。
6. 旅游地形象描述的语言应具有哪些特性？

四、讨论题

1. 每10个人一组，分别选择国内某旅游景点作为讨论对象，分析其知名度及美誉度并记录下来，然后各组进行比较，分析、讨论各组之间的分析结果存在哪些差异。

2. 每10个人一组，分别以所处城市的最著名景点为例，分析其旅游形象定位口号，并讨论其与现实的形象存在哪些差异。

五、论述题

甲、乙、丙、丁4个旅游地对自己的旅游地的市场影响进行了调查，它们数据分别落在下图的4个区域，试运用形象象限图法分析这4个旅游地的市场影响状况。

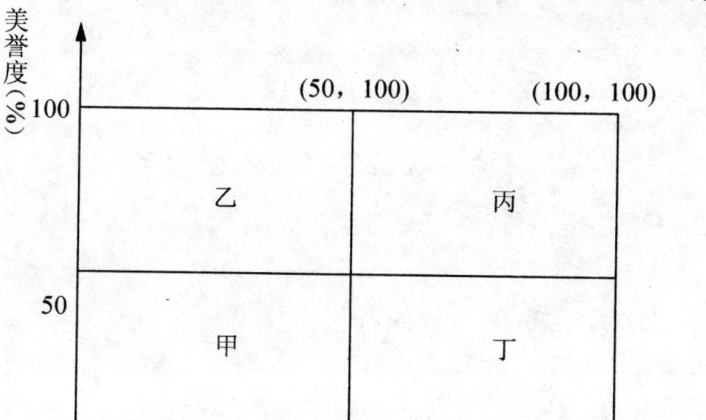

案例分析

珠海是中国最早的经济区域，地处南海之滨，毗邻港澳特别行政区及东南亚，拥有平坦而广阔的地域发展空间（西区），特别是拥有国际一流的完善的基础设施：国际一流的珠海机场、世界水准的珠海港、举世公认的优美环境和城市规划，并获得联合国颁发的“全面改善居住环境最佳范例奖”。珠海市原来有一个说法，我们姑且把它叫定位吧，曰：“花园式海滨旅游休闲度假城市。”由于这几年珠海的经济不景气，于是，重新审视这一定位，珠海人大有全盘否定之意，欲把它改作“花园式海滨工业商贸城市或高科技城市”。后来有学者给珠海的城市定位为“世界婚礼文化名城”。

这样的定位是否适合珠海？试分析并阐述理由。

第4章　旅游地形象认知对象设计

本章教学要点

知识要点	掌握程度	相关知识
旅游地形象认知对象及其意义	理解和掌握	环境设计学、美学、心理学
认知对象组合的意义	了解	氛围设计、环境设计学
旅游地认知环境的概念	理解	认知心理学、环境设计学
旅游地认知环境的设计原则	理解	环境设计学、旅游规划学、艺术学
旅游地认知环境的类型及设计思考	重点掌握	环境设计学、美学

本章技能要点

技能要点	掌握程度	应用方向
旅游地形象认知对象设计方法	理解	旅游地形象及其他形象设计
旅游地认知环境设计方法	重点掌握	旅游规划、城镇规划、环境设计

导入案例

西安古城墙是中国古人所创造的珍贵物质遗产，宏伟壮观，它的文化价值、规模及完整性在中国首屈一指，够得上世界文化遗产。但是，其周边现代高楼大厦鳞次栉比，无论是规模，还是高度，都远远超过了古建筑，今日的辉煌“压制了”古代的文明。如果分别观赏它们都能产生较好的效果，但是将它们放在同一个视野，那就不是古今文明交相辉映，而是不古不今、不伦不类，大大降低其观赏价值(图4.1)。由于现代视听元素干扰，古城墙所能营

图4.1　西安现代建筑与古城墙景观不协调

造的"古"的氛围难以形成，还不如现代人仿造古城池唐城、宋城的观赏效果好。正因如此，西安古城墙至今未被世界教科文组织收入《世界遗产名录》，令人感到遗憾。

从本案例或许我们会想到：旅游者究竟需要什么样的认知环境？如何设计和整饰，才能创造出理想的认知环境？相信通过本章学习，你便可知道其中的奥妙，也就知道如何去设计旅游地认知环境。

公众获取旅游地信息有两个途径，即到旅游地现场和通过媒体。前者是直接获取对象信息，后者是间接获取。直接感知形象的形成有赖于旅游者的实地旅游，它是旅游者旅游后对旅游地的综合印象，因而它是接近旅游地本底形象；而旅游地用媒介传播形象是一种诱导形象，是在旅游地本底形象基础上浓缩和加工而成的，有一定主观性，与本底形象相比，多少有些偏差。旅游地实地认知对象是本底形象加工的素材，这里所讲的旅游地形象认知对象是指存在于旅游地的各种信息，旅游地本底形象认知的主要信息源，这是本底形象形成的关键因素。由此可知，旅游地形象认知对象的设计就是通俗意义上的旅游地形象设计，其重要地位不言而喻。为了避免误解，本书称其为旅游地形象认知对象的设计。从心理学角度看，旅游过程是对各种信息的感知和理解的过程。为了向公众提供适当的旅游地感知对象，通过相应的信息刺激去改变旅游者的印象，这就需要围绕旅游地形象认知对象来做文章，维护或强化旅游地特色。为了更好地适应旅游需要，仅仅靠原有的资源是不够的，还需要原有资源转化旅游产品，或者需要整饰。此外，发展旅游业需要新建旅游设施，旅游地中人的行为还需要适应旅游活动的需要。为了给旅游者留下良好印象，需要精心设计、科学设计各种感知对象，做好印象整饰工作。本章主要介绍各种认知对象及总体认知环境的设计的原理与方法。

4.1 旅游地形象认知对象及其意义

旅游地形象的认知对象指的是可能成为旅游者的形象加工素材的那部分旅游环境认知对象。这种对象可以看做一个对象，也可以看做是一组对象。旅游地总体形象是对一个旅游地认知环境的认识。认知环境里存在各种可感知到的元素，包括物质的和精神的事物、具体的和抽象的事物、好的和不好的事物，它们共同组成认识主体的总认知环境。旅游者亲临旅游地感知到的是旅游地实地的实实在在的形象元素信息。每一个旅游地都有自己所特有的认知对象体系，它们是形象加工的素材，是旅游地本底形象形成的主要因素。从被感受的方式看，认知对象可分为视觉、听觉，以及嗅觉等其他感官能感觉到的元素；从元素存在形式看，认知对象可分为物质的、非物质的元素；从内容方面看，认知对象可分为旅游吸引物(景观等)、服务和设施3类；从成因看，认知对象可以分为原生的、仿原生的和新创的3种。原生的元素是指自然或历史遗留下来的，仿原生的元素可以达到原生相同的效果，而新创的元素风格则与前两者有明显不同。各种认知对象通过人脑的加工形成综合形象，也可以分别形成部分形象。由于感受效果是形象形成的关键，因此下面着重从被感受方式及对象属性的分类来说明认知对象的构成。

从符号学来看，人类所感受到的各种事物都具有符号学意义，也就是说，任何事物在人的知觉作用下都具有直指和意指的功能。旅游地形象认知对象都可以看作符号，形象形成是通过对各种符号感受、理解和加工而形成的。旅游地的一切事物都具有能指和所指功能。例如，当人看到大海，并不是简单地将大海看做大海本身，而是当作自己本人的情感的寄托物，“水情即我情”；旅游者看到山，不是为青山本身，而是“山情即我情”；旅游者听见松涛、鸟鸣之声，不会简单地理解为风吹着松林、鸟发出声音，还会理解为大自然在与人们对话，是自然存在的一种表达方式；沐浴着明媚的阳光，就会感受到世间的美好。可见，旅游者感受到的信息不只是感受对象本身，而是包含更深的理解，即所指和意指的内容。因此，为了给旅游者留下美好印象，设计者不应忽视每一个细节。旅游地认知对象应看做是反映旅游地本底形象识别系统，而识别符号(第五章)则应看做是外在的旅游地形象识别系统。

4.1.1 视觉认知对象

形象的视觉认知对象在企业形象理论中称为视觉识别(Visual Identity，VI)。旅游地特色需要借助于特有视觉信息来刺激认知者促进特色形象的形成。视觉信息是人类信息的主要来源，据研究，大约83%的信息是通过视觉获得的。可见视觉元素在旅游地认知对象中有着十分重要的地位。视觉形象认知对象由景观要素、旅游设施要素等物质形态要素构成；视觉景观是旅游地形象形成的核心要素，因为美的景观是大多数旅游地的主要构成要素。不过不同类型旅游地的视觉元素组合有很大的差异。旅游地的景观形象可以分为三大类：自然景观、人文景观和综合景观。即使是同一类景观，其构成元素因风格不同而有不同的组合。人对认知环境比较敏感，触景生情是人人都有的一种下意识的反应，“一山一水，一草一木总关情”，“近水远山皆有情”。不同的景观元素也会引起不同的情感反应，例如，遥望大海、登高望远会让人心旷神怡；看到秋风扫落叶，会令人产生凄凉感；看见故乡的景物，令人产生亲切感；看见他乡的景物，又会产生新奇感等。空旷的环境让人心旷神怡，狭小的环境让人产生压抑感；阳光明媚或光线充足让人心情愉快；光线昏暗的环境让人产生阴森或恐怖感。

自然环境中，没有一点人类活动的痕迹，如原始森林、茫茫沙漠，一切都是自然形成的，不仅没有人类耕作的痕迹，连道路都没有。山地自然景观通常有高山、峡谷、岩石、瀑布、植被、云海、天象、气象等构成元素(图4.2)；海边有海浪、沙滩、阳光、天空、海市蜃楼等构成元素。有的是“枯藤老树昏鸦”；有的是“风月相和寂寥”。自然环境千变万化，因时因地而不同，言之不尽，勾人灵魂、令人陶醉，是良好的心灵“抚慰剂”。到了这种环境，会感受到自然气息扑面而来，自然美感油然而生，人与自然可以尽情交流，人间的烦恼会因此而抛到九霄云外。

人文环境中基本上看不到自然元素，至少感觉不到自然元素的存在，与自然景观相比有异样的感受。置身于纯人工的景观中，映入眼帘的都是人类创造的物质财富(各种建筑、道路、车辆、生活和劳动设施、田园)，还有人类活动场景(劳动、娱乐场景)。如商业街旅游景象，可以说是一片车水马龙、生机勃勃的兴旺景象，如同一幅幅“清明上河图”，人文气息浓郁、充满人间真情、具有人文美感，如城市景观、聚落内部景观(图4.3)。

(a)

(b)

(c)

(d)

图 4.2 纯自然景观

(a)玉龙雪山山顶；(b)原始森林(牯牛降)；(c)奇形怪状的岩石(云南石林)；(d)瀑布(黄河壶口)

(a)

(b)

图 4.3 纯人文景观

(a)云南丽江古街道；(b)安徽祁门古戏台

综合景观可以分为三种情况：一般性综合景观、准自然景观和准人文景观。这种景观类型的划分是依据自然和人文景观中所具有的地位来决定的，与观赏者的位置、方位、距离也有一定的关系。一般性综合景观中，自然和人文两种元素比例相近，两者在欣赏意义上的作用均等，如"深山藏古寺"，"白云生处有人家"，具有"天人合一"的观赏效果(图 4.4(a))。准自然景观视觉元素中包含少量人类活动的痕迹，人类活动对它的影响很小，具有“山重水复疑无路，柳暗花明又一村”，或“黄河远上白云间，一片孤城万仞山”，或“空山不见人，但闻人语响”等景观意象。如华山景观中，仅有少量的旅游步道、摩崖石刻、寺庙建筑等人文景观元素，虽然稍微有一点人文气息，但是由于此类环境仍然以自然景观元素为主体，因此自然环境氛围感依然会很浓厚(图 4.4(b))。准人文景观中包含一定数量的自然景观元素，如古村落人文景观中含有自然景观元素，以古民居、古街巷、文化建筑、古树、居民活动痕迹等元素为主，背景以水系、山峰和植物自然风景元素衬托(图4.4(c))。

(a)　　(b)　　(c)

图 4.4　综合景观

(a)天人合一的村落景观；(b)准自然景观(陕西华山)；(c)准人文景观(安徽黟县，吴惠智摄)

旅游设施景观也是准自然景观、纯人工的景观、综合景观视觉元素的构成部分，其视觉效果与使用效果也影响旅游地形象的形成，应当具有相同的风格，融合其中。

每一种景观都有其景观的特点，如有不和谐的元素出现，就会影响视觉效果。因此，景观设计要讲究单纯性，杜绝“视觉污染”，如古村落中的供电设施和现代建筑等都是视觉污染。美化旅游地景观的视觉元素是旅游地形象设计的主要内容。指示牌的设计要与周围景观风格相协调。在自然景区或以自然景观为主的景区内，应当选用木料、竹料、石料等天然材料，形式上要呈现自然形态，减少人工痕迹。例如，由树干和树枝组成的指路牌比冰冷、精致的铁架路牌更能与背景协调。在古建筑群内，指示牌不要出现在重要景观的视域内，因为它不是景观的构成要素；而现代主题公园以及娱乐康体设施的指示牌则可以不必拘泥于形式，可以用现代材料、技术和风格，使用声、光、电等多种手段，使用鲜艳色调。

4.1.2　听觉认知对象

旅游地特色需要借助于特有的听觉信息来刺激认知者促进特色形象的形成。听觉是仅次于视觉获取信息的重要感觉器官。不同的声音系统，可以造就不同的环境效果。根据聆听到的声音，人们可以知道是自己处在喧嚣的现代城市环境，还是幽静的山林环境。因为人的各种感觉器官无时无刻不在感受着环境的存在。例如，“蝉噪林愈静，鸟鸣山更幽”，“月落乌啼霜满天”，“小楼一夜听春雨”，“谁家玉笛暗飞声，散入春风满洛城”，“两只黄鹂鸣翠柳，一行白鹭上青天”，“惊涛裂岸”，都是用声音来描述各种诗意般的意境。因此，听觉形象在旅游地形象构成元素中有着相当重要的地位。从电影配音中也可以理解声音在营造环境中的作用，不同的配音效果可以创造出不同的情境，如果没有配音，电影的效果会逊色许多。

纯自然的景观听觉元素中没有人类活动的声音，旅游者聆听的是大自然的声音，即庄子所说的“天籁”。不同的旅游地其声音系统不同，而构成一首首美妙的交响曲。例如，山里有松涛声、鸟鸣声、昆虫叫声、水声，海边有波涛声、海鸥鸣叫声(图 4.5)，此类环境中不能有不和谐声音(如汽车发动机或喇叭声等)的闯入，否则会导致环境氛围的骤然变化，甚至是根本性的变化。因此，对于旅游地形象来说，听觉元素与视觉元素一样重要，它们都是构成旅游地形象系统感知的元素。

(a)

(b)

图 4.5　自然界的声音

(a)瀑布声(黄河壶口瀑布)；(b)海浪声(三亚海滨)

纯人文的景观几乎听不到自然界的声音，可以是人声鼎沸的景象，与自然景观相比，给人以异样的感受。置身于纯人工的景观中，耳中听到的都是人类活动的声音，包括说话声和生产活动产生的声音，构成一首首人类活动的交响曲。古典商业街和现代商业街具有这些特点。如古典商业街中说话声、叫卖声、车轱辘声、打铁声、织布声；而现代人造景观播放背景音乐可以烘托景观氛围。古村落中如果闯入汽车喇叭声、高声叫卖声、机器马达声、现代音乐等不同时代的声音，就会破坏“古”的氛围，会将旅游者一下从古代拉到现代，很不是滋味。语言是人文环境的重要构成元素，要构成良好的人文环境，必须要有好的语言环境。语言方面包括语种(或方言)、语言的内容、说话的语气(即副语言)。当一个人听到的是非本地语言而是异国他乡的，就会感觉到了一个新地方；但是当他听到的是故乡的语言，就会感觉到一股浓浓的乡情，产生亲切感。如果一个人听到的是表示友好的语言，斯文的语言，而不是粗俗的语言内容，就会感觉到了一个友好、高雅的环境。如果人与人之间说话的语气和善、亲切，会给人以温馨、友善的环境感觉。如果本地居民以及旅游服务人员能在语言方面做得很好，也可以创造出良好的认知环境。不过居民的语言比旅游服务人员的语言行为难控制，有赖于居民的整体素质的全面提高。虽然做到这些有困难，但是应当将其作为一个努力目标。

综合环境中，听觉元素中有自然声音和伴随人类活动产生的声音，有些地方人类活动很少，可以形成“空山不见人，但闻人语响”之类的意境。少量人类活动声音与视觉要素共同构成一种特殊的氛围。有些地方包含少量的自然声音元素，例如，古村落景观中，自然声音与人类活动声音交相辉映，构成一首首自然与人类活动形成的交响曲，以人类活动声音为主，背景有水声、鸟鸣声、风声等元素。

每一种环境都有其特有的声音与其他认知对象共同构成旅游地形象感知系统，如有不和谐元素出现，即产生了听觉“污染”，就会影响整体效果。不同风格的旅游地声音系统大不相同，如果在纯自然环境、古街巷、寺庙中，若有汽车喇叭声、飞机的轰鸣声，会显得特别不和谐。旅游地景观的听觉元素是旅游地形象设计必须考虑的部分。

4.1.3 嗅觉和触觉认知对象

人的感觉系统除了视觉、听觉，还包括嗅觉、触觉。旅游地特色还可以借助于特有嗅觉和触觉信息来刺激认知者促进特色形象的形成。一定环境中的气味也是认知对象中的一个方面，每一种自然环境都有自己的特殊气味，也能让旅游者留下某种印象，与其他旅游地视觉、听觉认知对象一起形成综合印象。从审美角度看，虽然嗅觉、触觉不是审美器官，但是对美感的形成具有一定影响，因此也是旅游地形象识别的标志之一。清新的空气会令人神清气爽，产生好的印象；污染水体的异味则会令人作呕，会导致负面形象产生。味觉、体觉对形象形成影响不大。

纯自然景观环境元素中，各种泥土、动植物等会散发出各种气味，不同的旅游地其气味系统不同。当然，气味是可以人工干预的，如有意识地栽植某些具有香味的植物，也是改善旅游地环境的有效方法。

纯人文景观基本上闻不到天然物体的气味，能闻到的大多是各种加工食品散发出的香味，书籍散发出的香味，木料、布料物体散发的气味，人工香水的气味，美食街、农家烹饪食物的气味，中药店的中药味，人体发出的气味等。

综合环境元素中，有自然界气味，也有人为的气味。天然气味伴随人类活动产生的气味，可以形成一种特殊的氛围。例如，花园里沁人心脾的花香味(农田里的稻花香、油菜花香)，寺庙里特有的檀香味都是特殊环境的构成元素。

环境中的气味是一种特定环境的指示符号，它与其他认知对象一起共同构成旅游地形象感知系统，如有不和谐元素出现，就会影响整体效果，不同风格的旅游地不相同。有些气味则对旅游地形象带来负面影响，如工厂的废气气味、汽油味、香烟味，会令人反感。因此，旅游地景观的嗅觉也是旅游地形象设计元素。

触觉也是人类的感觉之一，虽然没有其他感觉那么重要，但是也发挥着一定的作用。因为除了触觉自身的作用以外，视觉和听觉也会与触觉联系起来感受，也就意味着看见或听见对象的信息会转化为触觉信息。如看到火就会认为是热的(触觉)，看到水就会认为是冷的(触觉)。炎热的环境、寒冷的环境、潮湿的环境、干燥的环境，人类都能明显感受出来；人踩在草坪上与踩在水泥地上感受是不同的；环境中各种材质，如木料、石料、水泥、瓷砖、金属等，会散发出不同气息，给人以各种各样的感受。天然材料给人自然、随意、轻松的气息。石材建筑给人以朴拙、粗犷、冷峻、厚重、坚实的感受，具有浓郁的自然味，另一方面，由于它的冰冷，人不愿意接触它。木材给人以温暖、亲切、自然、轻松之感，比石材亲和力强，多人情味，人愿意亲近它(图 4.6)。木材用于建筑和设施建筑，它可以形成温馨亲切、自然朴实的环境氛围，甚至是浪漫色彩。而现代人工合成材料给人以现代感。

(a)　　　　(b)

图 4.6　不同材料的感知效果

(a)木质桥梁；(b)石质桥梁

4.1.4　行为认知对象

形象的行为认知对象在企业形象理论中称为行为识别(Behavior Identity，BI)。旅游地特色需要借助于特有行为信息来刺激认知者来促进特色形象的形成。行为形象认知对象是视听综合认知对象，通俗地说，它有图像又有声音。尽管这里的视听特性与前面的视觉、听觉认知对象有重复之处，但是与其他物象相比，人是非常特殊的认知对象，因此，将其作为特殊的认知对象来看待是很有必要的。旅游者“眼观六路，耳听八方”，在旅游地所见所闻，都会因触景而生情，在心中泛起涟漪。行为形象元素是视听同时感知的元素，指的是旅游地居民、旅游管理者、旅游服务者及其他旅游者的行为形象元素，即这些人群表现出来的行为特征给旅游者留下的印象，这也是旅游地形象感知的元素。行为形象是对内具有统一性和整体性，对外具有区别性的行为方式。旅游地各种人群构成一个小社会，每个人的语言和行为综合起来作用于旅游者的感官，构成一定的认知环境。好的社会环境可以给旅游者以社会美；相反，不好的社会环境会给旅游者以不好的感觉。行为形象由旅游地居民素质、态度、民俗民风、旅游服务、文化素质、社会与文化特征、管理者工作效率与作风、法制状况、道德风尚等精神要素构成，会给旅游者留下印象。行为形象可以是好的，也可以是不好的，它对旅游地形象形成的影响可以是正面的，也可以是负面的。

1. 当地居民行为

居民往往是旅游者所能遇到的人数最多的群体。旅游地居民行为是多方面的，劳动行为、生活方式、语言、服饰、态度、情绪等都是旅游地形象的认知对象。当地居民的一切行为都会对旅游者产生影响，居民的一切行为都是表征旅游地文化特征的符号，有些行为本身就是旅游景观的一部分，饱含着地方文化内涵，会引起旅游者关注，总之，它们是旅游地环境的重要构成要素。每个旅游地居民的生活和劳动行为是与当地自然环境、历史文化有密切的联系的，值得旅游者观赏、深思和品味。旅游地居民对旅游者的态度是热情还是冷淡，是淳朴还是虚伪，好客还是冷漠，会给旅游者留下不同的印象。在云南丽江，你便可目睹白族居民与游客共舞的场景(图 4.7)。众所周知，舞蹈产生于人类的劳动行为，换句话说，人的生产劳动行为是一种未经提炼的舞蹈，因此，它具有较高的观赏价值。渔民打鱼，农民采茶、犁田、插秧、摘果等，工人加工产品、食品等都是可观赏的对象。当然，并非所有行为都具有观赏价值，例如，有些旅游地会有乞讨者拦阻、尾随甚至纠缠过往的游人，影响游兴，影响总体形象，有关部门不应忽略这种情况，需制定有效措施来妥善处理。

图 4.7 游客与当地纳西族居民共舞的场景(云南丽江)

2. 管理者行为

管理者行为形象是旅游地形象的一部分，是旅游景区的管理理念、旅游政策的制定和实施、有关旅游业部门的办事效率的外在表现，它是人文认知环境的构成元素之一。但是管理者往往与旅游者直接接触较少，他们的行为主要通过一些管理行为的结果间接地被旅游者感知到，例如，旅游地管理制度、设施设计的人性化、科学化都是管理者行为的具体体现。

3. 旅游服务者行为

旅游业属于服务业的范畴，旅游产品属于服务产品。服务产品与工业、农业所生产出来的物质产品或商品之间最根本的区别在于“物质产品是制造出来的，而服务产品则是通过行为表演出来的”(西方营销学者拉什麦尔语)。旅游产品实质上是各种旅游企业为旅游者提供的设施和服务，更准确地说，是各种旅游企业借助一定的设施或条件所提供的服务。而这里的服务，是指旅游企业的工作人员借助一定的设施及使用一定的手段，向旅游者提供的各种直接和间接的便利的总和。因此，旅游服务者是构成旅游形象最重要的认知对象。旅游服务者行为形象比管理者更加贴近旅游者，在一定程度上反映管理的水平，是旅游地形象认知对象，它包括服务者的旅游服务意识、特色、态度、质量等方面，都会给旅游者留下深刻的印象。有少数地方的黑导游招揽顾客、商店卖假货、旅行社欺诈行为，会给旅游者留下愤怒的回忆，影响旅游地形象。科学有效的管理措施可以防止这种现象的发生。这是一种因小失大的行为，如果这种现象普遍存在，会影响口碑效应，对旅游地形象的传播是非常不利的。

4. **旅游者行为**

旅游者不仅要与当地居民和旅游服务人员接触，还要与其他旅游者接触，其他旅游者行为也会相互影响，旅游者的数量、行为和遭遇都可能影响旅游者的旅游体验，因此旅游地旅游者行为也是形象认知对象。从这个角度看，管理者需要对旅游者疏导与管理，特别是对旅游容量（自然容量、社会容量、心理容量）的测算和管理，使旅游者获得好的体验。从数量上来说，旅游者太多，影响旅游效果；旅游者太少，则没有旅游气氛。当然，不同类型的旅游地对旅游者的数量控制有不同的要求，需要管理者认真研究。此外，要注意对旅游者行为的引导，倡导其做文明旅游者、守秩序旅游者。还有一些不雅旅游者行为，如乱刻乱画、骑在雕塑上照相等，这些行为会互相影响，或反感，或模仿。管理者要设法善意提示。

4.1.5 形象认知对象组合的意义

各种旅游地认知对象不是孤立存在的，总以组合形式存在，而且组合后的各要素的意义与单独感受的意义是不同的，因此我们应当了解认知对象组合的意义。旅游地各种认知对象组合在一起便构成具有与企业形象识别系统（Corporate Identity System，CIS）相似的旅游地形象识别系统。

1. **认知对象组合模式决定认知环境的风格**

环境中的各种认知对象都有暗示环境作用。在一定场合、一定时间，多种认知对象会综合起来作用于旅游者，形成一定风格的认知环境，这是旅游地形象形成的基础。建筑物、城市、港湾、桥梁、道路等建筑或设施都有暗示人文环境作用，不同的实物组合可以构成不同风格特征的环境。声音也是环境认知对象之一，不同的声音组合可以构成一首首饱含人间真情及人类环境的交响曲。适度的音量，合理的结构，可以产生良好的感受，有助于形成特定的意境，例如，联欢会场中的歌声和欢笑声具有欢乐的气氛，晨钟暮鼓的声音具有宗教气氛。人类活动所产生的声音具有两面性，有时候是和谐的，但是有时候像是噪声。和谐为美，不和谐为丑。与相应场景相协调的声音不应当看成是噪声。例如，鞭炮声在举办庆典活动时，可以渲染气氛，但是在需要安静的教学区放鞭炮又是一种噪声；汽车声、江中轮船的马达声有时可以看成是繁华的象征符号，但是发生在不适当的场所和时间也可以认为是噪声。要多体验这种人文视听环境的意境效果，学会欣赏和组合环境元素。每一种认知对象都能表征一定的环境，大多数认知对象只要存在于恰当的环境都是有价值的，这就需要设计者应当提出控制方案。

2. **总体大于部分之和**

这里所讲的认知对象组合的意义不是拼合，而是融合，个别服从于总体。旅游地各种认知对象之间会相互配合，共同刺激人的感觉系统，而且综合作用的效果并不等于单独作用的累加，总体大于部分之和。相容的构成元素越多，氛围越浓。但是如果不相容的元素放在一起，则会显得很乱。例如，现代城市环境中的高楼大厦、商铺林立、车水马龙、现代化的设施等视听认知对象共同构成了城市环境的特点，相关元素越多，越能体现这种城市氛围，将它们分开去观赏会有不同的效果。一种类型的旅游地，其认知对象必须合理组合，才能为获得更好的综合形象奠定基础。只有利用好各种元素，并合理组合，才能创造出一定风格的旅游环境。

4.2 旅游地认知环境设计

旅游地形象感知内容、感知方式与企业形象有较大不同。旅游者感知旅游地信息需要到旅游地，感知企业信息通常不需要到企业。因此，旅游地认知环境设计是旅游地形象设计最主要的任务，这是塑造旅游地形象的关键所在，相当于企业的产品。广告说得再好，如果旅游地建设跟不上或者景观的美学价值不高，是没有意义的。人们之所以将旅游地环境称为认知环境，是要将环境中各种认知对象当作一个整体来看，也就是将旅游地当作一个有机的整体——“场”来看待，是一种总体上的氛围，而不是将各种元素单独对待。一种类型的旅游地，应具有一定旅游地认知对象系统，它所对应的是总体形象，它是从旅游者感知效果角度来确定设计理念，所创设的是一种情境，为旅游者提供一个旅游者想要得到的认知环境，为旅游者实现旅游的目的创造条件，让他们形成旅游设计者期望的旅游地形象。

4.2.1 旅游地认知环境的概念

认知环境是由环境中可感的客观事物所构成的环境。这里的环境是心理学意义上的环境，对这种环境的认知是对一种环境氛围的认知，具有放大和知觉效应，也可以称为心理环境、精神环境。该环境中的客观事物仅指对人的心理起作用的部分，如声、光、电、风、雨、云、建筑、动植物、人类活动等，它们是作用于人的视觉、听觉、触觉和心理的因素。设计者可以有效地利用自然和人文的各种元素的组合，创造某一特有的环境特征。旅游地形象的感知系统是一个体系，它由一系列元素构成，不同类型的旅游地综合特色不同，不同的认知环境构成元素也就有很大的差异。人们之所以要运用“环境设计”这一名词，就是要把旅游地形象认知对象设计当作一个整体来看待，虽然知觉系统的加工必须建立在对个别对象印象基础之上，但是整体大于部分之和，换言之，综合印象大于部分印象之和。旅游地认知环境设计的目的就是要为旅游者创设一个良好的认知环境，用不同的认知对象组合来创设可以构成形式多样的认知环境。这里所讲的环境与旅游环境学中的环境有关系，但是，它们不是同一个概念，是心理学意义上的环境，不是环境保护部门所讲的环境，也不是物理、化学意义上的环境。

4.2.2 旅游地认知环境的设计原则

为了创造理想的旅游地认知环境，必须遵循以下原则。

1. 秉承科学的设计理念

理念是一种思想，它是指导一切设计的灵魂，是认知环境设计的核心思想，有了它，一切设计行为便有了明确的目标。相反，不科学的理念也会导致设计的失败。科学的设计理念是在经过调查、科学论证基础上建立的。设计理念包括的面很广，如可持续性、人性化、审美性等，除了这些通用性的理念可以参照外，不同的旅游地还需要有符合自己特色的设计理念。设计理念不确定或者错误都会导致设计的失败。例如，有的寺庙修复或重建时，大量运用现代材料，用水泥浇筑地面，用瓷砖铺设地面、用不锈钢做护栏，造成不古不今、不伦不类的景观效果，原因在于没有科学的设计理念为指导。旅游地认知环境设计秉承以下理念。

2. 有明确的风格定位

明确风格为的是创造特定的认知环境，一旦确定风格，应当保证该认知环境风格的统一性与单纯性，不能出现与某一风格相抵触的不和谐“音符”。例如，是要创造自然认知环境、人文认知环境，还是综合认知环境；是古典风格、现代风格，还是综合风格；是城市风格，还是乡村风格；是庄严肃穆风格，还是轻松活泼风格；是豪华高贵的风格，还是朴素自然的风格。要用什么元素组合才能使某种环境地地道道，韵味十足，需要进行科学论证。风格的确定要以景观心理学、社会心理学、文化心理学为依据。例如，城市环境与乡村环境风格有很大的区别，构成元素也明显不同。城市环境主要由高楼大厦、车水马龙、商铺林立、现代科技设施等构成；乡村环境要有浓厚的乡土气息，处处要体现“土”和“乡”两方面的内容，如土路、土房、土灶、土菜、农田、菜地、果园、池塘、森林等，要避免过分现代、过分时髦的感知元素出现在视野中(图 4.8)。

图 4.8　乡村景观元素

3. 具有显著特色

创意与特色是设计的灵魂。有特色才能脱颖而出，没有特色的旅游地很难引起公众的注意，也就难以吸引更多的旅游者。方特欢乐世界的创意是一个很好的例子，它尽管被称为“东方迪斯尼”，但是它的主题与迪斯尼有很大的不同，因此，对好奇心的公众具有巨大的吸引力，具有轰动效应，这就是创意带来的效果。对于自然特色来说难以改变，只能充分利用，并予以强化，而人文特色的充分展示完全可以做到。

4.2.3　旅游地认知环境的类型及设计内容

从本质上说，旅游地形象认知就是对旅游地认知环境的认知，因此对它的设计十分重要。从成因看，旅游地形象认知对象可以分为原生的、仿原生的和新创的 3 种。原生的元素可以不需要作任何修饰就可以展示给公众，是地地道道的原汁原味的，如山体、水体、岩石、花草、树木、古建筑、居民服饰、生活与生产活动等，但必须具有旅游吸引力；仿原生的元素是需要经过对自然或传统方法与形式进行模仿，由现代人工仿造、修饰(修旧如旧)而形成的元素，如人工绿化的山体，人工湖，人工培育的花草、树木，经过维修或重建的古建筑，规范化的服务方式等；新创设计的景观可以体现人的创造性和改造自然的能力，如各种建筑、城市广场、桥梁、现代步行街、现代雕塑等。设计是针对后两种元素而言的。旅游地环境设计是要将各种元素综合起来，目的是为了营造特定的环境，为某种特定形象形成创造条件。根据环境构成要素的不同，可以将旅游地环境归纳为三大类：自然认知环境、人文认知环境、综合认知环境(图 4.9)。下面分别对它们的构成元素和设计工作加以说明。

旅游地认知环境
- 自然认知环境
- 人文认知环境
- 综合认知环境

图 4.9 旅游地认知环境分类

1. 自然认知环境设计

人来自自然，也是自然的一部分，人与自然本为一体，亲密无间。因此，人具有亲近自然、亲近山水的天性。庄子云："天地有大美而不言。"这就是说，自然界存在很多美的事物，需要靠人们去发现和欣赏。自然环境最可贵的是其自然性，诸如"鹰击长空，鱼翔浅底，万类霜天竞自由"之类的自然现象。自然界的一切事物均具有"清水出芙蓉，天然去雕饰"的自然之美，正是由于没有任何人工痕迹，却有天生的丽质，便蒙上了一种神秘的色彩。面对自然事物千奇百怪的形态、神奇莫测的色彩、委婉动听的天籁，人们不禁会由衷发出感慨，造物主竟如此鬼斧神工。自然环境构成元素十分广泛，自然事物都有一定的存在形式。自然环境是由岩石、地貌、土壤、水、气候、生物等自然要素构成的自然综合体。

1）自然环境的构成元素

自然事物的内在形式包括形、色、声、味、温、动以及它们的组合方式，外在表现形式为山峰、峡谷、平原、流水、大海、云彩、风、霜、雨、雪、阳光、沙滩、岩石、森林、草地、奇花异草、动物等。这些都是自然认知环境的构成元素，不同的内容组合会构成不同特色的环境氛围(图 4.10、图 4.11)。

图 4.10 自然山石(云南石林)

图 4.11 水、植物(云南香格里拉)

从视觉元素看，自然环境中的各种视觉元素呈现为自然的形态，自然形态以不齐、无定形为主要特色，"不齐，物之情也"，无论是山形、岩石形态、树形、水岸，还是云彩、极光、雪景等均呈现自由形态，极尽变化，具有鬼斧神工的天趣，给人以变化无穷、自由自在的自然美感。

从听觉元素看，自然环境中只能出现大自然发出的声音——风声、雨声、流水声、松涛声、竹箫声、鸟鸣声，它们源于自然，庄子称之为“天籁”。人们对它们都会产生良好反映，不会将其作为噪声来看待，而是自然的符号。它们是大自然创造的音乐，是作曲家谱曲的很好素材，人们喜欢它们，欣赏它们。对于这些声音人类可以不加干预，只有当自然环境中缺少某些必要的声音，不符合人的某种要求时，设计者可以适当加进人为自然元素(如水流声、绿化)，模仿自然的声音来改善听觉环境，创设“鸟鸣山更幽”的意境。此外，自然环境中的各种气味也是认知对象，每一种自然环境都有自己的特殊气味，如泥土芳香，本地特有的植物香味、花香味，也能给旅游者留下某种印象，与其他旅游地认知对象一起形成综合印象。

2) 自然认知环境设计

当然，设计是一种人的创造行为，必须是人文的事物或人类创造性行为才谈得上设计，对于自然事物似乎无设计可言，事实上由于人类特定需要，往往要对自然环境进行适度的改造或修饰。例如，为了发展旅游，当自然景观中存在某些方面的不足，需要弥补才会更完美时，就需要进行适当的人工干预，只要看不到人工痕迹(几何线、几何面、人工材料等)，仍然可以给人以自然的感觉，这也是完全可以实现的。如有山无水的景观，可以建人工湖；湖中没有岛，就可以建人工岛，诸如此类均属于设计行为。而这种人为的设施要有设计理念，要把自然界的一草一木、一山一水等当成是构成旅游地形象的有机组成部分，它们会共同诉诸人的心灵，形成旅游地形象。纯自然环境构成元素的设计理念是保持自然性，即使是人工设施也不能露出任何人工的痕迹。例如，设计桥梁可以是倒下的大树，也可以是取天然石材或仿自然的岩石。让旅游者能亲密接触大自然，感受到大自然的自然、神奇、博大、美妙。如旅游者可获得山岳、峡谷景观的雄、奇、险、秀、幽、旷的美感。未受人类干扰、雕饰或破坏的原始自然景观多为人烟稀少交通不便之地。世界各地都有一些人迹罕见的自然景色，其山、水、石、森林、动植物仍处于原始状态，保持着纯真古朴的风貌，游历其境能给人以心灵自由感和远离尘世的“野趣”，让心灵超脱。设计者对于纯自然景观环境要做四方面工作。

(1) 明确自然环境特色与意境，即进行风格定位，为环境设计提供指导思想。

(2) 补充自然元素。在自然环境元素过于单调的情况下，适当增加各种自然元素，但是不能破坏自然环境，只能补充。例如，缺水的环境中可以建仿自然形成的水面(仿生态岸线)，仿自然跌水、瀑布(图 4.12(a))；如果植物品种单一，则可以实施人工绿化。

(3) 旅游设施的仿自然设计。在环境改造或添加人工设施时，要尽力维护纯自然环境的“单纯性”，避免出现人工痕迹，要避免在造型上和人工材料运用上露出人工的痕迹。即使要用人为设施(座椅、护栏、垃圾桶、道路等)，也要杜绝几何造型，仿造自然形态，如岩石形态，山体形态，树木形态，植物的布局；即使要用人工材料(不锈钢、塑料、水泥等)建设旅游设施，也要做好表面处理，使之酷似自然材料。还要注意人为设施的隐避性，使人看不到人工痕迹(图 4.12(b))。

(4) 设计最佳观赏线路和地点。自然景观可以看成是一幅动态的“画卷”，“横看成岭侧成峰”，步移景异。每一个旅游地景观并非处处都有具有较好的观赏效果，有最佳角度和一般角度，设计者必须要选择最佳观赏线路和地点。设计最佳观赏线路和地点为的是让旅游者观赏动态“画卷”，在最佳的角度观赏自然景观，以获得最佳的观赏效果(图 4.13、图 4.14)。

(5) 描述形象特征，明确面向旅游者和面向市场形象的定位，为开拓市场创造条件。

(a) (b)

图 4.12 仿自然景观元素

(a)仿自然瀑布；(b)仿自然岩石

(a) (b)

图 4.13 象鼻山观赏角度对观赏效果的影响(江西龙虎山)

(a)观赏角度不佳；(b)观赏角度理想

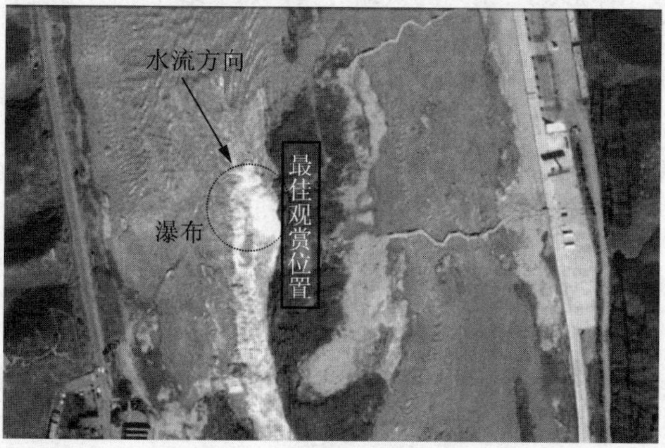

图 4.14 壶口瀑布观赏角度设计

2. 人文认知环境设计

人需要回归自然，需要靠自然来涤荡尘世之“尘”，超脱心灵，但是也不能完全离开尘世。人类是群居的动物，是社会的动物，如果长时间离开人类群体，就会产生失落、孤独感，甚至是恐惧感和不安全感，哪怕是有一个人与你相伴或有一种人际心理的挂念，也能改变这种心理状态，从中获得归属感、爱和被爱感、人间温暖感、人文美感、自我价值感。马斯洛所说的7种人的需要，大多数是在人文环境中得到满足的。暂时性地、适度地离开喧嚣、追名逐利的人类环境去感受纯自然的环境，可以调整和改善人的心理状态，获得自由、美好、新奇、惬意的感受，心灵得到净化，所以这是有必要的，但是完全不食“人间烟火”也是不可能的，不符合人的本性。对于常人来说，长期离开人文环境，显然是不合常理的。人文认知对象是人情味和人文美感产生的条件和依据。人文环境由人类活动及其所留下的痕迹、实物构成，人类活动留下的任何信息都是人文环境构成元素，无论是有意还是无意留下的信息。而自然环境中的元素却丝毫没有受到人类直接作用。人文环境设计就是要创设各种风格的具有人文气息的环境。

1）人文环境的认知对象

人文环境由人文物质环境、社会环境元素构成。人文环境设计要建立在一定的文化背景之上，注重文化氛围、人文气息的体现。凡是能反映这种氛围，具有地方特色、审美价值的元素都可以作为纯人文环境构成元素。当然包括物质的和非物质的，也包括可视的、可听的和可闻的，以及固化的和行为的。例如，具有地方文化特色的建筑、设施、交通工具、绘画、书法、戏曲、杂技、手工艺、服饰等。又如商业街旅游景观、城市景观、村落内部景观。此外，作为旅游服务也应融入其中，但是只作为配角。

纯人文环境设计要体现时代性和地域性。时代性是指所有可感元素要统一反映某一历史时期的风貌，地域性是指所有可感元素要统一反映某一地域的文化特色，不能有不和谐的元素出现。例如，为了营造古代文化氛围，古城就应当清除现代建筑及设施。

2）人文认知环境设计

人文环境构成元素很丰富，人文景观环境设计内容是方方面面的。这些内容如果站在综合角度看，是构成总体形象一系列的认知对象；如果站在个别角度看，是部分形象的感知对象。

（1）人文景观认知对象设计。人文景观是人文旅游地的核心元素。人文环境最可贵的是其地方特色、文化氛围，其营造有赖于人文环境元素，是旅游地形象形成的主要因素。虽然设计可以创造新的景观，但是有很多人文景观设计并不是为了创新，而是要保持原真性，如古村落、古寺庙。因此，对于人文景观的设计可分为两种情况，一种是建筑遗迹型景观的保护和维修设计；另一种是新建景观设计，其又可以分为仿古景观和纯现代景观，这两种景观设计理念与内容大不一样。

① 遗迹型人文景观保护与设计。遗迹型景观是历史上人类创造的景观，具有科学价值、历史文化价值、美学价值。这类景观用于开发旅游时必须尽量保持原有的状态，让旅游者感受到原汁原味的古代风貌，其中的认知对象设计只是辅助性的工作，主要包括以下几个方面。

a. 明确旅游地人文景观的意象特征。形象设计者在进行形象元素设计工作前必须明确旅游地人文景观的意象特色，并用精妙的语言描述出来。如皖南古村落的意境为“山深人不觉，全村同在画中居”。宗教旅游地要有清净、神圣的氛围，古刹钟声，香烟缭绕，灵秀幽静，古木参天。现在很多宗教旅游地商业气息太浓，车水马龙，充斥着一些嘈杂的叫卖声，旅游者仿佛置身于一个嘈杂的大集市，哪有宗教的氛围，这样的旅游环境必定影响旅游者的精神体验效果。例如，九华山集散中心迁下山以前就仿佛集贸市场。不仅要从视觉元素方面，而且要从听觉等其他元素方面来设计旅游地环境。不应当出现的声音，就应当设法避免。例如，汽车喇叭声在古典旅游地是不和谐的声音；乡村旅游地有流水声和鸟鸣声是和谐的，交通噪声、嘈杂声就是不和谐的声音；宗教环境中的叫卖声、嘈杂声等是不和谐的声音；古代商业街之类的环境一定要有商业气息，这种环境应当是以繁华为妙，要车水马龙，还伴有吆喝、叫卖声，人气很旺，才能让人感受到浓厚的人文之美。这样可以把旅游者精神带进古代商业中心环境之中，犹如观赏一幅活的“清明上河图”。某些旅游环境还可以借播放轻音乐来烘托气氛。

b. 确定人文景观建筑整饰方案。形象设计的工作很多。时代的变迁、科技的发展、生活方式的改变，使得村落多了很多现代元素，同时，古建筑自然损坏或遭到破坏，大多架设了现代供电设施或现代建筑。例如，为了保持徽州历史村落的明清风格，古民居环境要修复或整饰，设计者要制定相应的实施方案，避免现代建材、设施元素的外露，修旧如旧，防止在视野中出现现代建筑与设施，如道路、供电设施、电话设施、照明设施等(图 4.15)。要提出一个科学合理的方案，应当尽可能保持其古代的人文气息，减少不协调因素，才能让旅游者形成理想的旅游地形象。乡村景观要体现乡村气息，构成元素中应当多一点农耕文化元素、乡下居民居住和生活的认知对象，以体现某些乡村意象(图 4.16)，如“喜看稻粟千层浪，遍地英雄下夕烟”；“绿树村边合，青山郭外斜。开轩面场圃，把酒话桑麻”。

(a) (b)

图 4.15　不同时代风格的建筑或设施影响了景观视觉效果

(a)与古城镇不协调的现代转播塔；(b)与古建筑风格不协调的现代建筑

c. 确定补充人文景观元素的方案。当人文景观存在不足时，也需适当补充人文景观元素，只要合理，不仅不会影响景观视觉效果，而且会丰富景观内容，如新建牌坊、庙宇，但必须在风格上相协调，若能认为模仿古建筑陈旧感，使人认为与原有建筑属同一个时代，则效果更好。仿古建筑并非越新越好看，而是要创造历史沧桑感，越旧越有意味。

d. 确定旅游设施建设方案。发展旅游业需要建设有关服务设施，如服务用房、公厕、

(a)

(b)

图 4.16　地方性民居景观视觉元素构成

(a)江南水乡民居景观(乌镇，黄剑锋摄)；(b)黄土高原民居景观（延安）

道路、垃圾筒、照明设施，要从总体景观效果来考虑建设方案，在布局、材料、造型等方面予以考虑，使得使用设施不仅满足了物质需要，而且会增加一些情趣和文化内涵。即使修葺或重建部分建筑，也必须尽量保持原有风貌，也不要添加太多的设施，尤其是娱乐设施。例如，粉墙黛瓦、马头墙、“三雕”、水口园林是皖南古村落意象的重要的视觉元素(图 4.17)。

(a)

(b)

图 4.17　皖南民居景观视觉元素

(a)徽派建筑马头墙；(b)徽州三雕

② 新景观设计。新景观比起遗迹型景观的设计工作限制性因素较少。新建景观也可以分为两类，一类是仿古景观，一类是现代景观。它们所形成的氛围是截然不同的。

a. 仿古景观设计。仿古景观呈现的是某一个时代的场景，如唐城、宋城、明清村落等，必须具有时代风格的统一性。此外，还有要注意周边(背景)建筑或设施(通信和电力设施)对主体建筑景观的视觉污染，才能让旅游者产生时光倒流的感觉，获得深沉的历史文化体验。仿古景观可以是恢复性建设，也可以是根据历史素材建设，如大观园建设。仿古景观也能让旅游者感受到原汁原味的古代环境风貌，设计主要包括以下几个方面。其一，明确景观的意境特色。形象设计者在进行形象元素设计工作前必须明确景观的意境特色。不仅要从视觉元素方面，而且要从听觉等其他元素方面来设计景观环境。周边环境噪声也应当考虑进去，这就涉及选址问题。其二，景观选址。选址是营造环境的重要一步，古街道可以在城区，但是最好有一定独立性，避免在视线范围内有现代建筑或设施；古寺庙最好放在清静的深山老林，不宜放在嘈杂的闹市区，以获得深山藏古寺的意境(图 4.18)；古塔则适合建在视野较好的高处。古建筑若有古树的陪衬，又会多一些历史沧桑感。其三，确定景观的设计总体要求。景观构成元素、规模、体量、材质、色彩、照明系统等方面要制定相应的要求，如避免现代建材、设施元素的外露，若能模仿建筑年代久远的陈旧感，则效果更好。防止不同时代的元素放在一起，这样才能在旅游者心中形成准确的景观形象。其四，确定旅游设施建设方案。为发展旅游，需要建设有关服务设施，如服务用房、道路、垃圾筒、照明设施，设施位置、造型、材质、色彩、格调要相协调。

图 4.18　寺庙景观选址

b. 现代景观设计。现代景观要运用高新科技，提高技术含量，以体现人的创造力、现代科技水平、当代文化等元素，让旅游者感受到人类伟大的创造力，引起观众对未来的憧憬。现代城市要有高大建筑来体现宏大、雄伟的景观意境。如主题公园、现代园林、交通广场、商业广场、主题广场、纪念广场、休闲广场(图 4.19)。神圣、庄严的首都景观；整洁、美丽的城市面貌。现代景观也能让旅游者感受到时代的气息，设计主要包括以下几个方面。其一，明确景观的意境特色。明确景观的意境特色就是要给景观定调子。景观风格是雄伟壮观，还是精巧细腻。不仅要从视觉元素方面，而且要从听觉等其他元素方面来设计景观环境。周边环境噪声也应当考虑进去，也有个选址问题。其二，确定景观选址方案。良好的自然环境有助于改善景观效果。人文景观需要借景，有山有水可以让主体景观更具魅力。例如，烈士纪念园不适宜建在交通干道边，因为这种嘈杂环境会影响庄严肃穆的气氛的形成。其三，确定景观的设计总体要求。景观构成元素、规模、体量、材质、色彩、照明系统等方面要制定相应的要求。除了主景以外，还需要考虑有关服务设施，如在服务用房、垃圾筒、公厕、照明设施建设等方面予以考虑。这样才能在旅游者心中形成美好的景观形象。

(a)

(b)

图 4.19 现代景观设计(梁磊摄)

(a)芜湖鸠兹广场；(b)上海外滩

(2) 旅游设施认知对象设计。旅游设施是标志旅游地管理者对旅游者人性关怀程度的一种符号，它的优劣也影响旅游者对旅游地的评价。旅游基础设施和旅游服务设施是旅游地建设重要的物质基础，主要是满足旅游者的物质需要，在满足物质需要之后才有可能使其产生精神上的愉悦，因此它是旅游地形象评价的内容之一。旅游基础设施一般是指在与旅游有关的多种设施中，主要使用者为当地居民，但也必须向旅游者提供或者旅游者也必须依赖的设施。旅游服务设施指的是可供当地居民使用，但主要供旅游者使用的服务设施。拥有完善、良好的旅游基础设施和旅游服务设施，便于为旅游者提供优质的服务，有助于塑造良好的旅游地形象(图 4.20)。

(a)

(b)

图 4.20 仿古景观

(a)仿古建筑(休宁，梁宁摄)；(b)仿古寺庙

① 旅游设施的实用性设计。旅游设施是为满足旅游者生理和行为层面需要而设置的，主要包含以下几类。道路设施景观：汽车站、过街高架桥、塔、街道树、花坛、护柱、防护栏、绿篱、管井盖等。服务设施景观：电话亭、报栏、广告栏、幌子、橱窗、计时器、

商亭、邮筒等；卫生设施景观：垃圾箱、饮水器等。休息设施景观：坐椅等。导向设施景观：景牌、景标、告示牌、消防和交通信号标志等。为满足旅游者需要，必须秉承人性化设计的理念，重视功能性设计，充分考虑旅游者的生理、心理和行为需要，不仅要考虑旅游者一般性的需要，还要考虑不同性别、不同年龄、不同身体素质旅游者的个性需求，让旅游者感受到社会对他的关怀，这是和谐的环境构成元素。做好这一点，可以减少旅游者的偏见的产生。旅游设施的数量、大小、位置等多种因素都是设计者要考虑的。

以旅游地导视系统设计为例，导视系统形成整个旅游地的指示性，给人以便利、亲切之感。如在每一交叉路口设立一些鲜明，视觉效果较好的导视牌，用图案和文字来说明道路的去向或向旅游者介绍本市的旅游景点，时刻提醒旅游者，则可以给其留下深刻印象。导视系统由多个子系统组成，包括行政交通导视系统(公共汽车标志、停车导视系统、道路导视系统、行人导视系统)、商业导视系统、文化旅游导视系统、公共空间导视系统等。指示牌要能给旅游者以指示，如卫生间、停车场等。根据人的生理特点，人的眼睛视野向上约60°，向下约70°，左右各约60°，不同的色彩其视野也是有区别的，所以应当在不影响观景的前提下，尽量将指示牌安排在视野里，并且要将使用频率高的，需要辨认的放在主视野内，不常用的则可放在余视野内。而且导视系统的造型与色彩设计也很有讲究，要有独特的个性。

按国家或国际标准设置公共信息图形符号可以方便中外旅游者：宾馆饭店、商场、餐饮、娱乐等场所的公共信息，道路、机场、火车站、码头、口岸及旅游景区、公园的路牌、标识都要按照国际通用的图案标示，并用中英文醒目标出；按国际标准修建助残通道、设置标识，以体现以人为本的理念；在出入境口岸、景点、机场、车站、商业中心等公共场所设立多媒体触摸电脑；星级以上饭店联网，为客人提供广泛的中英文旅游、商务信息；车站、机场、码头等处开设旅游咨询台，摆放中英文地图及导游、导购宣传品，免费供旅游者取阅；旅游信息联网，提供网上咨询和预约等服务。

② 旅游设施的景观化设计。旅游设施是为了满足旅游者生理和行为需要，所以不能让其成为旅游地视觉环境中多余的东西，或者不协调的东西，而是要尽量使它们与景观环境、文化景观有机融合在一起。即使旅游设施的色彩、造型、材质与所处的环境风格相协调，或者将其“伪装起来”，也要防止不和谐元素的出现。例如，旅游地导视系统可以体现一定的文化内涵，体现文化识别功能，导视系统的设计形式、造型、质感以及其安置上应体现出地方文化特色，从而满足旅游者好奇心，留下一个独特的感觉。旅游设施设计要素包括造型、材料、色彩、位置、体量、尺度、系统、规模等。例如，自然旅游地道路护栏用木、竹、石、泥土、秸秆等天然材料，垃圾箱用仿木桩、岩石材质。桥梁、公厕、商店、电话亭、绿篱、坐椅、照明、交通工具等设施需要景观化处理(图4.21)。照明灯具设计成传统的红灯笼，可以提高观赏性，因为红灯笼的文化内涵很丰富，不仅可以象征中国文化，还具有喜庆的意味。

在当代，对景观影响较大的设施有公路、索道、宾馆等。在决策时，要充分考虑大型设施可能对景观的破坏，以免留下永久的遗憾(图4.22)。

(3) 行为与文化认知环境设计。在旅游地活动的人的行为也是人文旅游地环境构成元素，它是旅游地形象形成的不可忽略的因素之一，是一种社会环境元素。旅游地居民、服务人员、管理者直接面对旅游者，他们行为会触动旅游者的心理，其行为好坏会给旅游者留下深刻印象。

图 4.21 设施的景观化设计

图 4.22 索道对景观的影响

① 管理者行为设计。一个区域管理者的形象、管理的水平、管理的政策、管理的措施、管理的秩序等直接关系到对该区域内居民的凝聚力，直接关系到对外的亲和力问题。为了给旅游者留下好的印象，要建立一支廉洁高效的管理队伍，使之牢固树立为人民服务的思想，努力提高自身的管理水平，旅游地管理部门应构筑“公正、高效、廉洁、无私、务实、敬业”的形象，推动管理的法制化、科学化、人性化；在管理工作中，树立全局观念，善于协调各部门之间的关系；工作人员既应有强烈的敬业精神，又应有较高的业务素质；处理问题要公正严明，高效而优质；各种旅游活动安排有条不紊、科学合理，形成文明、有序的管理秩序和氛围。

② 服务人员行为设计。旅游业属于服务业的范畴，旅游产品属于服务产品。服务产品与工业、农业所生产出来的物质产品或商品之间最根本的区别在于“物质产品是制造出来的，而服务产品则是通过行为表演出来的”（西方营销学者拉什麦尔语）。旅游产品实质上是各种旅游企业为旅游者提供的商品和服务。这里的服务是指旅游地的工作人员借助一定的设施及使用一定的手段，向旅游者提供的各种物质的和非物质产品的总和。旅游是一种涉及吃、住、行、游、购、娱等多个部门服务的活动，包括交通、住宿、餐饮、旅行社、商场等各种服务业经济实体。旅游者起程后，就不断地要与各旅游企业发生直接而密切的关系，因此，旅游从业人员行为也是旅游形象认知对象。

服务行为包括两大类：一类是一般接待服务，指交通运输、住宿餐饮等方面的服务，涉及旅游业中交通、住宿、餐饮、旅行社、旅游购物商场等企业，还包括在旅游团中的导游服务；另一类是景区服务，专指旅游者在旅游活动中的各个环节享有的服务。旅游服务质量是旅游地形象的一个方面，它可以折射出经济发展水平和管理体制，又可以反映出旅游管理和服务人员素质。前者靠提高整个公民素质来解决，后者要靠旅游管理措施来解决。

旅游产业实质上提供的是人与人、面对面的服务产品，旅游服务过程实质上就是旅游企业员工与旅游者之间的互动过程，旅游者的个性、情趣和服务人员的态度、行为互相交织、互相影响。旅游服务形象是旅游地形象的组成部分，它包括服务者的旅游服务意识、特色、水平、态度、质量等方面。而这主要取决于旅游从业人员素质的高低，高素质的旅游人才是旅游业发展重要的生产力，获得这种高素质要从从业人员的职业道德、文化修养、业务能力、服务意识和外语水平 5 个方面去培养。如导游人员的培训、加强岗前培训等。旅游服务形象设计的核心是提高服务质量，其关键在于提高从业人员的素质，形成“自学、自律、自然、公平”的服务氛围，使他们的服务尽可能给旅游者留下美好的印象，有助于提高旅游总体体验效果。

标准化与规范化是保证服务质量的有效手段。衡量旅游服务质量的标准一般包括两类，一类是内部标准，指的是能够符合并满足于服务工作本身的规范和标准。服务规范和标准也是构成旅游形象重要的软件因素。改革开放以来，国务院先后颁布了《旅行社管理条例》、《导游人员管理条例》，国务院批准、国家旅游局独立或与有关部门联合发布了《旅游投诉暂行规定》、《旅行社质量保证金暂行规定》、《中国公民自费出国旅游管理暂行办法》、《边境旅游暂行管理办法》、《旅游发展规划管理暂行办法》，国家质量与技术监督局审定发布了《旅游景区(点)质量等级划分和评定》国家标准等，各地方政府也出台了《旅游业管理条例》等地方性法规条例。规范和标准的颁布与实施为旅游业发展提供了制度保证，同时也是旅游业发展走向成熟的重要标志，是旅游产业形象塑造的一项重要内容。另一类是外部标准，指的是符合并满足旅游者的期望。有的地方设立农家乐示范点管理制度，它是一种保障餐饮安全的有效的农家乐餐饮管理措施(图 4.23)。

以餐饮服务为例，要注重餐饮的安全和健康，这两个因素会直接影响餐饮服务和产品质量，影响旅游地的整体形象。然而在旅游地的多数餐饮企业往往会发生低质高价、偷工减料、以次充好的问题，有关部门以及餐饮企业应当加强监督和管理。另外餐饮服务缺乏自己的文化特色，在经营的品种上都有所雷同，经营的方式缺乏个性、缺乏创意，这都是

图 4.23　农家乐示范点

由于餐饮企业的餐饮服务管理水平不高，使餐饮企业缺乏明确的市场定位和发展目标，缺乏创新意识和自己的特色品牌，未能在餐饮方面展示地方文化，给人留下美好印象。

地方特色的服务行为往往以地方文化为基础，会让旅游者感受到地方特色的存在。因此，旅游服务形象设计包括：首先，要加强对旅游从业人员的培训，让其树立正确的服务理念，提高服务的自觉性，深化他们的爱岗敬业精神，同时提高他们的文化修养、业务素质，必要时要学会简单的外语；其次，要推进旅游地旅游企业的服务质量标准化管理。

服务行为不仅要考虑服务的质量，而且要与旅游地文化特色结合起来，融入当地的旅游景观。例如，古村落里服务人员可以穿古代服装，说古代汉语，做古人的事，更能让旅游者感受的到古代居民的生活环境。

不同类型的旅游地应当创造不同的环境，服务行为方式有所区别，大多数旅游地不能有过多的商业气息，只有商业街(含老街)才适合于设计浓厚的商业氛围。商业服务行为一定要与旅游地风格相协调，在古村落里摆摊设点、开小商店、用现代太阳伞、贴现代广告显然是不合适的。

③ 旅游地居民行为设计。旅游地居民的态度、情绪、生活行为、生产活动、语言、服饰等都是旅游地形象的认知对象。旅游地居民的热情好客可以给旅游者留下良好印象。因此，旅游地居民形象设计要树立“人人都是旅游形象”的理念，注重内在文化素质营造，突出地方文化特色。加强旅游地居民的主人翁意识，要求他们以一种好客主人的姿态与旅游者进行交流，在旅游者面前树立一个友好热情的主人形象。乡村旅游地居民好客的行为，民俗活动、劳动、娱乐等活动等都会给旅游者留下深刻印象；同样，城市旅游地人性化的服务、顾客为上帝的服务方式，也会给旅游者留下美好的印象。

旅游地居民对旅游业发展的态度和行为直接影响旅游地的形象。旅游业发展离不开居民的参与，而旅游业发展中，居民自己的利益必须得到满足，才能有利于产生积极行为，才能主动维护旅游形象。这方面有许多可以借鉴的范例。例如，一些城市在创建中国优秀旅游城市过程中，打出了“市民素质高一分，城市形象美十分”的标语，真正把参与“创优”活动的社会基础从相关部门扩大到全体市民，“创优”活动形成了全市“同台大合唱”的局面，有效地改善了城市市民的形象。

旅游地管理者应当组织旅游地居民积极参与旅游开发，为旅游形象的塑造做出重要贡献，但如果对居民行为不加以规范、疏于管理，就很可能出现当地居民只想从旅游发展中得到益处，而不考虑自身对旅游业发展应尽的义务，只考虑眼前利益，不考虑长期利益的现象。有些居民将自家祖传的家具、器皿、房屋构件拆下出卖，有些居民把自己家当成店面，种种行为均会破坏旅游地形象。这样的事例比较多，例如，2000年1月28日，《中国旅游报·假日周刊》登刊了一篇由安徽读者游览皖南后写的题为“风景区里煞风景，游兴浓时扫游兴”的文章，写的是当地居民曾经损害旅游形象的行为。文章赞叹：“西递古民居：曲曲折折的条石巷、高高低低的防火墙、精巧的门饰、别致的窗雕、高高的门坎、深深的天井等，都给生活在现代都市的人们带来新奇和舒适。西递村头，四面环山，满目葱翠，俨然是‘世外桃源’。然而走近西递村，‘桃源’的感觉反而离远了。村外停满了各种型号的车辆，耳畔充斥着各种商贩的叫卖，更令人扫兴的是西递村的巷道里摆设了许多小摊点，一些居民家的庭院、厅堂也成了贩卖旅游商品的商店。更有甚者，有的人家还破墙开店，搞起了‘围墙经济’。古居民的古朴氛围已被一处处摊点、一声声叫卖所冲淡。端着相机的旅游者们，想要避开小摊点上的太阳伞、小商店外的广告牌，拍摄古朴风貌的古民居照片，也是一件很难的事。”文章认为：“在皖南山区旅游业发展中，‘吃祖宗饭、断子孙路’的情况已非偶见，一定要珍惜旅游资源，切不可再做一边纳凉、一边毁树的蠢事。”从这篇文章可以看出，西递村居民的行为，已经在一定程度上损害了“桃花源里人家”的旅游形象。这个例子说明旅游者渴望获得的某种环境，来陶冶性情，而居民却急功近利，造成的结果与之不合拍。

旅游地居民行为涉及问题很多，最容易出现的是急功近利的思想。旅游地管理者和居民要从大局出发，从长计议，不要因得小利而失大节，这才是可持续发展的道路。居民行为设计主要包括以下几个方面。

a. 居民态度。居民对旅游者的态度直接影响旅游者的游兴，也影响他们对旅游地的印象。显然，如果居民对旅游者冷漠或反感，必定影响旅游地形象；相反，如果居民很友好、热情，旅游者感受到的是和谐的环境，可增加游兴，提高旅游精神体验效果，留下美好印象。旅游地管理者应当妥善处理好各种利益主体的利益关系，防止矛盾激发，构建和谐环境。让当地居民能保持良好的态度十分重要。乡村居民的热情、好客、真诚、朴实是一种美好的品质，也是旅游者想要得到的感觉，如果能够保持下去，对于乡村旅游地来说实属难得，但它有助于城市旅游者体验到纯正的乡村环境。城市居民则多表现出虚伪的行为，对于城市居民来说很难做到像乡下人一样热情。作为管理部门则应当加大宣传教育力度，着力提高市民素质，塑造城市文化，要通过各种市民文明学校，进行系统的城市文明教育，提高对塑造整体形象的认识；健全“市民公德”制度，选择、完善形象示范点；举办“十佳市民”和“精神文明十佳人物”等评选、事迹宣传与报道工作；当地居民的行为本身就是旅游地重要的吸引要素，应当大力倡导“好客、热情、淳朴”的态度，要求当地居民热情、礼貌、朴实待客，作好义务咨询、义务导游，微笑服务，童叟无欺；以人为本，通过各种文明教育，使当地居民始终保持热情友好的待客之道，与旅游者互为观赏对象，营造一个充满亲情、祥和、温馨的旅游地氛围。

b. 生活行为。由于地理环境的影响以及地域文化的不同，生活方式也有很大区别，出于好奇心，异地居民的生活方式也是旅游者关心的一个方面。乡村居民生活行为也是地方性景观的一部分，尤其是少数民族居民更具有独特的生活方式。其中有些可以被用于观赏。

c. 地方语言。语言是人类传递信息的重要工具，每个地方都有自己的方言。方言是显示地方环境特色的听觉元素之一。人对于作用于听觉的地方语言很敏感，一个人听到自己家乡的语言时就会产生回家的感觉，有亲切感；一个人听到的异地的语言时也会产生到了他乡的感觉。此外，外地人对异地的语言有好奇心，旅游地应当利用这种特性，创造机会让旅游者参与相关活动，以增加游兴。旅游者经常会学两句当地特色的方言，来炫耀自己。这不仅加深了旅游地在他心目中的印象，无形中还起到了宣传地方文化的作用。例如，颇具特色的徽州方言、粤语等是值得利用的旅游地文化元素。

d. 居民服饰。服饰是指代某种文化意义，暗示某个民族居住区的一种符号，也是认知对象之一。受外来文化的影响与现代文化冲击较大，现代汉族居民服饰已经基本没有自己的特色，而许多少数民族地区依然保持传统服饰特色，因此，大多在少数民族居住区要展示服饰艺术，汉族服饰在日常生活中已经不常用，只有在特殊场合才能见到展示。在少数民族地区发展旅游，服饰可以成为展示地方特色的一个亮点。服饰可以让旅游者感受到一种浓郁的地方文化氛围(图 4.24)。在古村落里，如果服务人员和居民穿着古代服装，则“古”的氛围更浓。

(a) (b) (c)

图 4.24　民族服饰举例

(a)藏族服饰；(b)傣族服饰；(c)白族服饰

e. 生产活动。每一种旅游地都有自己的生产活动，其是一种居民的行为，本身就是一种人文景观。对于城市的工业旅游，可以看到工人的劳动情形，当然也可以设置表演性的劳动场景，营造劳动环境。对于乡村居民耕作劳动，可以正常进行，如耕牛犁田、插秧、种菜、割麦、采茶、摘果、捕鱼，对城里人来说都是新鲜事，这些劳动场景对于不同文化背景和城市居民来说都具有观赏价值(图 4.25)。尤其是具有很高观赏价值的某些产品的传统生产工艺技术，应当努力挖掘、提炼，并现场表演，让旅游者观赏，还可以对动作进行艺术化设计，以提高观赏价值，劳动的动作本身就具有美感。例如，千岛湖旅游管理者对打鱼收网动作进行美化，提高了观赏价值。非物质文化遗产应当迎合旅游需要，可以将其可视化、艺术化。除了观赏性旅游以外，还可以开发体验性旅游项目。各地都有自己的传统生产活动，可开发的项目很多。例如，安徽有很多具有地方特色的土特产生产工艺技术，过程均具有很高的观赏价值，除了部分保密技术外均可以展示出来，开发成为旅游产品，例如，安徽著名的传统工艺非物质文化遗产有阜阳界首市田营镇的彩陶烧制、阜阳市颍州区的剪纸、六安市金安区翁墩乡的剪纸、铜陵市铜陵县钟鸣镇的灯彩纸扎、安庆市望江县鸦滩镇的挑花、黄山市歙县的歙砚和徽墨、宣城市泾县的宣纸、黄山市休宁县的万安罗盘、芜湖市芜湖铁画、古徽州地区的徽州三雕等，还有很多名茶生产工艺，如祁门红茶、屯溪绿茶、黄山毛峰、太平猴魁、汀溪兰香、涌溪火青、六安瓜片等生产过程都是具有观赏价值的劳动行为。除此之外，酒类、食品、用品生产过程都可以开发成旅游产品供旅游者观赏。

(a)

(b)

图 4.25 劳动行为

(a)制陶(黄剑锋摄)；(b)食品加工

f. 民俗和宗教活动。民俗活动是塑造旅游地形象和推介旅游地形象的重要途径。通过具有浓郁地方文化特色参与性强的节庆活动的开展，使旅游者在游览的过程中进一步了解旅游地的历史文化。这些活动不仅可以供旅游者观赏，而且可以参与。地方政府不仅能利用这些活动丰富开发旅游项目，而且其对特定民族环境的营造也发挥着重要作用。各个国家、各个民族、各个地方都有自己的民俗和宗教活动。例如，各地的斗牛节、婚礼习俗、祭拜祖先习俗等，地域辽阔，民族众多，民俗也较多，较大的节日有正月初一春节、正月十五元宵节、二月初二“龙抬头”、五月初五端午节、七月初七七夕节、八月十五中秋节、九月初九重阳节、腊月初八腊八节、腊月二十三小年。中国每个少数民族还有更多自己的节日，如三月三(壮族、布依族、黎族等)、四月八(苗族)、火把节(彝族、白族等)、泼水节(傣族、阿昌族等)、望果节(藏族、门巴族等)等。世界上各种宗教节庆活动也颇为多样。例如，基督教有圣诞节、受难节、复活节、升天节、诸圣日(万圣节)等主要节日；天主教和东正教还有圣神降临节、圣母升天节、命名日等节日；伊斯兰教有开斋节、古尔邦节和圣纪节三大节日；道教有三元、三清、三会等节日；佛教有许多特别的节日，其中农历四月初八佛诞日、腊月初八佛成道日、七月十五佛欢喜日为最重要的3个佛教节日。

旅游地要充分利用这些旅游资源来展示地方文化、强化地域文化特色、营造地域文化氛围。宗教场所要有宗教活动，才能形成浓郁的宗教氛围；寺庙里要有穿着袈裟的和尚和佛教活动；道观里要有穿道袍的道士和道教活动。这样才能使旅游者感受到其环境的原真性。

g. 地方文化艺术活动。地方文艺表演也是地方文化氛围构成的不可或缺的方面。当然这些表演活动不是日常的经常性的活动，而只是在农闲的季节和节日才会有。为了发展旅游，必须有意识地安排表演活动，才能让旅游者一饱眼福(图 4.26)。以安徽为例，安徽是文化大省，具有地方特色，民间文化艺术遍布江淮大地。民间舞蹈类有合肥市包河区大圩乡的综艺、亳州市谯城区双沟镇的大班会、蚌埠市怀远县万福镇的花鼓灯、蚌埠市禹会区秦集镇的花鼓灯、淮南市凤台县新集镇的花鼓灯、淮南市潘集区夹沟乡的综艺、芜湖市南陵县何湾镇的十兽灯、宣城市郎溪县梅渚镇的跳五猖等；民间音乐类有淮北市濉溪县临涣镇的唢呐、蚌埠市五河县的民歌、马鞍山市当涂县的民歌、巢湖市居巢区的民歌等；民间戏曲类有安庆市怀宁县的黄梅戏、宿州市泗县的泗州戏、池州市贵池区梅街镇和黄山市祁门县的傩戏、池州市青阳县杜村乡的青阳腔、宣城市绩溪县伏岭镇的徽剧；民间曲艺类有滁州市凤阳县的凤阳花鼓等；民间杂技类有阜阳市临泉县的杂技马戏、黄山市歙县三阳乡的叠罗汉等。这些具有地方特色的非物质文化具有较高的旅游开发价值。

(a)

(b)

(c)

(d)

图 4.26　文艺表演

(a)戏曲表演(地方戏，黄剑锋摄)；(b)舞蹈表演(傣族舞蹈)；
(c)舞蹈表演(藏族舞蹈)；(d)武术表演(乌镇，黄剑锋摄)

(4) 旅游者行为的引导。旅游者会互相影响，旅游者行为也是环境的构成元素、形象设计者，管理者对旅游者行为应当采取适当的管理措施约束或引导其行为。例如，对于旅游者乱丢废弃物、乱刻乱画、不遵守公共秩序等行为，管理者可以采取提示牌形式告知旅游者来防止旅游者的不良行为。旅游者数量也是影响旅游效果的一方面因素。旅游者数量太多，便会由看景变成了看人，旅游效果会受影响；人数太少，冷冷清清，没有人气，旅游者感觉也不见得好。并非所有旅游地的游客密度都要小，不同旅游地的需要有不同的体验效果，有的旅游地需要清静，有的旅游地需要有人气，游客密度也有不同的指标要求，例如，会展型旅游的游客密度可以大些，自然型旅游的游客密度不宜过大。因此，管理者要有适当措施来调控淡季和旺季的旅游者数量，保证旅游者的旅游质量(图 4.27)。

(a)　　(b)

图 4.27　游客密度对比(黄剑锋摄)

(a)密度适中；(b)密度偏大

3）减少负面影响

对于旅游地形象来说，安全问题、环境污染、卫生状况差、旅游者密度大等问题容易产生负面影响，应当有足够的重视。

(1) 安全问题。安全是人最基本的需要之一，是旅游的基本保障，只有在得到基本生理需要后，才能去追求高层次的精神需求。因此，安全是旅游业发展的生命线，是旅游者出游选择旅游地、旅行社、宾馆饭店所要考虑的首要因素。安全也是构成旅游形象的因素之一，安全问题极容易造成负面影响。绝大多数旅游地政府和管理者都会将安全作为旅游发展的一项工作，将安全作为旅游地形象塑造最主要的内容之一，但是未必都能做得很周全。我国政府对旅游安全给予了极大的重视。20 世纪 90 年代，国家旅游局制定和颁布了一系列有关旅游安全的管理办法。例如，《旅游安全管理暂行办法》、《旅游安全管理暂行办法实施细则》。公安部、国家旅游局联合发布了《关于加强涉外饭店安全管理，严防恶性案件发生的通知》、《关于加强宾馆饭店等旅游设施消防安全工作的通知》等法则。各地方政府也将旅游安全列为旅游工作的首要内容。1993 年台湾中国文化大学李铭辉先生曾就台湾旅行业者对大陆的环境认识进行了探讨，结果认为：就祖国大陆社会治安而言，一般都给予肯定，尤其是华北、西南地区、丝路地区，都给旅行业者留下了良好的印象；但华南的印象最差，尤其是当时广州、深圳连续发生旅游者被偷、被抢，甚而被杀害的事件，影响较大。防止出现安全问题应当从两方面入手：①安全意识要强，防止麻痹松懈；②关键在于预防，也就是要全面、深入地研究旅游区内可能存在的安全隐患，并采取有效的预防措施。

(2) 环境污染。环境污染的治理是一项系统工程，关系到社会经济活动的各个层面。

从旅游地形象的角度来讲，工业发达地区和城市尤其应当注意，旅游管理者应当与环保、园林、城建等部门合作，做好环境治理和绿化工作，以营造优美的环境。

(3) 卫生状况差。卫生状况差主要表现在垃圾成堆、乱弃废物等方面，还有突出的，也是最让旅游者望而却步的厕所卫生，同时还包括厕所不够的现象。虽然这是细节问题，却不可忽视。

(4) 旅游者密度过大。旅游者密度过大是指旅游者超过旅游地环境容量造成的拥挤。采取淡旺季不同价格等政策来调整淡旺季，或合理设计旅游线路，以此来进行游客分流，让旅游者能感受到浓浓的旅游氛围，不至于“只看到人头看不到景”，影响游兴，降低旅游满意度。

(5) 不文明的居民行为。欺骗旅游者、语言粗俗、待人不礼貌、不雅的居民行为，有些地方甚至还有尾随纠缠、强讨恶要的流浪乞讨人员，这些都会影响旅游地形象。

3. 综合认知环境设计

综合认知环境指的是既有自然元素又有人为元素的环境。按照包含人文元素数量的多少，综合环境可分为典型综合认知环境、准自然认知环境和准人文认知环境，它给人的感受效果有明显差异。

1) 典型综合认知环境设计

典型综合环境指的是自然与人文元素在构成上都不占主导地位的环境，两者配合得相当默契，属于“天人合一”的环境。这种环境设计要求人文元素体量不大，依山傍水而建(图 4.28)。

(a)

(b)

图 4.28　天人合一的综合景观

(a)依山傍水的山村(休宁)；(b)绿树掩映中的山村(黟县塔川)

典型综·合认知环境中自然和人文元素总是融合在一起，好像少了谁就不完美。尽管这种环境中人文元素比较多，但是并没有那么凸显。道路、桥梁、瞭望塔、亭、台、楼、阁、民居、书院、别墅错落分布于自然景观之中，若隐若显，人文气息与自然气息交融，是典型的“天人合一”的气象，宛若世外桃源。这种环境的设计关键在于地形与自然元素的巧妙利用。典型综合认知环境设计应当做到以下几个方面。

(1) 以“天人合一”为设计理念。在设计景观时，一定要始终坚持“天人合一”的基本设计理念。

(2) 确定环境设计总体方案。主要是在人文景观选址、建筑风格、高度、体量、色彩、绿化等方面来体现"天人合一"设计这一理念。在设计方案中要明确各种自然元素的保留或保护方案。在方案中应说明如何利用自然元素，减少破坏；如何建设人工建筑和设施，哪些需要模仿自然元素特征；人文景观元素也应当从建筑或设施的材质、风格、高度、体量、色彩各个方面体现与自然环境的融合；如何利用植物来遮蔽人工建筑。

2）准自然认知环境设计

准自然认知环境中自然元素占绝对多数，自然地理环境元素是自然型旅游地形象感知的核心元素，包含少量人文元素，如环境中有道路、桥梁、瞭望塔、亭、台、楼、阁，包含一定的人文气息，感觉没有纯自然环境那么"野"，在以自然为主要特色的旅游地，应当尽可能保持其自然性，减少人工痕迹，只出现旅游必须的设施，才能让旅游者形成理想中的旅游地形象(图 4.29)。园林建筑景观是将自然环境和人工环境相结合所形成的建筑景观，它表现在庭院、宅园以及森林等环境之中。为了保证向旅游者提供必要的旅游地信息，而形成管理者期望的旅游地形象，准自然认知环境设计包括四方面的工作。

(a) (b)

图 4.29 准自然景观(自然景观中有人文活动痕迹)

(a)香格里拉；(b)华山

(1) 明确旅游地环境的意境特色。为克服盲目性，首先要明确本旅游地特色属于什么风格的环境，要让旅游者感受到什么样的自然气息，形成什么样的意境。这是自然认知环境设计中首先要解决的关键问题。通俗地说，就是给旅游地"画像"。只有这样才能明确自然认知环境设计的理念，具体的元素设计才有了指导思想。山岳型、水域型、生态型等不同类型旅游地，认知对象构成不同、意境不同，千变万化。设计者要将景区意境特色用语言描绘出来，给旅游地"画像"，当然，若能用绘画、歌曲等形式描绘出来则更好。用语言描绘出来，才能进行传播。目前借用古人的游记、诗词、楹联，现代名人散文等文学作品的描述不仅是一条捷径，而且更具说服力，还能提升旅游地的品位，诸如"玩鞭春色"、"天门烟浪"等。

(2) 确定环境整饰的总体方案。围绕特色需要做哪些整饰，如何整饰，减少不美观的元素等，"化妆"就是形象设计中对自然景观要做的工作。如果把自然环境比作美女，尽管美女具有"清水出芙蓉，天然去雕饰"之貌，不化妆也可以，不过不作过度的化妆，适度修饰，不改变自然景观之本性和神采，则是完全可以的，甚至有锦上添花之妙。美女的发型、装饰品、服装、情绪等会影响其美的风格，但是并不影响其美观。景区中适度清除局部杂草，有助于美化景观效果。

(3) 确定完善自然环境的方案。景区环境中不仅要设计视觉要素，听觉要素、嗅觉要素也要考虑，均视为环境要素，它们同时作用于人们的心灵。流水潺潺、鸣禽之声、植物和泥土的芳香，都是形象认知对象。认知对象设计对于自然景观似乎没有必要，或者说人处在次要地位。事实上人在营造自然元素中还是有所作为的，例如，适度化妆，在避免人为痕迹的前提下，施加人工影响，例如，仿真岩石、树桩人工湖、溪流、鹅卵石、瀑布，以弥补景观的欠缺、丰富景观元素，提高景观的观赏价值。景观的构成应当山水结合，以得刚柔相济之美。中国古代画论中有“山无水不活”、“山无水不媚”之说。因此，景区中经常会人为添加水景观，涉及水面、瀑布、岸线设计等问题。此外，有的地方还需要进行绿化设计等。围绕特色补充自然元素的原则与方法也是形象设计的工作。

(4) 确定人工设施建设方案。自然景区或多或少要建设旅游设施，如道路、护栏、公厕、休息处、垃圾筒等。如何做到建设的同时，不破坏景区的景观自然性？假如要修路，建少量的建筑，如何才能与自然景观相协调？如何避免各种人为噪声破坏山野环境的清静？如何避免或消除交通噪声、生产噪声？如何避免钢筋混凝土外露？如何利用或仿制天然材料(木材、竹子、石料等)？这些都是设计中要解决的问题。

3) 准人文认知环境设计

准人文认知环境设计要以人文元素为主体，以少量的自然元素为背景，注重对自然的因借。准人文认知环境中，以园林建筑、古民居、古街巷、文化建筑、古树、居民活动等元素为主。人文元素设计如同纯人文认知环境一样，内容很丰富。其设计中应善于借景，借山体、水体、树木、草地、岩石、沙滩、天空、云彩、日光、月光来提高人文景观的美感，增加景观的内涵，彰显自身特色。每个地方都有自然景观可以借用，它可以为人文景观增光添彩。例如，芜湖中山路步行街正是因为借了镜湖景观而增色不少(图 4.30)，而合肥的淮河路步行街则因为无自然景色可借而魅力大减。有意识地将景观布局范围以外的景色组织到景观布局中来，使其成为景观构成的一部分，称为借景。借景关键是要做得

图 4.30　借景(芜湖中山路步行街借镜湖之景)

"巧"，使借来的景物同本景观布局空间中的情调气氛巧妙地融合起来。借景能扩大景观视觉空间，丰富景观层次和空间结构，在有限的空间内产生无限的意境，形成象外之象、景外之景，达到以小见大、锦上添花的艺术效果。充分借用当地自然景观也是人文精神设计的重要内容。借景可分为远借、近借、仰借、俯借、互借、邻借、应时借等。远借是将远景借入景观结构中(图 4.31)。远景较高时，可用开辟平视透视线的方法借景。邻借是将近景借入园中，邻借必须有山体、楼台俯视或开窗透视。俯借是俯视所借区外景物。应时借是利用一日或四季自然物象变化来与主景配合，例如，朝借旭日、晚借夕阳、春借桃柳、夏借荷塘、秋借丹枫、冬借飞雪等。

图 4.31　准人文认知环境(崇圣寺借苍山之景)

4. 旅游地重点区域认知环境设计

旅游地环境设计首先要抓住重点，以此来带动全面，主要包括以下几个方面。

1) 重点区域

旅游地的重点区域是一个可以产生光环效应的区域，是旅游者必到之处，而且很多旅游者也只到该处，并不游览旅游地附近的非旅游景点区域。该区域能使旅游者的印象产生放大的作用，比在其他地方更容易造成较大的影响。因此，尤其要注意它的环境设计和保护。旅游城市的光环效应区包括集散中心、地标性建筑物附近、城市中心商务区、历史古迹中心区、城内主要旅游景点，其对一个旅游景区来说是最精华的地方，必须精心呵护环境，避免产生负面影响。例如，北京的旅游关键区域有天安门广场、八达岭长城、王府井街道等。

2) 旅游地出入口

旅游地出入口是容易给人造成深刻印象的首因和近因效应的区域，应作为设计的重点之一。例如，旅游城市对外交通的出入口、车站、码头，这些地方会给旅游者留下较深的印象，对旅游地形象形成起着重要作用，必须设计好。

3) 主要旅游通道

主要旅游通道是大多数旅游者必经之路，道路两边的事物就是旅游者观赏的对象，要多展示一些地方文化特色的元素，要整洁，不能有污染。不但旅游城市重要，而且其他旅游地也不能忽略，通道两边视野范围内的景物都需要设计。例如，新安江山水画廊，既是景区又是通道。过境公路景观设计要体现个性，提高观赏价值。城市道路沿途绿树成荫、花团锦簇的美景会给旅游者留下美好印象。

本章小结

旅游地形象的认知对象指的是能成为旅游者的形象加工素材的那部分旅游环境认知对象，可以是一个对象，也可以是一组对象。从被感受方式看，认知对象可分为视觉、听觉，以及嗅觉等其他感官能感觉到的元素；从元素存在形式看，可分为物质的、非物质的认知对象；从内容方面看，可分为旅游吸引物(景观等)、服务和设施 3 类认知对象；从成因看，可以分为原生的、仿原生的和新创的 3 种认知对象。

视觉形象认知对象由景观要素、旅游设施要素等物质形态要素构成；视觉景观是旅游地形象形成的核心要素，因为美的景观是大多数旅游地的主要构成要素。

行为形象认知对象是通过视听器官感知的对象，指的是旅游地居民、旅游管理者、旅游服务者及其他旅游者的行为形象元素，即这些人群表现出来的行为特征会给旅游者留下较深的印象，这也是旅游地形象感知元素的重要组成部分。

各种旅游地认知对象不是孤立存在的，总是以组合形式存在，而且组合后的各要素的意义与单独感受的意义是不同的，认知对象组合模式决定认知环境风格。一种类型的旅游地，其认知对象必须合理组合，才能为获得更好的综合形象奠定基础。只有利用好各种认知对象，并合理组合，才能创造出一定风格的旅游环境。

旅游地认知环境设计是旅游地形象设计最主要的任务，这是塑造旅游地形象的关键所在，旅游地认知环境设计的目的就是为旅游者创设一个良好的认知环境，用不同的认知对象组合模式可以构成形式多样的环境。

旅游地认知环境设计要遵循三个原则：秉承科学的设计理念、具有明确的风格定位和具有显著特色。

旅游地环境认知设计是要将各种元素融合起来，目的是营造特定的认知环境，为某种特定形象形成创造条件。根据环境构成要素的不同，可以将旅游地环境归纳为三大类：自然认知环境、人文认知环境、综合认知环境。因此，在对旅游地环境进行设计时，也应该分别体现各自的特色。

关键术语

认知对象(Cognitive Object)
视觉认知对象(Visual Cognitive Object)
听觉认知对象(Auditory Cognitive Object)
行为认知对象(Behavior Cognitive Object)
旅游者行为(Tourist Behavior)
认知环境(Cognitive Environment)

知识链接

[1] 徐缉熙，凌珑．旅游美学［M］．上海：上海人民出版社，1997.
[2] 郝卫国．环境艺术设计概论［M］．北京：中国建筑工业出版社，2006.
[3] 席跃良．环境艺术设计概论［M］．北京：清华大学出版社，2006.
[4] 余晓宝．氛围设计［M］．北京：清华大学出版社，2006.

练习题

一、单项选择题

1. 人类获取信息有多种来源途径，其中大约83%来自于(　　)。

A. 视觉　　B. 听觉　　C. 嗅觉和触觉　　D. 行为

2. 根据环境构成要素的不同，可以将旅游地认知环境归纳为三大类：自然认知环境、人文认知环境和(　　)。

A. 原生环境　　B. 综合环境　　C. 半原生环境　　D. 新创环境

3. 右村落街道属于(　　)。

A. 自然认知环境设计　　B. 人文认知环境设计
C. 综合认知环境设计　　D. 旅游地重点区域认知环境设计

二、名词解释

1. 旅游地形象认知对象
2. 视觉认知对象
3. 听觉认知对象
4. 行为认知对象
5. 旅游地认知环境

三、简答题

1. 旅游地形象认知对象有哪些方面?
2. 根据自己的理解，谈谈对旅游地形象认知对象组合的意义。
3. 请简述旅游地认知环境的设计原则。
4. 旅游地认知环境包括哪些类型?

四、思考题

1. 假设自己作为设计者，谈谈如何对纯自然景观环境进行设计。
2. 试分析比较对不同类型的旅游地认知环境设计内容的区别。
3. 以一待开发的旅游地为例，试对旅游地认知环境进行定位，并对构成元素进行设计。

第5章　旅游地形象识别符号设计

本章教学要点

知识要点	掌握程度	相关知识
旅游地形象识别符号及其作用	理解	符号学，旅游地营销学
旅游地名称设计原理与方法	理解和掌握	语言学、符号学
旅游地标志设计原理与方法	重点掌握	设计艺术学、美学
旅游地标准色设计原理与方法	重点掌握	设计色彩学、美学
旅游地标准字体设计原理与方法	理解和掌握	书法、美学

本章技能要点

技能要点	掌握程度	应用方向
旅游地名称设计技法	理解和掌握	旅游地形象设计与传播、旅游地规划
旅游地标志设计技法	重点掌握	旅游地、企业和其他标志设计
旅游地标准色设计技法	理解和掌握	旅游地和企业标准色设计、广告设计
旅游地标准字体设计技法	理解和掌握	旅游地和企业标准字体设计、广告设计

导入案例

旅游地形象需要借助符号工具来传播。最常见的符号是旅游标志，甚至直接引用标志性景观图片来象征旅游地形象。例如，纽约自由女神像能有效地传播其城市形象。此外，城市旅游形象的视觉设计还包括吉祥物，甚至旅游大使的选择。例如，香港旅游形象的设计中就特别选出著名演员成龙为香港旅游大使(图5.1)。城市的市树、市花、市鸟等也可

(a)

(b)

图5.1　旅游地识别符号

(a)自由女神像是纽约的象征；(b) 香港选择成龙作为旅游形象大使

用于传播该市的旅游形象。所有这些相关设计均可通过城市的路牌广告、地名、路名、站名、雕塑、景区门票、导游图、宣传手册、旅游纪念品、建筑风格与色彩、广告条幅、彩旗、气球等加以表现，营造并传播旅游形象。

看到这些旅游地的传播行为人们不禁会想到：为什么他们要这样做？旅游地形象需要哪些工具来传播？如何去做呢？通过本章学习，你会懂得其中的道理，也会知道如何去做。

（资料来源：http：//www.ruchina.com/know/2007—7—20/1435.html）

德国当代著名哲学家恩斯特·卡西尔说：人是符号的动物。的确如此，人类无时无刻不在运用符号传递各种信息，最常用的是语言符号，此外，还有图形符号、声音符号、体态符号、旗语等。在旅游地形象传播设计中也存在一些符号学问题。为了让公众了解旅游地，使自己拥有更多的旅游消费者，旅游地不但要有区别于其他旅游地的特殊旅游地吸引物，还要借助特殊的符号系统来广泛传播旅游地信息，让公众充分了解自己。如今旅游市场竞争日益激烈，各旅游地竞相推广自己的产品，旅游地形象识别符号(传播符号)在其中发挥着重要作用。因此，旅游地形象识别符号设计应当作为旅游地形象设计的重要组成部分。本章要掌握的重点内容是旅游地名称、标志、标准色、标准字体等旅游地形象识别符号设计的原理与方法。

5.1 旅游地形象识别符号的概念及作用

为了提高旅游地形象识别符号设计重要性的认识，更好地设计形象识别符号，应当先要了解旅游地形象识别符号的概念和作用。

1. 旅游地形象识别符号的概念

"现代语言学之父"瑞士语言学家费尔迪南·德·索绪尔把语言符号解释为"能指"和"所指"的二元关系时，"符号"一词自此就有了比较确定的概念，人们对于"符号"的理解逐渐趋于一致。同时，符号学创始人美国哲学家、逻辑学家、自然科学家查尔士·皮尔斯提出了符号的三元关系理论。皮尔斯把符号解释为符号形体、符号对象和符号解释的三元关系。符号形体是"某种对某人来说在某一方面或以某种能力代表某一事物的东西"；符号对象就是符号形体所代表的"某一事物"；符号解释也称为解释项，即符号使用者利用符号形体所传达的关于符号所指示的信息，即意义。人类符号又分为自然符号和人为符号，人为符号又分为语言符号和非语言符号。在旅游地感知到的符号有自然符号和人为符号，其中人为符号以非语言符号为主。在媒体上感知到的符号是人为符号，而且是以语言符号为主。按照符号的感受方式可将符号分为视觉符号、听觉符号、嗅觉符号、触觉符号、味觉符号。在旅游地感知到的符号，除了味觉符号，其他符号对旅游地形象形成都起作用；在媒体上感知到的符号，只有视觉符号、听觉符号。旅游地识别符号和企业识别符号一样，利用符号具有的传播信息的功能来传播旅游地信息。

旅游地形象识别符号的定义：旅游地所设计的能表征旅游地形象的各种特定事物。它是公众识别旅游地的标识，也是旅游地形象传播的工具，如果站在传播者角度看，也可以称之为旅游地形象传播符号。应当知道，识别符号与认知形象对象有着本质上的区别，形象认知对象是旅游地形象的内涵，是内在的；而识别符号只是旅游地形象的象征符号，尽管也能给人留下好的印象，但是这种印象是外在的，只有与本底形象建立约定关系后，才具有指示真正形象的作用。也就是说，如果仅仅从识别符号来认识旅游地，只能获得一种主观形象，不能形成真实形象。这两者不能混为一谈，否则，设计思路也就不明晰。旅游地形象设计不仅要用内涵的特色来区别其他旅游地，而且要用特有的标识来区别其他旅游地。对于熟知旅游地情况的人来说，识别符号与旅游地形象之间有约定关系。

2. 旅游地形象识别符号的作用

我们之所以需要设计旅游地形象识别符号，是因为它对于旅游地形象传播有着十分重要的作用，主要表现在以下几个方面。

1）用以象征旅游地形象

形象识别符号的所指就是旅游地，它的意指是旅游地的各种信息，因此，它是公众识别旅游地的标志系统，是传播旅游地形象的工具，是旅游地身份的象征。事实上，公众接触旅游地信息主要靠媒体，而不是到旅游地实地旅游，而媒体上传播是以符号为语言。国家有国徽、国旗、国歌，军队有军徽、军旗、军歌，党有党徽、党旗，企业有企业的标识，这些都是一些部门或机构的识别符号，有明确的所指。作为形象识别符号，最重要的是要便于识别，避免与其他识别对象相同或相似，符号间差异大，则便于识别，相反，则不利于识别。某些企业为了盈利，制作“山寨版”的仿冒知名品牌的各种产品、名称、标志、色彩、包装等识别系统，仿冒者正是利用了人的认知规律，有意识地造成消费者误识。一旦这些符号与旅游地建立表征关系后，符号就相当于旅游地，从此符号便是品牌形象的代言者，旅游地的一切信息都会转移到它身上去，它能够携带旅游地形象信息。因此，符号与品牌之间常常被划等号，由此也可以看出识别符号设计的重要性。旅游地的表征符号包括旅游名称、旅游标志、标准字体、标准色、专用音乐等，如同国徽、国旗、国歌、军旗、军歌。虽然旅游地名声的好坏主要不是取决于符号，而是取决于旅游地的旅游资源，但是它们总是联系在一起，唇齿相依，是表里关系，符号与指示对象有一一对应的关系，如同人的名字与人的对应关系一样，而且这种关系一旦形成，就有较强的稳定性。换言之，公众感知到符号就相当于了解了旅游地，因为符号认知者看到旅游地符号便会不由自主地联想到该旅游地的所知的或经历过的一切所见所闻，例如旅游地景观、居民的态度、服务行为特点、人文活动特色等。对于没有经过亲临旅游地的人来说，也会联想到以前通过媒介获得的信息，同时，根据名称和相同性质旅游地素材进行联想或想象加工，想像出该旅游地的形象。此外，由于媒介能承载信息的时间和空间非常有限，意味着能通过媒介传播的信息量是非常有限的。旅游地形象传播的第一步就是要告诉别人你是谁——指代符号，再来说明你有什么特征，甚至对于熟悉情况的人来说，只要说出旅游地名称或者显示旅游地标志，他就能道出该旅游地有什么特征。因此，旅游地除了做好旅游地实地形象感知对象设计与展示以外，必须要设计自己的名称、标志、标准色和标准字体，以便公众更加快速、准确、有效地识别旅游地形象，并且让这些符号频频刺激在他们的视听系统，提高某旅游地在他们心中的地位。

不过应当注意，符号不是旅游地美誉度形成的主要因素，也就意味着，主要不是靠它来提高美誉度，而是用于提高知名度。符号也不是旅游地本身，虽然它能引起人们对旅游地的美好想象，但不是形象识别的本质内容，而是旅游地形象的传播工具，公众识别旅游地形象的标识。

2）用以增加形象传播机会

公众识别旅游地形象需要通过形象符号，传播旅游地形象也需要运用形象符号。在任何场合，只要出现某旅游地形象符号，就相当于将旅游地形象信息送达到了该处，也就意味着，旅游地形象符号传播到哪里，旅游地形象信息就送达到哪里。旅游地设计多种形象识别符号，正是为了便于通过多种传播途径、方式进行传播，增加可以出现的场合，因此，它对增加传播机会是非常有利的。旅游地品牌确立，除了要重视旅游地自身的建设以外，还需要有自己的符号系统，例如，名称、专用徽标、有标准色和标准字体等，这些都是指代旅游地的符号体系，有了这些符号体系才能立足于市场。试想，一个没有名字的人，不管他有多少优点，都没法传播，哪怕有个外号，也就有所指了。

3）用以扩大形象传播范围

旅游地有了形象识别符号相当于有了一个扩音喇叭，借此可以扩大传播范围，只要符号传到哪里，信息就带到哪里。它可以使公众不到旅游地的情况下，也能接触旅游地信息，至少可以接受名称、标志等符号的刺激，加深对旅游地的印象。一个旅游地符号在长期使用中会与旅游地建立起约定关系，当公众感受的到这个符号，就会让人直接联想到已经存储在大脑中的旅游地有关事物，而旅游地正是靠这种符号负载信息来进行传播，不断刺激公众的感觉系统，不断唤起公众的联想，从而加深对旅游地的印象，对旅游地了然于心，越来越熟悉，消费欲望也会因此而增加。因此，旅游地可以利用符号这种工具，借助各种传播途径和方式广泛传播，扩大形象传播范围。

知识要点提醒

本节有一个概念需要注意，传统企业形象及旅游地形象设计理论中都将旅游地形象识别符号与形象认知对象全部当作形象识别要素来看待，都放在一起论述。本书作者认为，旅游地形象识别符号仅仅是形象的一个代号，它可以与形象建立表征关系，对本底形象的形成不起主要作用，而形象认知对象才是旅游地形象形成和本底形象形成的主要因素。因此，本书将旅游地形象识别符号与形象认知对象分别论述，这样分开后，设计的思路会更加明晰。

5.2 旅游地名称设计

人们认知旅游地，首先感知到的是其名称。旅游地名称如同人的名字，它可以通过声音和文字形式来传达信息，是表征旅游地最基本的视听符号，不仅可以作用于听觉，而且可以作用于视觉，旅游地名称与旅游地之间具有一一对应的关系。旅游地名称一旦作用于听觉或视觉，会引起人们对旅游地形象的联想和想象，即使没有到过的旅游地，都可以根据字面来理解，甚至会形成第一印象。因此，旅游地不仅要有名称，而且还要有一个好名称。试想，没有名称的旅游地，势必造成认识上的错误或混乱。即使有名称，如果两个旅游地名称声音相近，或字形相近，造成误解，影响识别效果。认识旅游地和认识人一样，首先是知其名，然后再了解更多的情况，并且对应起来。同时，旅游地名称可在一定程度上说明旅游地的性质，名称的好与差也影响到旅游地形象的形成，如同一道普通的菜肴却拥有一个雅名一样，也可以产生一定的吸引力。原始森林、湖泊、海滨、花园、峡谷、草原、雪原，尽管可能有的人没有到过该旅游地，但是这些词汇的语义联想，会让人调动起大脑中储存的记忆，并产生美好的想象，创造出复合形象的意境。旅游地名称设计应体现以下特点。

5.2.1 富于文化内涵

民族的就是世界的，地方的就是世界的。越是具有地方性地名，它的个性越强，越有魅力。不用担心影响力不足，只要是块金子，总会发光的，关键在于旅游地吸引物品位的高低。一个不知名的小地名，喊的人多了，自然就成了知名度很高的地名。很多地方都有自己的地名，而且都有其独特的来历，地名本身就有其特定的文化内涵，非常耐人寻味。例如九寨沟、武陵源、牯牛降、天堂寨、琅玡山、临淮岗、正阳关、昭关、八公山、西递、宏村等地名都是历史上形成的，大多都具有地理意义或文化内涵。通常采用原生性地名命名便可以，没有必要新创一个名称。如果名称太普通便容易混淆，如李村、张村等名称比比皆是，可以考虑附近具有特色的地名来命名。旅游地名称适宜采用原生地名而不宜像企业名和产品名可以起个洋名字，只要好听，可以不管其含义如何。对于新建现代旅游地可以考虑设计新名称。

5.2.2 能显示旅游地特征

语言是人类用于传播信息的主要工具，是人类最成熟、最具表现力的符号系统。语言符号的直指和意指能力很强，如果能利用好，可以达到意想不到的传播效果。旅游地名称本身自带一定的文字意义，具有定性功能，如同人的名字，男人要有男人的名字，女人要有女人的名字。如果颠倒过来，也会带来很多识别上的错乱。因为不同的名字，会给人以不同的联想与想象，并初步建立形象。不同类型、风格的旅游地要有不同的名称来表达。也就是说，一个名称在一定程度上说明旅游地的性质、类型，两者之间存在很大关联，因此需要慎重对待。故宫博物院、大连海滨浴场、陶辛水韵、丫山花海石林、八公山森林公园、江南第一漂、敬亭山、鳄鱼湖、千岛湖、太白墓园、采石矶、龙窝湖、泰山等名称中就包含旅游地的定性描述。有的名称定性不明确，从字面上看不出属于什么类型的旅游地，只有去过或了解该地的人才知道，例如大理、周庄、休宁。

5.2.3 注重音美

人们对旅游地名称的声音很敏感，它让人产生声音美感和谐音联想，因此，必须要防止因谐音产生的不美，还要具有听觉节奏和韵律美，使名称具有音乐般的美感。香格里拉、小格里、八公山、八里河等名称有音乐般的节奏，比较动听。比如“碧山”谐音不佳，容易与“瘪三”读音联系起来。

以英国瑞恰兹为代表的语义学美学派认为，语言符号由运用符号的主体，符号所指的客体和符号的载体这三者所组成。语言符号的功能有描述客体，表现主体情感，表现对受众的态度和表现描写的目的这4个方面。当人掌握和运用某一语调时，就会联想到这一语词的其他含义，并且联想到与之相互关联的语词或客观事物。这就是由语义上的联系所引起的联想。如提到“优美”这一词语，可能会联想到“秀丽”，联想到杭州西湖及其他与之相似、相反的景色。双关语、多义词、谐音词和比喻、象征等修辞都可以引起这种联想。

5.2.4 注重义美

旅游地名称有义美，才能打动人心。旅游地名称可以传达一定的含义，可以让人联想到其旅游地的性质，如诗如画如梦，有味有情有意，令人向往的旅游地意境。例如，水库主要功能是发电、灌溉和防洪。随着旅游业的进一步发展，旅游功能已经成为许多水库的重要功能。但“水库”这一称呼，告诉人们，它是人文景观，有坝址和水面供观赏。著名的千岛湖风景区，实际上就是新安江水库库区，冠以“千岛湖”名称便赋予了自然景观之魅力。“太平湖”是陈村水库的雅称。由此可以看出，名称对旅游地是何等重要。有些旅游地不宜直呼其名，例如，“太白墓园”，被看作是祭奠故人李白的地方，就不包含娱乐、观赏性的含义，不如改为“太白文化园”更具吸引力，更能提高游客的兴趣。因为墓地不是供人娱乐的场所，是一般人不愿意去的地方，而是用于祭拜的地方。

5.3 旅游地标志设计

导入案例

图5.2中的标志是国外部分国家或地区的旅游地标志。这些标志到底有什么用处，为什么一定要有标志，这些标志在构成方法和风格上有什么可取之处？通过本节学习，你便可以明白其中的道理。

图5.2 国外旅游标志示例

标志是一种传播信息的符号。旅游地标志与企业视觉识别(VI)符号中的标志一样，是识别旅游地的要素，是传达旅游地形象信息的工具。它是通过图形来传达某些信息，是人类相互沟通的世界性语言。国际上很多国家和地区早有各种旅游图形标志，用以塑造和传播某个国家和城市的旅游地形象。旅游地标志(logo)作为表征旅游地的一个视觉识别符号，相当于无声的名字。旅游地标志不仅具有识别功能，其中的形象元素是旅游地事物和精神内涵浓缩的符号载体，能够引起人们对旅游地的相关事物的联想。在信息时代，印刷品、摄影作品、设计作品和图像传播的作用越来越重要，这种非语言传播功能与语言传播相媲美，承担着传播形象的作用。

5.3.1 旅游地标志设计的意义

标志是一种表征事物的符号，它是一种指示对象的图形符号，具有表达意义、情感等作用。标志作为人类传播信息的特殊符号，被广泛用于社会活动。例如：国旗、国徽作为一个国家形象的标志，具有语言和文字不具备的特殊功能；公共场所标志、交通标志、安全标志、操作标志等，具有直观、明确、易识的特点；用商标、店标、厂标等专用标志来象征；国际重大活动、会议、运动会以及邮政运输、金融财贸、机关、团体及至个人(图章、签名)等几乎都有表明自己身份的标志，这些标志在各方面发挥着沟通、传播的作用(图 5.3)。标志的直观、形象、不受语言文字障碍限制等特性，极有利于国际间的交流与应用，使其成为视觉传播最有效的手段之一。

图 5.3 标志运用示例

旅游地名称是旅游地的视听符号，而旅游地标志则是旅游地的视觉符号，都是旅游地的象征。换句话说，看到它，就相当于看到了它所指代的旅游地，也不管是好的方面还是坏的方面都会关联。公众所感受到的一切旅游地信息都会和标志联系起来，一看到标志，就会联想到旅游地的一切，标志所含的信息量也会随着公众对旅游地了解的程度而不断丰富，从开始的不熟悉，到后来的刻骨铭心。随着旅游地的发展，公众会因为了解到更多的旅游地信息，从而丰富标志所包含的信息，其中包含的信息也越来越丰富，越来越全面。因而，好的旅游地形象，无形中会使标志具有了价值。从形象识别方面看，标志的视觉识别效果比其名称文字更容易显示对比。所以标志设计是打造旅游地品牌不可或缺的一项工作。没有标志的旅游地，市场上没有识别的符号，形象也不易明确。在国外企业或机构非常重视标志的设计和使用，原因就在这里。因此，旅游地标志设计是旅游地形象设计的内容之一。

在国外各个行业都非常重视商标或徽标的使用，旅游业也是如此。改革开放以后，我国企业界的商标运用意识不断加强，各类商标申请总量和商标注册申请量屡创新高。据了解，2010 年我国商标注册申请量首次突破 100 万件大关，连续 9 年位居世界第一。近年来，我国旅游地的旅游标志运用意识不断加强，呈现良好的发展势头。

5.3.2 图形的表意功能

一定的图形都能表达一定的语意。下面是从线条和形态分别叙述它们的表意功能。

1. **线的表意功能**

线在客观世界很常见，如直立挺拔的树干、绵延起伏的山脉轮廓、优美柔和的水波、建筑物轮廓等。线的形态很多，如刻画的线、折叠的线、润染的线、摩擦的线、波形的线、锯齿形的线、缓慢的线、疾驰的线、清淡的线、厚重的线、清晰的线、残破的线等。各种不同的线在一定程度上能传达给人以某种不同的感觉和引起人的心理反应。线的性格多样，如含蓄的线、坚硬的线、柔弱的线、欢快的线、苦涩的线、直爽的线、曲折的线、饱满的线、残缺的线等(表5-1)。

表5-1 各种线的视觉特性

线型	直线	刚强、明确、严肃、庄重、快捷、单纯、朴拙、男性气质
	曲 线	优雅、柔和、轻盈、丰满、灵巧、柔软、婉转、含蓄、女性气质、理性(几何曲线)、抒情性(自由曲线)
	折 线	节奏、动感、焦虑、不安
	光滑线	坚硬、细腻、精致
	残破线	粗犷、有力、自然
方向	垂直方向	高洁、权威、庄严、肃穆、向上、强力、崇高、伟大、傲慢、孤独、寂寞
	水平方向	平静、和平、永久、舒展、疲劳、死亡
	斜角方向	生动、活泼、惊险、刺激、不安
粗细	粗线	朴实、厚重、粗犷、坚硬、豪放、强劲、紧张
	细线	尖锐、轻巧、精致、高贵、洁净、敏感、高速

直线是两点之间唯一最短的线。它具有最单纯、最有规律和速度感等特点，给人以直接、简洁、单纯、刚性、顽固的男性特征的感受。直线的粗细、长短、方向变化所给人的感觉也是有差异的。锯状直线具有锋利、焦虑、不安定和紧张感。垂直线暗示着平衡而强有力的支柱，对于重力来说是中性的，有强烈的上下运动力与紧张感，具有高尚、权威、庄重、傲慢、严峻、严格、硬直的性格。水平线保持重力与均衡，具有安定、永恒、和平、广阔、深远、亲近、静寂、松弛、疲劳、被制约的性格，因其平稳的特性而带有较强的保守因素。斜线具有刺激、活跃、不安定、不确定的特性。

曲线具有优雅、丰满、柔软、间接、含蓄的女性特征。曲线可用于表现多方面情感，如气韵生动，言不尽意，山重水复，曲径通幽，周而复始、无往不复。几何曲线是指圆、椭圆、抛物线等在几何学意义的线，具有较强的理性特征。自由曲线易于表现个性。即便是同一个人，使用相同的工具与材料，也很难画出相同的线，如同每个人写出了的字，找不到一样的。其特点是感性的成分大，可用于抒发情感、表现性格。自由曲线可以分解为

C形、S形、涡状形等最基本类型。C形曲线有简洁、明确、华丽、柔软的特点。S形曲线有优雅、高贵、丰满、神秘的特点。涡状曲线有含蓄、不明确、悲壮特点的。在曲线中，自由曲线是最具女性优雅、柔和与含蓄的特点。但过分复杂时，会产生混乱不清的效果。

直线与曲线的适度配合，即体现出一种理性与抒情性相结合、刚性与柔性相结合、相互衬托、相互补充的丰富和谐关系。在中国传统美学中强调的刚柔相济、情理相依、文质彬彬等均是一种将直线与曲线的特性相互配合所具有的美感。设计创作中，提倡直线与曲线并用，使它们的各自性格能充分发挥，使画面的视觉语言更丰富，造型更美观，表现效果更强，传达的信息量更大(图 5.4)。

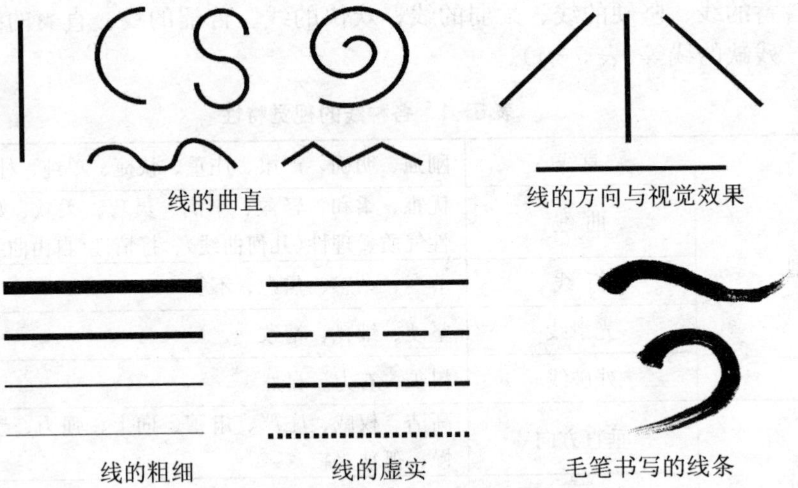

图 5.4　线的各种形式及其视觉效果

2. 形态的表意功能

面可以分为几何形态、有机形态、随机形态，它们分别可用于表现一定的含义，常用于标志的造型设计。

(1) 几何形态。几何形态的面是以数学的方法求出的，其造型分直线、曲线及直线与曲线二者结合这 3 类。几何形态的面具有简洁、明快、秩序性和数理性强的特点，易于识别、理解、记忆(图 5.3)。同时不同的几何形具有不同的感受特点。例如，方形具有刚直、平稳的特性，圆形具有柔和、圆满、流动的感受特点，正三角形具有稳定、进取的感觉。几何形态都能给人以理性的感受，但也易显得呆板。

(2) 有机形态。有机形态由具有一定强度的曲线所组成，富有内在的力感，是自然界外力与物体内力相互作用下形成的形态，如植物的花瓣、叶片、果实等。有机形态的面虽然不像几何形态那样能用数学方法表达，但它符合于“道”，具有纯朴、明快、丰满、圆润的视觉特征，给人一种亲切感，是一种生命力形态，是生命力的象征，可表现生命活力，能使人感觉到具有秩序性的美(图 5.5)。

(3) 随机形态。有些形态不是人所能控制而生成的，被称为随机形态。随机形态虽然不能精确地控制其造型结果，但它具有其他形态所不具备的、怪异的、自然天成的视觉效果。随机形态具有很高的审美价值，也常常用于平面艺术的造型中。自然界中事物的形态大多数属于随机形态，如屋漏之痕、山石之形、树冠之形、云彩之形、海陆之形等，这些形态千变万化，生动活泼，耐人寻味，都是标志设计的很好素材(图 5.5)。

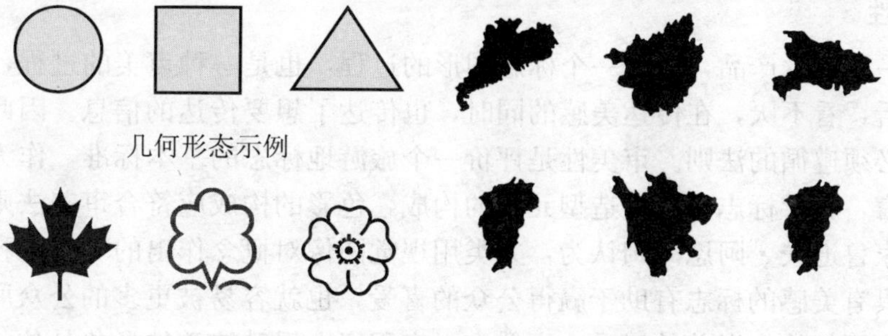

图 5.5　面的形态及其视觉效果

3. 旅游地信息的图形表达

用视觉元素传达旅游地信息是旅游地标志设计的原则之一。旅游标志是以点、线、面、文字为基本元素来构成符号，反映旅游地信息。形象设计者对旅游地的信息，尤其是具有代表性特色的信息进行归纳、提炼、抽象，以图形语言表现出来。为了更有效地传达旅游地信息，旅游地标志要以线条、图形及文字为载体，在构成元素设计中应当体现以下几个方面的要求。

标志形态的综合特征要能与旅游地特色相符合，以形写神，表现总体特色。它主要从形态的风格上体现，例如，优美的景观要用优美的线条与造型来传达其特色；雄浑的景观要用粗犷豪放的线条与造型来传达其特色；乡村景观要用朴素自然的线条和造型来传达其特色；城市景观适合于用几何的、精致的、严谨的线条来传达其特色。

标志要能用造型元素传达旅游地特色信息，一般从两方面着手。①反映地脉的视觉元素的提炼。自然景观的各种物象都是标志设计的素材，例如人物、鸟兽、鱼虫、花果、草木、山水、云霞、雨雪、物体和天体等，选取能代表地方特色的元素，通过写生、抽象、概括、变形、简化、符号化等艺术加工成标志元素。②反映文脉的视觉元素的提炼。不同的旅游地具有不同的文脉，旅游地文脉在传承文明、延续历史的同时，也是旅游地的精髓。文脉的表现可能是有形的，也可能是无形的。对于有形的元素可以通过约取、抽象、概括、夸张、变形、强化等手法获得简洁的形象元素，加入到标志当中，如建筑物、工具、器皿、舞蹈动作等都是形象元素；对于无形的元素可以采用有形的实物来象征，例如用火炬来象征革命。一个简单的图形很难将旅游地信息全面表示出来，应当抓住重点的内容。可以用具象图形，也可以用抽象图形，还可以用象征手法。

5.3.3　旅游地标志设计的原则

为了实现设计的目的，更好地发挥标志在传播中的作用，应当遵循以下基本原则。

1. 传达性

虽然标志的造型与色彩简练、概括，但是蕴含的元素和内容却很丰富，具有高度的浓缩性，能传达旅游地特色信息。利用代表性的图像或线的表意性可以传达标志所表达的内涵。线条、图形均具有一定的表意功能，尤其是线条的简洁性、表意性对标志设计具有广泛的应用价值。

2. 审美性

标志是一种视觉产品，观看一个标志图形的过程，也是一种审美的过程，具有美感的标志让人爱看，看不厌，在传达美感的同时，也传达了想要传达的信息。因此，美永远都是艺术创作必须遵循的法则。审美性是评价一个旅游地标志的基本标准，作为一种极其凝练的艺术语言，旅游标志中各种造型元素的构成，色彩的构成应符合审美法则。美籍德裔艺术心理学家鲁道夫·阿恩海姆认为，人类用视觉图像对概念作出的一切解释都包含着审美的成分。具有美感的标志有助于赢得公众的喜爱，也就容易被更多的公众所接受。成功的旅游地标志不仅给人以美的感受，也能在一定程度上提升旅游地形象品位。旅游地标志美感表现为形态美与神态美。

(1) 形态美。旅游地标志图形是以自然、社会事物形态、色彩及文字为素材，经过艺术提炼和加工，构成具有一定意蕴的图形符号。标志图形符号具有简约性和抽象性，有时直接利用文字加工构成符号，但却不同于纯文字。标志设计艺术是造型艺术，审美性是标志设计的基本要求。在标志图案构成上应当符合多样与统一，对比与调和，对称与均衡，比例与尺度，整齐与错落，节奏与韵律，重点与层次等形式美规律。

(2) 神态美。旅游地标志符号除了具有形式美的规律以外，还要从整体神态上去把握，确定调子，即应当在标志总体的效果上要有气韵生动的视觉效果，具有神态美，也就是完形心理学中的“完形”理论，中国艺术思想崇尚神采、气韵、格调、品位。不同作品会呈现出华丽与朴素、拙与巧、典雅与洒脱、凝重与飘逸、粗犷与细腻等不同的风格。

3. 独创性

旅游地标志的独创性是便于识别的根本要求，要明显区别于国内外其他标志。标志设计必须要有创新，只有新颖独创的标志才有利于展示个性，有利于公众识别和记忆。标志设计者必须具有较强的形象思维能力，活跃的思维活动，还要有深厚的艺术设计功底，勤于思考，善于捕捉设计灵感。

4. 简洁性

标志应图形简洁、色彩明快，以增强标志可识别性和视觉冲击力。抽象几何线、几何形和自由线最简洁，强化秩序感。色彩要单纯、强烈、醒目。

5. 实用性

标志设计需充分考虑其实现的可行性，针对其应用形式、材料和制作条件采取相应的设计手段。同时还要顾及应用于其他视觉传播方式(如印刷、广告等)或放大、缩小时的视觉效果。标志要适合于在多种载体使用，比如在平面、电视媒介、印刷品、信封、纸袋、帽子、服饰等媒介上使用。

5.3.4 旅游地标志设计的程序

标志设计可以由旅游地管理者向公众征集，利用社会资源获得一个较好的标志。如果是旅游地自己设计或者你自己就是设计者，就需要按照一定的设计理念和程序有计划地进行旅游地标志设计，才能保证设计的效果。

(1) 制定计划。设计者接受设计任务后，设计者必须充分与旅游地管理者或相关人员沟通，了解意图和设计风格定位，对标志的题材、造型、形式和色彩的想法。设计计划安排应包含设计思路，制定工作方案。

(2) 旅游地情况的了解与分析。调查研究是标志设计的基础工作。深入了解旅游地具体情况，体验旅游地意境。调查内容主要是旅游地人脉、地脉及其主要特征，并感受景观环境，了解旅游地发展状况、发展理念、旅游产品及其特色、规模、品位、市场的占有率、知名度、长远规划，确定标志要表达的内容，寻找有形和无形的素材；同时还要了解标志传播区域、群体类型、受众的宗教及政治信仰、风俗习惯；此外还要研究相关旅游地和多种行业标志，防止与其他标志相似，也可以分析其他标志的优缺点，吸取优点，启发灵感。调查中要多观察、多思考，寻找构图素材及设计灵感。

(3) 构思和确定风格。构思的过程是旅游地信息加工阶段，是旅游地信息符号化阶段，是一个创意的过程，是造型效果形成的初级阶段。首先要对标志的风格进行定位。风格定位决定着设计思维的方向，也是取材、构思的依据。如果漫无边际地思考，设计的结果与效果难以契合。标志的风格可根据旅游地特色及旅游地管理者的喜好来确定。例如，可以将标志分别设计成刚健、柔婉、雄浑、隽永、朴拙、灵巧、豪放、含蓄、粗犷、精致、古典、新奇、谨严、潇洒、华丽、朴素、浪漫、朴实、庄重、典雅、幽默、可爱等风格，也可以是混合的风格。然后将调查和收集的所有材料进行整理和归纳，寻找创意的灵感，并经过思维加工。在小小的方寸之地不可能把所有的信息材料都概括进去，素材的收集要全面，一个细节都可能点燃设计者创意的火花，也许是旅游要素的外形、功能，也许是地理环境、远景规划等都可能触发设计者的灵感。灵感不是凭空产生的，是学识、经验和反复思考的结晶，主要来自：①多种知识积累，包括美学、艺术学、语言学、符号学、营销学、传播学、书法、绘画等多方面的相关知识的积累；②精熟标志技法，技法不熟就很难有好的创意；③活跃的形象思维和抽象思维；④具备丰富的标志艺术实践经验。

(4) 绘制初稿。初稿是把构思的结果落实到纸上。初稿阶段最好能用具象表现、抽象表现、文字表现、综合表现等手法画出多种草图，然后筛选、加工，不宜被框在某一种表现技法之中。心中的意象可能与草图有较大的距离，只有变成草图才能比较实在，看出效果。因此在草图阶段可以用手绘制也可以用电脑绘制，不过手绘的线是有情感的，而电脑绘草图往往会很呆板，具有不同的韵味。

(5) 修改加工。完成初稿后，应当从多个初稿方案中筛选出几个比较满意的方案。然后广泛征求意见，除了征求委托方和同行的意见外，还可以征求受众的意见，并做进一步的调整和完善。从图形的总体效果、黑白关系、比例、线条疏密关系等方面反复斟酌、修改、比较，最后确定1～2个最佳方案，再对照设计原则确定最终方案。

在黑白图形都已定稿后可以设计色彩。标志可以是单色，也可以多色。但是一般不宜超过三色。标志的色彩应当与旅游地标准色一致，关键是主色调要一致。采用多色方案时，要注意单色亮度对比的关系，使标志图形清晰、鲜明，有视觉冲击力。要运用好色彩的联想性、象征性和表情性。

(6) 修饰定稿。过去正稿制作都是采用手工绘制。现今电脑已经成为设计的辅助工具，标志设计的正稿制作均用电脑来完成，它的优点在于比手工精确、易于修改。标志设计完成后，还要仔细端详、品味，必要时可对标志图形作局部微调，即可定稿。

5.3.5 旅游地标志的构成方法

标志的设计具体技法很多，例如反复、对比、和谐、渐变、突破、对称、均衡、反衬、借用、重叠、镶嵌、变异、幻视、连接、折带、装饰、具象、抽象、立体、汉字等。但是从标志的构成语素来看有两种，即文字和图形。其中图形又分为具象图形和抽象图形。它们可以单独运用，但是大多是将两者融合在一起，图形即文字，文字即图形，因为这样可以为标志增加信息量，也易于明确语义。有时色彩也用于标志设计，但是不宜作为主要构成要素，因为在很多场合使用标志时不便于使用色彩。

1. 用文字元素构成

有形的事物可以用图形来表示，但是世间很多事物是无形的，尤其是抽象的概念很难用图形来表示，而文字的表意功能比图像强，适合于表达各种事物，同时比较简洁。在实践中经常直接使用一定造型的文字来构成标志，经常用文字和造型元素相结合来共同构成标志。汉字字体多样，形态丰富，结构复杂，是世界上唯一尚存的表意文字，意味着单个汉字就能表达语意，而西文的一个字母表达不了一种意思，因此汉字在标志设计中具有很高的应用价值。我国标志中利用文字来表达主要采用以下几种方式：直接使用文字全称，用词语的简称，用英文单词首字母，用汉语拼音首字母。标志中的字体选择空间较大，篆书、隶书、楷书、行书、草书及现代美术字均可使用。字体风格应尽量与所表达的内容相协调。例如，山岳风光、中国西北风光旅游地宜选用魏碑、颜体等朴实、浑厚粗重的字体；江南山水、水域风光旅游地适宜选用欧体、隶书、行书、草书等流动、隽秀的字体；历史遗迹旅游地宜采用与相应时代一致的字体，如秦代以前遗址旅游地可用篆书，汉代遗址旅游地用隶书。纯汉字徽标的应做到其可识性、艺术性，达到完美的结合和统一。标志中汉字的配合有汉字与汉字、汉字与图形、汉字与拼音以及汉字、图形、拼音三者配合，配合时要注意主从关系(图 5.6)。

图 5.6 旅游标志示例(图形与文字融合)

应用实例

神农架旅游标志(图 5.6)设计说明：徽标设计以“神农架——中国最神奇的地方”为

思想出发点，以汉字“神”、“野人”造型、巍峨山峰为构成元素，“神”代表神农架，重点突出它是中国最神奇的地方，神山、神水、神云、神奇的故事传说。徽标右边构造似书法笔迹“中”，又似汉字“申”，进一步凸显了神农架是中国最神奇的地方的主题，神农架的自然资源是中国的骄傲，世界的光点。“中”字中间部分正好是左边人形的延伸，又似人的怀抱和手掌，说明我们在亲近大自然、拥抱大自然时，更要珍惜她，爱护她。徽标的颜色为山水绿色渐变，自然清新，鲜艳夺目，又如一颗明珠，体现了吉祥与自豪，骄傲和祝福。

（资料来源：http：//www. logozj. com/html/LOGOhanyi/20091202/3740. html）

从这个设计案例中你可以学到标志是如何利用各种图形和文字来传达某些信息的。

2. 用图形元素构成

1）用具象图形元素构成

具象图形指具有具体事物形态特征的图形。具象图形比较形象直观，便于理解和记忆，在标志中经常运用。客观世界的各种物象为具象标志设计提供了丰富的素材，例如山水、云霞、雨雪、物体天体、建筑、人物、鸟兽、鱼、虫、花、果、草、木等，均是具象标志的素材。作为标志元素来使用时，往往需要经过处理，并不是照搬原有的形态。这就要求把自然界中物象的形态特征、结构规律进行艺术加工，通过去粗取精，在自然形态的基础上，把自然改造得更美，并符合标志造型的需要。艺术加工的手法包括以下几种：变形——抓住物象的特征，根据构图要求，运用点、线、面等概括的变形，变形有扩大、缩小、伸长、缩短、加粗、变细等多种加工技法；夸张——在自然的基础上，用形象夸大来强调对象的主要特征，突出对象的形态和神态，使被表现的对象更加典型化和艺术化；省略——抓住物体形态主要特征，提炼概括，取其精华，省略次要的部分，使形态更加单纯和典型化；添加——根据造型要求，使省略、夸张过的形态又变得丰富，是对原形态的加工美化(图 5.7)。

图 5.7　旅游标志示例(具象图形为主，结合文字)

具象图形还可以用于象征抽象的事物。长城用于象征中国，迎客松可以象征安徽旅游。具象图形寓意法还可以用以寄托本意，即把理想和美好的愿望，寓意于一定的具体形象之中。不同国家由于文化背景不同，同一个图形所象征的意义可能会不同。中国民间有许多固定的寓意做法，如用蝙蝠寓意“幸福”，用桃子寓意“长寿”，用天鹅寓意“高洁”。

知识链接

中国旅游业的图形标志设计背景资料

中国国家旅游局经过多种方案的比较和研究，于1985年确定选用“马超龙雀”作为中国旅游业的图形标志。选用“马超龙雀”为中国旅游业的图形标志，直接原因是由于在美国展出时，铜奔马跃上巨幅海报成为文物展宣传的标志图形，故评选中国旅游标志时，在数以千计的珍贵文物中，它一举夺魁。选择“马超龙雀”作为中国旅游业的图形标志，其寓意为：①天马行空，逸兴腾飞，无所羁缚，象征前程似锦的中国旅游业；②马是古今旅游的重要工具，奋进的象征，旅游者可以在中国尽兴旅游；③“马超龙雀”青铜制品，象征着中国数千年光辉灿烂的文化历史，显示文明古国的伟大形象，吸引全世界的旅游者。

“马超龙雀”是1969年在甘肃武威出土的东汉(公元25年～220年)时期的一件青铜制品，高34.5cm，长45cm，现收藏在甘肃省博物馆。这件文物集我国当时绘画、雕刻、冶炼铸造艺术于一体，是件国宝。铜马头短颈长，筋骨刚健，四肢修长，昂首扬尾，四蹄腾空，体态飘逸，它没有辔头、绳索，不受任何束缚，自由、奔放、轻盈、潇洒。由于在右后蹄下踏着一只展翅飞翔的燕子，所以起初名为“马踏飞燕”，后经历史学家考证，东汉张衡的《东京赋》云：“龙雀蟠蜿，天马半汉。”《后汉书》也有“明帝至长安，迎婴飞廉并铜马”的记载，故正名曰：“马超龙雀”，简称“天马”。

(资料来源：http：//www.luomantour.com/hot_view.php？id=190)

2）用抽象图形元素构成

抽象图形是对于具象图形而言，是指从具体事物中抽取出来的相对独立的各个方面、属性关系等。在作品上用几何形体、抽象线条和色彩来构成。按照图形的抽象程度可以分为半抽象图形和纯抽象图形。抽象图案简洁、鲜明、严谨，可以传达特定的信息，表达深远的意境，引起心理和逻辑上的联想，在现代标志中应用广泛。

运用几何形能直接或间接地表达旅游地信息，能给人以联想和回味。抽象图形有两种，即从具体事物抽象而来的图形和纯粹的抽象图形。抽象是以具象为基础，并把具象提升到超脱于自然现象之外的几何形体，抽象形态虽然没有具象形态直观、明确，但是，具有含蓄性、强烈的时代感和特殊的艺术效果(图5.8)。

图5.8　旅游标志示例(抽象图形为主，结合文字)

3. 用色彩来构成

色彩具有表情性、联想性及象征性，可以利用它们来传达旅游地的一些信息。例如，我们可以利用色彩色相、亮度、纯度来表达轻重感、明快与阴郁感、兴奋与庄重感、华丽与质朴感。还可以利用色彩的象征性来表达某种含义，例如，利用红色来表示红色旅游。为了使标志具有视觉冲击力，一般应当选择厚重的色彩，色彩数量不宜多，正常情况下以1～3种色彩为宜。

5.3.6 旅游地标志设计中应当注意的问题与禁忌

旅游地标志设计必须符合商标法的规定，并且要注意防止违反某些禁忌。

1. 我国商标法的有关规定

我国规定下列标志不得作为商标使用(根据2001年10月27日第九届全国人民代表大会常务委员会第二十四次会议《关于修改〈中华人民共和国商标法〉的决定》第二次修正)。

(1) 同中华人民共和国的国家名称、国旗、国徽、军旗、勋章相同或者近似的，以及同中央国家机关所在地特定地点的名称或者标志性建筑物的名称、图形相同的。

(2) 同外国的国家名称、国旗、国徽、军旗相同或者近似的，但该国政府同意的除外。

(3) 同政府间国际组织的名称、旗帜、徽记相同或者近似的，但经该组织同意或者不易误导公众的除外。

(4) 与表明实施控制、予以保证的官方标志、检验印记相同或者近似的，但经授权的除外。

(5) 同“红十字”、“红新月”的名称、标志相同或者近似的。

(6) 带有民族歧视性的。

(7) 夸大宣传并带有欺骗性的。

(8) 有害于社会主义道德风尚或者有其他不良影响的。

(9) 县级以上行政区划的地名或者公众知晓的外国地名，不得作为商标。但是，地名具有其他含义或者作为集体商标、证明商标组成部分的除外，已经注册的使用地名的商标继续有效。

2. 标志素材运用中应当注意的禁忌

因为文化背景的不同，每个国家(民族)都有自己吉祥的图案，也有忌讳使用的图案，此外还有一些国际上的图形应用习惯，在设计中应当尽可能避免运用不恰当的图形。例如，国际上将三角形常作为危险、警告标记；法国人忌用仙鹤作标志图形，但在我国用于象征吉祥如意、高雅飘逸、长寿，在日本同样受欢迎，如日本航空公司的标志，就是一个红色的仙鹤；日本人忌用荷花作标志图形，原因是日本人把荷花作为葬礼专用的花；现代中国人忌用龟作图形设计，认为“龟”含有贬义；中国人视猫头鹰为不祥之鸟，而在西方国家却把它当作智慧的象征；美国人忌用珍贵动物作商标图形，这会招致野生动物保护协会的抗议和抵制，同时也不喜欢把不熟悉的古代神话人物用在标志图形中。

此外，在标志中还有应注意避免出现英文缩写字母组合：AD(在英国、美国工厂里意为工伤、死亡)、NE(无存款、可信度不高)、NL(净亏损)、TB(肺结核病人)、WAF(不保证商品没毛病)。

即学即用

在互联网上搜寻有关征集旅游地徽标的公告函，尝试为某旅游地设计徽标，参与竞标，展示你的学识和设计才华。

5.4 旅游地标准色设计

导入案例

我们大家最熟悉不过的标准色运用要数邮政局所采用的墨绿色底黄色字色彩系统。墨绿色是中国邮政局的主色，在门牌、运输工具、职工服装的用色上都统一采用墨绿色。我们在任何地方看到这种用色，就会认为是邮政部门的，甚至假如有其他部门也用这种色彩搭配，你也会误以为是邮政部门的。通过这个案例，我们便可以理解标准色在快速识别某个对象时所能产生的作用，同时也就领悟了旅游地标准色设计的意义了。

色彩也能用于传达旅游地形象信息，可成为表征旅游地的视觉符号。旅游地标准色与企业视觉识别(VI)符号中的标准色一样，都能成为识别旅游地的要素，传达旅游地形象信息的工具。旅游地标准色设计是指对旅游地宣传品中使用频率很高的视觉图像或文字的色彩进行设计的行为或过程。在各种宣传中对所用的色彩进行规范，即标准化，其包括背景色、线条色、标志、文字等色彩等。统一的目的就是反复使用统一的色彩样式，可以让公众形成牢固的印象，强化标准色与旅游地对应的关系。相反，如果色彩经常换，这个地方一套用色方案，换一个地方又是另一套用色方案，就很容易弄错。试想，如果一个人经常换名字，就很容易搞错。它的传播功能与徽标一样。不过色彩并非什么场合都能发挥作用，如果在无法使用色彩的情况下，也就失去了它的存在价值，有关信息就无法传达。而徽标则不同，它主要靠图像来传达信息，即使无法使用色彩的情况下，同样能发挥作用。旅游地形象标准色的设计应当符合色彩心理原理规律。

5.4.1 色彩的表意功能

色彩会对人的心理产生影响，主要源于民族文化的差异，不同色彩赋予了不同的社会文化内涵，每一种色彩都有一定的象征意义。每当人们看到某种色彩，都会产生一系列联想。这些联想总是在不知不觉中发生，左右我们的情绪，即所谓的触景生情。色彩的心理效应，发生在不同层次中，有些是直接的刺激，有些要通过间接的联想发生作用，更高层次则涉及人的观念、信仰。对于设计者来说，无论哪一层次的作用都不能忽视。

1. 色彩的联想性

色彩的直接性心理效应来自色彩的物理光刺激对人的生理发生的直接影响。心理学家对此曾作过许多实验。他们发现，在红色环境中，人的脉搏会加快，血压有所升高，情绪兴奋冲动；而处在蓝色环境中，脉搏会减缓，情绪也较沉静。心理学家研究表明，色彩对人心理的影响确实存在。

冷色与暖色是依据心理错觉对色彩的物理性分类，对于颜色的物质性印象，大致由冷暖两个色系产生。波长长的红光和橙、黄色光具有温暖感，以此光照射到的物体都会有温暖感。相反，波长短的紫色光、蓝色光、绿色光有寒冷的感觉。这种冷暖感觉，并非来自物理上的真实温度，而是与视觉经验与联想有关。联想可分为两种形式：①具体联想，即由看到的色彩联想到具体的事物。例如，看到红色，联想到太阳、火焰、鲜花、红旗等；看到黑色，联想到黑夜、黑衣服、黑汽车等具体色彩事物。②抽象感受，即由看到的色彩直接地产生抽象的概念。例如，看到红色联想到热情、危险；看到黑色联想到绝望、死亡等抽象的概念。一般说来，儿童多具体联想，成年人多抽象联想(表5-2)。

表5-2 部分色彩的联想与抽象感受效果

色彩	具体联想	抽象感受效果
红色	太阳、火、鲜血	活力、光辉、热情、兴奋、刚强、危险
橙色	秋叶、黄土、柑橘	明亮、热烈、喜悦、堂皇、烦恼、焦燥
黄色	光线、柠檬、油菜花	素雅、欢乐、光明、豪华、忠义、衰败
绿色	森林、树木、草地	青春、温柔、新鲜、生意、和平、复苏
蓝色	天空、水面、大海	镇定、宁静、清雅、纯洁、凄凉、悲伤
紫色	鲜花、葡萄、蔬菜	高贵、庄严、奢华、优雅、阴暗、险恶
白色	雪地、盐、白云	朴素、纯真、高雅、明快、寒冷、衰亡
黑色	黑夜、煤炭、铁	坚固、庄重、沉重、悲哀、恐怖、绝望
灰色	乌云、淤泥、树皮	朴素、沉默、镇定、平淡、空虚、沉闷

除了色相、冷暖以外，色彩的明度与纯度也会引起对色彩物理印象的感觉，如轻重感、软硬感、强弱感、明快阴郁感、兴奋沉静感、华丽质朴感(表5-3)。

表5-3 色彩的心理感受特性

感觉	色彩属性	感觉	色彩属性	感觉
冷暖感	灰、白、绿、青、蓝	冷	红橙黄	暖
轻重感	高明度	轻	低明度	重
软硬感	高明度、中彩度	软	低明度、高彩度、低彩度	硬
强弱感	低明度、高彩度	强	高明度、较低彩度	弱
明快阴郁感	高明度、高彩度、纯色	明快	低明度、低彩度、黑色	阴郁
兴奋沉静感	高彩度、高明度、红色	兴奋	低彩度、低明度、青色	沉静
华丽质朴感	高明度、高彩度	华丽	低明度、低彩度	质朴

2. 色彩的表情性

色彩本是没有情感的，它只是一种物理现象，但是观察色彩的人会移情于它，这是因为人们长期生活在一个色彩的世界中、积累着许多视觉经验，使色彩与经验之间形成了一定的社会约定性。这种感觉对于人类来说有共性之处，也有民族或地区差异。一定文化背景的人，一旦受外来色彩刺激，会下意识地引起心理反应，例如，草绿色与黄色或粉红色搭配，让人联想到一片绿色的草坪上盛开着黄色、粉红色的鲜花，并产生一种欢快、生机勃勃的情感。这说明色彩能够表达情感。色彩的表情大多是通过构成来表达的，有的色彩构成显得华丽，五彩斑斓，耀眼夺目；有的构成显得朴实无华，含蓄、稳重。运用什么样的色彩才能表达所需要的感情，完全依赖于自己的感觉、经验想象力及审美鉴赏力，没有固定的模式（表5-2）。

3. 色彩的象征性

色彩能深刻地表达人的观念和信仰，即色彩的象征性。在西方葬礼上用黑色倾诉着对死者的哀悼；在中国人的葬礼上用白色超度死者的亡灵。黄色就像佛的智慧一样光辉博大；青黑色则是那样的理智、冷漠、空无，像永恒的宇宙深奥无垠。在中国黄色象征着皇权，红色象征着革命。人类自古就懂得使用色彩来表达某种象征性的意义。在今天的世界里，各民族都拥有自己象征性的色彩语言体系。象征性的色彩是各民族在不同历史、不同地理及不同文化背景下的产物，既有共性又有个性，构成了人类文明的一部分内容。由于历史文化背景不同，不同民族(地区)对色彩的好恶有所不同。如宗教信仰，审美观念，赋予了色彩的社会约定性内涵；历史文化等方面的不同导致对色彩的喜好有一定的差异（表5-4)。这种现象对旅游地色彩标准色的设计有重要参考价值。

表5-4　部分国家(地区)的人对色彩喜好

洲名	国家(地区)	喜好色彩	忌讳色彩
亚洲	中国	红、黄、绿	黑、白
	日本	柔和色调，红、白、金、银、紫、红白相间	绿、黑、深灰、黑白相间
	印度	绿、橙、红、黄、蓝、鲜艳色	黑、白、淡色
	叙利亚	青蓝、绿、白、红	黄
	沙特阿拉伯(伊斯兰教地区)	绿、深蓝与红相间	粉红、紫、黄
欧洲	英国	蓝、金黄	红
	法国	鲜艳色，灰，女孩爱粉色，男孩爱蓝色	墨绿
	意大利	浅红、绿、茶蓝、黑、鲜艳色、金黑相间	紫茶红、深蓝
	保加利亚	绿(较沉着的)	鲜明色
	北欧诸国	白、红、绿、蓝、鲜艳色	
美洲	美国	鲜艳色	紫色
	加拿大	素净色	
	阿根廷	黄、绿、红	黑、紫黑相间
	巴西		浅黄、暗茶、紫色
	委内瑞拉	黄	红、绿、茶、白、黑
	古巴	鲜明色	

续表

洲名	国家(地区)	喜好色彩	忌讳色彩
非洲	埃及	绿、红、青绿、浅蓝、鲜艳色	深蓝、蓝
	摩洛哥	绿、红、青绿、浅蓝、鲜艳色	深蓝、蓝
	突尼斯	红、绿、黑、鲜艳色	白
	埃塞俄比亚	鲜明色	黑
	南非	红、白、蓝	
	东非	白、粉红、水色、天蓝	
	西非	红、绿蓝、藏蓝、黑	

4. 不同色彩的审美风格

任何色彩构成会显示出一定格调。标准色色彩构成和其他色彩构成一样，需要有高雅的格调。格调指人的风度、仪态、风范，或艺术品的风貌。格调高雅是中国绘画、书法、文学、音乐等艺术追求的目标。对于“雅”的解释，最早出现在《诗·大序》：“雅者，正也，言王政之所由废兴也。政有小大，故有小雅焉，有大雅焉。”高雅为高尚雅致，与低俗相对。高雅也是感知对象具有的能给予人良好感觉的一种属性，看得见却摸不着，似无却有。高雅也是一种神采美，如果色彩设计能够获得一种高雅的神采，也是求之不得的。中国人自古就有崇尚高雅的文化传统，以文人雅士为贵，审美对象有高雅的气质，以便陶冶自己的情操。旅游地标准色在传达形象信息的同时，色彩构成也表现出一种格调。艺术品有雅与俗之分，高雅的旅游地徽标、标准色设计，可以为形象增色。设计作品的形象应当体现出正人君子、文人雅士、仙风道骨之潇洒气质和神采。作品的格调取决于作者的鉴赏力，设计者要学会观察、体验，真正理解什么样的色彩高雅，什么样的色彩低俗。俗气，有庸俗气和粗俗气之分。庸俗气指的是浅薄，不高雅，装腔作势，想讨人的喜欢，却适得其反。在色彩构成方面造成的不良效果，主要因为色彩运用不当，色相多而浮艳、花哨、嫩弱，加上不会调和。粗俗气指的是缺少文人雅士之风度。在色彩构成方面不符合色彩构成规律，无节制、火气大、杂乱，令人看了烦躁。应该知道色彩并非越多越美，多色彩的构成未必比单色构成美，关键在于搭配；色彩也不是越鲜艳越美，低纯度色彩总比高纯度高雅，比如黑、白、灰都被人看成高雅色，而过多地运用高纯度的色彩反而很容易使色彩设计格调庸俗化。

标准色格调取决于色彩三要素的运用。如果加大色彩三属性对比，丰富多彩，可以获得气韵生动画面。在色彩三属性中应当特别注意色相与明度对比。高长调色彩构成的画面具有反差大、对比强，画面形象清晰度高，画面明亮、轻柔、清晰而强烈的视觉效果；中长调色彩构成的画面具有色彩丰富、充实、有力的视觉效果；色相对比强构成的画面具有色相鲜明，色彩显得饱满、丰富而厚实，容易达到强烈、兴奋、明快的视觉效果；补色色相构成的画面具有色感饱满、活跃、生动、华丽的视觉效果；纯度差大的色彩构成具有华丽而刺激或朴素而沉静的视觉效果。例如，三亚旅游形象标识在色彩构成效果上给人以丰赡感、协调感、韵律感；山东旅游形象标识也属于色彩丰富的搭配，跳跃式的色彩搭配给人以活泼、热情、童真的感受(图 5.9)。

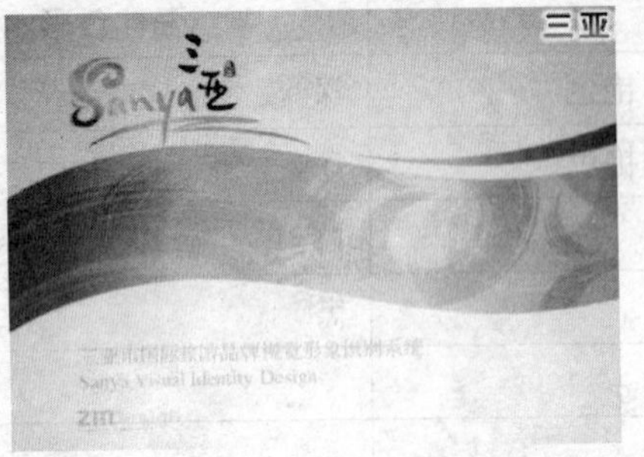

图 5.9　旅游地标准色示例

5.4.2　旅游地标准色设计原则

色彩是一种先声夺人的视觉要素，在传达信息内容中发挥着重要作用，最容易给公众留下深刻印象，因而，不可忽视它在传播旅游地形象中的作用。旅游地标准色设计应当体现以下原则。

(1) 传达性。用标准色来传达旅游地信息主要从两方面考虑：一方面要抓住旅游地特色。旅游地形象主要元素的色彩，设计时可采用其类似色以便于受众联想的形成，也可以用象征色来传达某种信息，如红色旅游地用红色来象征。另一方面，充分利用色彩语言的表意功能来传达旅游地形象特征，色彩方案要能引起人的丰富联想和想象，要有注目性、易记性。

(2) 艺术性。色彩构成是一种艺术，美的色彩构成让人爱看，在传达美感的同时，也传达了想要传达的旅游地信息，色彩构成的风格体现出一定的品位，暗示着旅游地的品位。

(3) 独创性。为了在传播中引人注目，必须充分展示与众不同的色彩构成，以达到更好的传播效果，便于公众识别。

(4) 国际性。旅游地标准色必须考虑不同国家对色彩的感受心理，尤其具有世界意义的旅游地要做到旅游地标准色的合理调配。虽然不能兼顾每一个国家，至少应考虑主要客源国的用色习惯。

(5) 便于制作。色彩构成方案在制作中技术难度、材质选择、制作成本等方面的，例如太复杂的色彩就会增加实施的难度，在设计时，应当考虑到这个问题。

5.4.3　旅游地标准色设计过程与方法

旅游地标准色设计应当按照一定的程序与方法进行，以便达到理想的设计效果。

(1) 相关情况调查分析。旅游地标准色设计中，需要对以下情况作调查和分析：本地各种具有代表性的自然和人文事物的色彩特点；其他旅游地或企业标准色的使用情况；不同民族用色习惯及忌讳色彩。在此基础上才能更好地设计旅游地标准色。

(2) 风格定位。标准色的设计应当表达旅游地中物象的特征或象征理念、旅游地发展战略。根据以上调研结果、旅游地特色及发展战略，进行风格定位。例如，积极、温暖

(如红色，高纯度)，和谐、温情(如暖色)，明快、轻盈(如黄色，高纯度)，发展、和平、清新(如绿色)，诚信、理智(如蓝色)，高贵、神秘(如紫色)，庄重、古典、高雅(如黑色)，高洁、神圣(如白色)，高雅、谦和(如灰色)。

(3) 制作色彩方案。在定位基础上，根据旅游地标准色设计原则，设计色彩系统，最好制作多个色彩样本，便于进行比较，并征求有关专家、旅游地管理者的意见，最终确定一个较好的旅游地标准色色彩设计方案。

(4) 色彩定稿及规范制定。在初稿的基础上，根据所征求到的意见，选定最佳方案，并修改定稿。因为标准色方案在应用过程中，因各种客观因素影响，很容易造成偏色。因此，在定稿后，应当对配色方案作具体说明，对每一种色彩作定量描述，如蓝色描述为R0、G0、B255。这样才不至于在制作时造成偏色而影响总体效果。

即学即用

根据标准色设计理论，尝试为某旅游地设计标准色。

5.5 旅游地标准字体设计

旅游地标准字体是指在旅游地对外宣传中必须统一使用的字体，因此被称为标准字体。旅游地标准字体设计是指对旅游地名称、旅游地标志名称等使用频率很高的文字的字体进行设计的行为或过程。标准字体是指经过设计的专用以表现旅游地名称或品牌的字体。故标准字体设计包括旅游地名称、形象描述语言等经常使用的文字的标准字体设计。

5.5.1 旅游地采用标准字体的意义

旅游地标准字体与企业视觉识别符号中的标准字体一样，是公众识别旅游地的要素，是传达旅游地形象信息的工具。旅游地名称等文字采用专用的统一字体，其意义在于方便公众识别和记忆。旅游地名称必须要采用统一标准字体，用同样字体不断刺激人的视觉，为的是要让公众对旅游地形成统一印象，不至于产生歧义，有利于形成深刻印象，有利于提高传播效果。标准字体是旅游地名称等字体的视觉形式，类似于标志的作用，一旦所采用的字体被公众所认知，就会成为他们视觉识别旅游地的标志。标准字体是旅游地形象识别系统中基本要素之一，常与标志联系在一起，与听觉同步传递信息，多通道刺激公众感觉系统，强化公众对旅游地的记忆效果，其与标志具有同等重要性。如果旅游地名称字体统一采用同一种字体，无论是大门，还是标志、广告上都采用，非常有利于识别，不会造成误解。

与普通印刷字体相比，如果采用精心设计的标准字体有着特殊的意义，除了外观造型不同外，更重要的是它是根据旅游地的特色而设计的，字的形态、风格具有很强的个性，而且更有意味，更具特色，可防止旅游地字体成趋同，则更有利于识别。有时也可以直接用文字来作为标志使用。

选择适当的字体，还可增加旅游地的文化内涵和提高旅游地的文化品位。例如，采用外国文字可以让人感到一种“洋味”，采用中国字还可以让人感受到浓郁的中国文化味。此外，选用高品位的字体可以从外观上给人以高品位之感。

5.5.2 常用汉字字体的特点

文字是记录语言的符号。人类有了文字，就能使语言超越时间和空间的限制，作为交流思想和表情达意的工具。世界上各民族的文字概括起来有三大类型，即表形文字(图画文字)、表意文字(字体表示语言中的词或词素)和表音文字(拼音文字)。不同民族的文字在造型方法上相差很大，字体风格分类也不尽相同，必须分别研究。汉字是典型的在表形文字基础上发展起来的表意文字，在结构上具有复杂性、多样性，有利于在造型和风格上进行变化，对旅游地标准字体个性化设计十分有利。

1. 汉字字体的演变

汉字的书写体，一般分为篆、隶、真、行、草五体。篆书体系有甲骨文、钟鼎文、石鼓文、小篆等体；隶书体系有隶、分之别，有碑版与简牍之异；草书体系有章草、今草(小草、大草)之分；楷书体系有唐、魏之别；行书风格更加多样(图 5.10)。

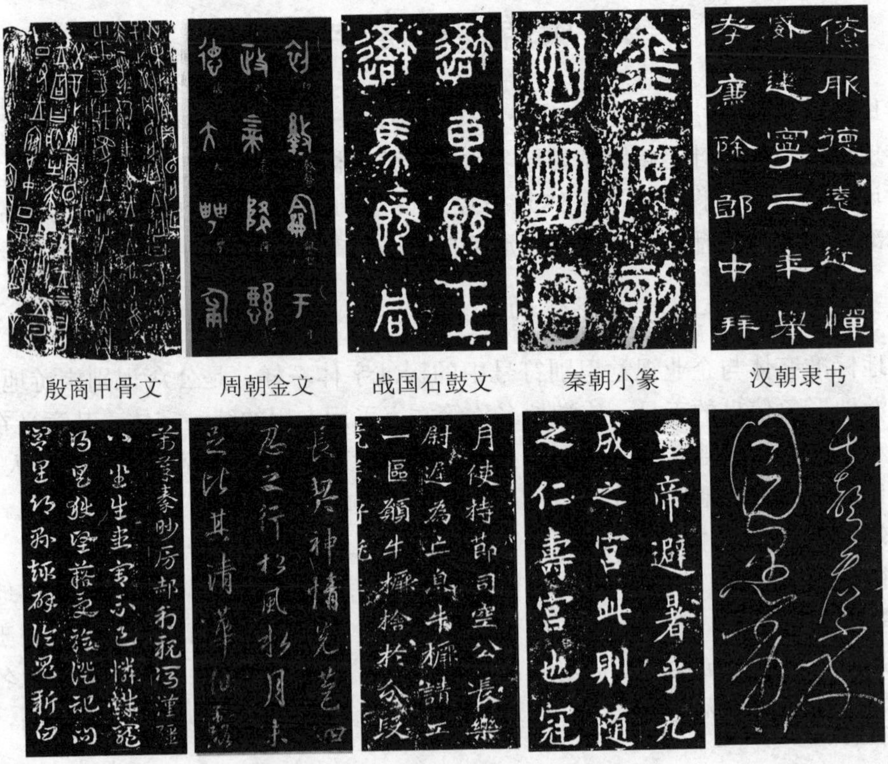

殷商甲骨文　周朝金文　战国石鼓文　秦朝小篆　汉朝隶书

汉朝章草　东晋行书　南北朝魏碑　唐朝楷书　唐朝今草

图 5.10　不同历史时期的汉字

殷商时期使用的文字称为甲骨文，是刻在龟甲和兽骨上的卜辞文字。周代的文字称为金文，是铸或刻在青铜器上的铭文，以礼器的鼎和乐器的钟上最多，所以又叫钟鼎文。石鼓文是周秦时刻在十块鼓形石上的文字，是中国现存最早的刻石文字，大篆的代表。

秦统一中国后，对殷商周以来的古文字进行了整理，将文字进一步简化、规范化，并废除了大量区域性的异体字，统一使用小篆字体——汉字的第一次规范化的字体。

隶书是由篆体简化演变而来的。人们为了书写的快速简捷，变篆书圆转的笔划为方折的笔划，并变纵势为横势，结构与形态上也更为抽象化。隶书起源于秦，在东汉时期达到顶峰，故书论中有“隶宗秦汉”之说。

楷书是由隶书的草写速成过程中演变而来的，始于汉末，魏晋以后广泛流行，到唐代发展成熟，有“楷法晋唐”之说。楷书完全是由点线所构成的符号，形体方正，笔划平直，汉字的方体由此定型，至今有着一千多年的历史。

草书分为章草和今草。草书是始于汉代，由汉至唐是一个极盛的时期。章草是今草的前身，是一种快速书写的隶书。今草又分为大草和小草。字与字之间连笔较多的称狂草，也称大草。字与字之间不连的草书则称为小草。

行书是介于草书和楷书之间的一种字体，接近于楷书的称为行楷，接近于草书的称为行草。行书兼有楷书字形易识之长，又兼草书书写快捷之长，还能抒发作者的情感，所以比楷书的实用性更强。

文字有书、刻、印 3 种制作方式，不同的制作方式影响着字形的变化。文字的书写，由最初的图画线条的刻划开始，到用毛笔书写，再到后来由于刻板印刷技术的出现，便产生了印刷字体。印刷术被称为“文明之母”，公元 11 世纪北宋的毕昇发明了活字印刷术，用雕刻刀刻字对汉字的基本笔画和形体演变产生了重要影响，在楷书字体的基础上，设计了一种横轻竖重、阅读醒目、棱角分明、更加方体化的字体，这就是相对于书写体而言的宋体。

汉字字体是由笔划结体而构成的形体。由于几种基本笔划及结体特点不同产生了各种不同风格的字体，因此，书写时，要先研究基本笔划。汉字的基本笔画不外乎 8 种，即“永字八法”的点、横、竖、撇、捺、挑、折、钩。由这 8 种笔画不同的长短、方向、位置的组合产生一系列不同偏旁，再由不同的偏旁按不同部位的组合，构成方体字。文字的书写还要掌握字体的结构规律和风格特点，笔划间相互穿插配合、向背俯仰、匀称适度，字与字相互排列疏密得当，富有节奏韵律感。分清主笔与次笔，虚实相生，通篇要能一气贯通，方能取得好的效果。形象设计者至少应对传统的书法艺术有一定的了解，学会欣赏，若能参与书法艺术实践，则更有利于提高自身的艺术修养。同时，书法的字体与笔画也是标志设计的很好造型素材。

2. 常用汉字字体的特点

在我国，书法字体应用很广，如书写楹联、标题、刻印，以及美术设计中的招牌、封面、广告、包装等，它体现了我国特有的民族文化特色。汉字字体分为书写体和印刷体两大类。

1）书写体的特点

汉字的书写已成为世界各民族文字中唯一以文字书写作为艺术门类的书法艺术，也就意味着，汉字不仅具有实用价值、文化价值，还具有较高的审美价值。大篆高古典雅，圆浑厚朴；小篆匀圆齐整，婉转流畅；隶书端庄古雅；楷书方正秀丽；行书活泼流畅；草书笔势连绵回绕，飞动流转。汉字书法可用于抒发性情，因此，汉字不仅因为字体不同具有风格的不同，而且同一种字体可以因书写者的性格、修养的不同而形成多种风格，同时还有品位高低之别。

2）现代印刷字体与美术字体

在各种设计中不仅使用书法字体，而且使用经过规范化的印刷字体以及美术字体。常用汉字字体涉及极宽的历史跨度，归纳起来可以分为三大类：宋体、黑体及其变体与手书体(图 5.11)。

宋体及其变体　粗宋　老宋　中宋　报宋　仿宋　长宋　姚体

黑体及其变体　特黑　粗黑　黑体　细黑　中等线　细等线
粗圆　中圆　细圆　综艺体　琥珀　彩云　水柱

手写体　新魏体　楷体　隶书　行楷　舒同体　启功体

图 5.11　现代印刷字体

宋体在印刷中作为活字使用历史最为悠久，是对老宋体、粗细宋体、斜宋体、仿宋体等字体的总称，是在北宋雕版字体的基础上发展而来的，在印刷字体中历史最长。粗宋体的风格端庄典雅，一般用于书名和其他印刷物的标题，它的特点是字形方正，刚柔相济，横细竖粗，笔划的右端和字的收笔有锐角呈三角形，钩的收笔处像半圆，宋体分粗宋体、细宋体。老宋源自北宋刻书字体，历史最悠久的印刷字体，字形方正典雅，严肃大方，这一字体在日本常称为明朝体。仿宋模仿宋版书字体，介于宋体与楷书之间的一种书体，字形略长，稍昂右，笔划粗细均匀，多数笔画起讫处有顿挫，运笔有回、有转、有折，有手写字体的笔意，起笔稍露锋，字体虽不及老宋强健，但字形挺拔秀丽、素雅、有品位，在日本常称之为宋朝体，现代印刷仿宋体是 20 世纪初创造的。长宋是结合老宋和仿宋字体的特点而成，不论字形、笔画均介于两者之间，兼有两者特点。

黑体字笔划粗壮，粗细一致，方头方尾，横平竖直，朴实无华，结构严谨，浑厚有力；因其厚重粗犷而醒目，故常用作标题、警句等特别重要的内容。由黑体变化而来的字体还有多种，粗黑、细黑、圆角字、综艺体、琥珀、彩云、水柱等字体。长美黑体是我国 20 世纪 50 年代创制的，它吸收了黑体、宋体某些特征，厚重饱满，其主要笔划平头齐尾，而点、捺、撇、提的笔画形态与横细竖粗的特征又融入了宋体字的变化，字体外形呈长方形，庄重醒口，新颖大方。圆角体字面较大，结构平稳、方正饱满，笔画柔和，布白均匀，横竖笔画粗细基本一致，起落笔及拐角均是圆形，圆角体又分为细圆、中圆和粗圆，它们笔法和结构特点相同，只是笔画粗细不同。等线体与黑体相近，横竖笔画粗细比较接近，笔画纤细娟秀，粗细匀称，结构轻巧，整齐端正，布白均匀，等线体又分为细等线、中等线和粗等线。综艺体笔画较粗，横平竖直，笔画带有装饰性，笔画在方与圆之间变化，不失规矩，字体活泼严谨、粗壮雄峻，艺术性颇强。琥珀体笔画有些相叠，重叠处用白线勾勒清楚，壮实醒目之中见清晰雅致与饱满晶莹。彩云体是以同一粗细线条勾勒的轮廓字，笔画的中间留出空白，似一朵朵浮云，其基本笔画和结体与琥珀体相同。

用于印刷活字的手书字体保留了手写体的特性，仿佛手写出来的一样，有自然流畅的感觉。楷体由手书楷书高度规范化而成，接近手写体，笔画圆润流畅；隶书是由汉碑规范化而成，笔法挺劲、秀美、庄重、活泼大方，字形呈扁形，留有书写的痕迹；新魏体是近二三十年间开始流行的印刷字体，根据魏碑字体的笔画和结构特征经规范化而成，字形美观，富于节奏，活泼而又不失庄重，但是由于经过标准化，其特性与楷体、宋体等印刷字体相近，缺少人情味，行楷是设计中的常用字体，它是根据行书的笔法经规范化写成，具有行书的活泼、动感，还有舒同体、启功体属于行楷字体，其效果如同书家亲笔所书。并非所有书法家都处在同一层次，也有品位高低之别。

5.5.3 旅游地标准字体设计的原则

标准字体设计在传达信息内容中发挥着重要作用，字体运用关系到传达的效果，为了实现设计目标，需要遵循以下设计原则。

(1) 传达性。

旅游地标准字体是旅游地形象信息的载体，也能在一定程度上反映旅游地特色、品位及发展理念，因此标准字体的设计要能够在一定程度上传达这些信息。

(2) 易识性。旅游地标准字体要易于辨识，不能造成信息传达障碍。主要体现在4个方面：一是要选用公众看得懂的字体；二是要避免与其他旅游地字体相似；三是字体的结构、线条要明晰，放大缩小都清楚；四是国际性旅游地应当含有中英文字体，通用于国外。

(3) 审美性。旅游地标准字体不但要有形式美，还要有美感、有意味、有情调，每一种字体都会显示出一种气质、意蕴。在字体选择或设计中应当注意观察其特性。

(4) 创新性。创新是设计的灵魂。只有创新的字体才能体现个性，以区别于其他旅游地字体。

(5) 文化性。文字是文化的符号，文字可用来象征地方文化。在字体设计和选择时应当充分发挥文字的这种作用。

5.5.4 旅游地特色与字体设计或选择

中国历史悠久，文字发展经历了三千多年，不仅字体几经变化，形成了篆、隶、真、行、草等多种字体，而且每一种字体因书写者的个性不同又形成多种书写风格，其文化内涵十分丰富。书法是中国文化的符号，是中国文化的精英，代表了最高的艺术。如果我国的旅游地名称使用书法字体有助于提高旅游地的文化内涵。用印刷字体虽然不失端庄，但是会给人刻板、严肃之感，缺少人情味和文化内涵。它与企业形象字体设计与选择的意义有很大不同，企业与产品名称字体只要能体现内涵与个性即可，但是旅游地名称字体还要能体现较强的文化内涵。旅游地大门的题字要与标志及旅游商品字体，宣传品的字体一致。

1. 以字体反映旅游地类型特征

字体选择要考虑字体风格、品位与旅游地类型特征的关联、协调。书法风格很多，每一种书体都有一定的意境。有古典的，有现代的；不同字体，风格不同；不同书家，风格不同。乡村旅游地的字要有乡村味，书斋的字要有书卷气，高山旅游地的字要有凝重博大感，西北山水旅游地的字要有旷奥感，洞穴旅游地的字要有深幽感，黄山的字要有飘飘欲仙、粗犷、雄浑感，江南山水旅游地的字要有秀丽感，古人类活动遗址旅游地用同年代字体较好，儿童乐园应当用具有童真童趣的字体为名称，以便形成儿童天地的环境。

2. 以字体反映文化背景

不同民族的文字是不同民族文化的符号，汉字是中国文化的符号，不同时期的文字又是不同历史时期文化的符号。乡村旅游地宜采用朴素自然风格的字体来作为旅游地名称。远古的人类遗址可以用甲骨文或篆书，秦代的遗迹宜用小篆字体，汉代的遗迹可以用隶书书写，南北朝的遗迹可以用魏碑字体，唐朝遗迹可以用多种字体。不同的旅游地，运用不同的书法字体，能体现自己的个性，提高观赏价值，增加旅游地的文化内涵，提高了旅游地的品位。避免印刷字体具有现代味，没有人情味。运用题字，尤其题字者的背后的故事也是文化背景，就增加了旅游地的文化含量。

3. 以字体反映旅游地遗址年代

一定年代的遗迹旅游地应当采用相应年代的文字才能协调，因为文字本身就是表征一定地域和一定历史时期文化的符号，也就是说，不同字体能让人感受到不同的地域和历史气息，有引人入胜的效果。例如，周朝、战国时期古墓地、人类活动遗址宜采用大篆；秦代用小篆字体为宜；三国城、汉代古墓地用隶书为宜；南北朝期古墓地、人类活动遗址用魏碑为宜；唐代以后篆、隶、楷、行、草字体已经全部具备，此朝代后的人类活动遗址旅游地多种字体均可使用。古典风格的景观用现代字体效果不理想，因为现代字体会给人以现代感。现代景观可以用题字，也可以用印刷字体和美术字体，以题字效果最好，因为它的文化意味浓厚。

5.5.5　字体的选择与设计

标准字体的气质、神采、品位关系到旅游地内涵及品位的高低，形象传播效果，也能折射出字体选择者的品位，因此，旅游地管理者应当尽力选择高品位的有文化内涵的字体。

1. 题字的运用效果

名人题字，虽然未必有较高的艺术性，但是由于名人效应，可以提高旅游地的文化品位，多了一层文化内涵，也非常有利于扩大知名度，提高美誉度。也就是说，利用名人妇孺皆知的名气来传播旅游地形象，同时公众对名人具有很强的信任感，可以利用这种公众心理来提高旅游地形象的传播效果。如果能得到书法家题字，可以提高名称的审美价值，也能获得和名人题字一样的传播效果，提高知名度，同时还具有较高的审美价值、艺术价值、文化价值。很多高等学校均采用名人或书法家题字，确有其中特定的意义的，如果旅游地也能这样做，无疑会提高旅游地的品位，而很多旅游地却不重视其名称，多采用现代味很浓的美术体、印刷体，是不明智之举，在一定程度上降低了旅游地的品位。作为一种视觉感知要素，其中蕴含着丰富的内涵，融书法美感、人文美感、中国文化感、历史文化感于一体，具有引人入胜的效果，对营造文化氛围具有重要的作用。如“天下第一关”、

“东南第一山”、“陋室”、“琅琊山”。同样几个字，不同的人写，会有不同的风格，字本身也有品位高低，高品位的旅游地不能用低品位的字(图 5.12)。因此不能小看字体的选择。

图 5.12　题字示例

2. 集字的运用效果

集字就是从某一家字体的作品中挑选所需要的字构成旅游地名称，不失为一种既能节省费用，又能取得较好的效果的方法。集字，可以集古人的字，也可以集现代人的字，只要不涉及侵权问题。与某名人有联系的旅游地，就可以用它的字作为旅游地名称。集字也具有文化价值。集历史上著名书法家的字，由于书法家的字具有较高的艺术价值。它比直接运用现代美术或印刷字体效果好得多，但不如亲笔题字好。经济条件较差的旅游地采用集字是效果较好，而且最经济的做法，因为不涉及版权问题。当然，书法字体自身也有品位高低之分，可分为逸品、神品、妙品、能品、佳品，应当尽可能选择高品位的字。例如，王羲之的字典雅潇洒、飘飘欲仙，颜真卿的字端庄雄伟、气势开张、遒劲郁勃、天真自然，毛泽东的字自然豪放、大气磅礴。如果能收集这些名家的字作为旅游地的专用字，能提高旅游地形象的品位(图 5.13)，还可以提高旅游地形象的文化内涵。

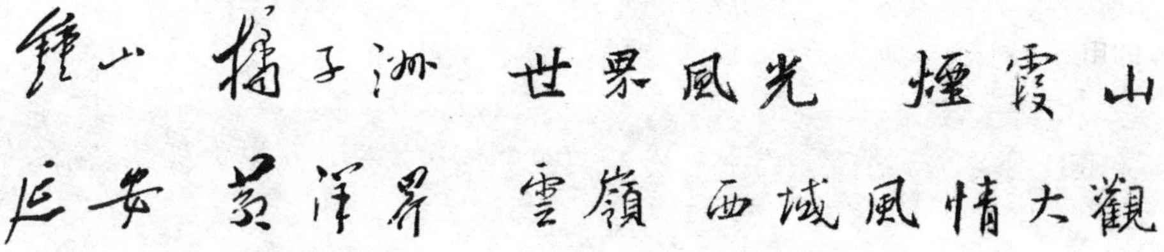

集毛泽东字　　集王羲之字

图 5.13　集字示例

3. 印刷字体或设计美术字体的运用效果

印刷字体运用比较方便，只要风格适当就可以；用美术字体具有同印刷字体相同的效果，设计专用美术字体，可以显得有个性，具有标志的特性。印刷字体或设计美术字体给人以现代感(图 5.14)，而传统的字体给人以历史久远的感觉。但是从提升文化品位角度看，汉字采用书法字体运用效果更好。此外，印刷字体使人感到过于严肃、规范，甚至会有呆板的感觉，缺少人情味，比不上集书法家的字(图 5.12)。

(a) (b)

图 5.14 电脑字体与美术字体示例

(a)电脑字体示例；(b)美术字体示例

4. 简体字与繁体字的运用效果

显然，用简体字与繁体字的效果也不同，简化字是新中国成立后才有的，简化字有明显的现代感，因此，要想让旅游地名称具有古老感必须用繁体字。

5. 字体装饰手法与效果

旅游地文字背景肌理及其文字材质、色彩运用也会影响视觉效果，不同的装饰显示出不同风格特征。常见的有古典的、现代的、华丽的、朴素的等风格。设计前首先要确定风格，如果定调不明确或者失误，就会犯方向性错误，后面的工作很可能劳而无功。例如，乡村旅游地可以分为两种类型：一种是古典型的，适合于文化底蕴深厚、较富庶的古村落，可用具有古典味的石雕、木雕等装置元素，以显示其氛围；另一种是朴素型的，适合于不太富裕、具有山野味的乡村旅游地，朴实无华的风格。

即学即用

在互联网上搜寻旅游地名称字体，分析其视觉传达效果，从中你获得了什么信息。

5.6 旅游地形象其他识别符号的设计

如果有前面的几种识别符号，一般情况下能够较好地实现传播形象的目的。如果要达到更高的目标，同时经济实力许可，可以借助其他识别符号来传播，如设计吉祥物、专用歌曲，物色代言人等，与多种符号建立约定关系，以便更好地传播旅游地形象。这些传播符号在企业形象设计领域已经非常广泛。

国际著名企业、世界性体育赛事、著名主题公园等大多都会设计自己的吉祥物，以借此来传达特有的信息。人都有趋吉避邪的本能需要，吉祥物是吉祥观念的具体表现。人类常将自己平安、幸福、喜庆的愿望寄托于吉祥物。吉祥物生动、有趣、可爱，容易取得公众喜爱，因此能用于传播旅游地形象。吉祥物的运用不仅能寄托美好的愿望，还能更好地传播旅游地形象。例如，中国的大熊猫可表达中国的形象，唐老鸭和米老鼠被用来代表美国迪斯尼乐园的形象。下面是旅游吉祥物的案例。

无锡市旅游吉祥物——阿福、阿喜：阿福、阿喜是无锡最具代表性与典型意义的城市文化独特元素，其亲和朴拙、对称和谐的造型以及欢乐、圆满、和合的精神内涵，既寄予了无锡人朴实美好的生活理想，也展示了江南水乡、祥福之地的地域特色，更契合当今追求和谐、幸福的时代禀赋(图 5.15(a))。

凤凰旅游吉祥物——翠翠：翠翠是湘西作家沈从文《边城》的主人公，以百鸟之王凤凰为原型，进行了拟人化的卡通设计。翠翠脖子上的银项圈和手臂上的土家织锦花纹图案，表现了凤凰古城的民族风情。蓝色是凤凰蜡染的常用色，也是凤凰当地苗族、土家族服饰的主要颜色，橙黄色为凤凰颜色(图 5.15(b))。

大连旅游吉祥物——海娃："海娃"是白鲸的变形，生活在北极圈内的白鲸前额丰厚，外形友善和气，象征着友好、热情、好客。"海"表明大连为海滨城市；"娃"是中国人对孩子特有的昵称，也代表了白鲸可爱、吉祥、平安、幸福的特点(图 5.15(c))。

(a) (b) (c)

图 5.15 旅游地吉祥物设计

(a)无锡市旅游吉祥物——阿福、阿喜；(b)凤凰旅游吉祥物——翠翠；(c)大连旅游吉祥物——海娃

形象代言人在旅游业界也有应用，将知名人物与旅游地关联起来，使其成为旅游地的象征性，也能帮助旅游地进行更好地传播。一方面可以利用某个名人的个性来象征旅游地的特性；另一方面可以利用名人的知名度和影响力，征得到公众的信任，提高传播范围与效果。当两者关联以后，公众在认知接触某名人时就会联想到旅游地，反之亦然。例如，香港旅游形象的传播活动中以著名演员成龙作为旅游大使，传播香港旅游形象。后来又以歌星刘德华和影星周润发为旅游先生，在电视广告中宣传香港旅游形象。在某些国家，政治人物也可以成为旅游地国家的代言人，例如，美国总统曾经在广告中传播美国的旅游形象。

本章小结

旅游地形象识别符号是指旅游地所设计的能表征旅游地形象信息的各种特定事物。它是形象传播的工具，公众识别旅游地的标识。旅游地形象设计不仅要用内涵的特色来区别其他旅游地，而且要用特色明显的各种标识来区别其他旅游地。

旅游地形象识别符号是旅游地形象的象征，它可用以增加形象传播机会，可用以扩大形象传播范围，对于旅游地形象传播有着十分重要的意义。

旅游地名称如同人的名字，是表征旅游地事物最基本的视听符号，不仅可以作用于听觉，而且可以作用于视觉，旅游地名称与旅游地之间具有一一对应的关系。旅游地名称的设计可以采用原生地名、表明风格、注重音美和义美。

旅游地标志作为表征旅游地一个视觉识别符号，不仅具有识别功能，而且承担着传播形象的作用。旅游地标志设计应当具有美感和深刻意蕴，即应当具备传达性、审美性、独创性、简洁性、实用性。旅游地标志设计的主要程序为：制订计划、旅游地情况的了解与分析、构思、绘制初稿、修改加工和修饰定稿。旅游地标志通常由文字元素、（具象或抽象）图形来构成，它们可以单独运用，也可以相互结合。同时，在设计时必须符合商标法的规定，并且要注意防止违反某些禁忌。

旅游地标准色设计是指对旅游地宣传品中使用频率很高的视觉图像或文字的色彩进行设计的行为或过程。旅游地形象标准色的设计应当符合色彩心理学规律。旅游地标准色设计应当体现传达性、艺术性、独创性、国际性、便于制作的原则。旅游地标准色设计的程序，可分为相关情况调查分析、风格定位、制作色彩方案和色彩定稿及规范制定。

旅游地标准字体在旅游地对外宣传中必须使用统一的字体，因此被称为标准字体。旅游地标准字体设计是指对旅游地名称、旅游地标志名称等使用频率很高的文字的字体进行设计的行为或过程。旅游地名称等文字采用专用的统一字体，意义在于方便公众识别和记忆。旅游地标准字体设计应遵循传达性、易识性、艺术性和创新性的原则。在设计时应以字体反映旅游地类型特征、反映文化背景和旅游地遗址年代，并且要注意不同字体的运用对旅游地内涵、品位、形象传播效果的影响。

关键术语

符号（Sign）
旅游地形象识别符号（Tourism Destination Image Identifier）
旅游地名称（Tourism Destination Identifier）
旅游地标志（Tourism Destination Logo）
旅游地标准色（Tourism Destination Standard Color）
旅游地标准字体（Tourism Destination Standard Font）

知识链接

［1］黄华新，陈宗明．符号学导论［M］．郑州：河南人民出版社，2004.
［2］欧阳国，顾建华，宋凡圣．美学新编［M］．杭州：浙江大学出版社，1993.
［3］郭茂来．平面图形构成［M］．第二版．石家庄：河北美术出版社，2003.
［4］姜今，姜慧慧．设计艺术［M］．长沙：湖南美术出版社，1987.
［5］刘砚秋．标志设计艺术［M］．天津：天津人民美术出版社，1991.
［6］尹定邦．设计学概论［M］．长沙：湖南科技出版社，2001.
［7］李砚祖，卢影．视觉传达设计的历史与美学［M］．北京：中国人民大学出版社，2000.

[8] 李巍，夏镜湖．装潢美术设计基础［M］．重庆：重庆出版社，1984.
[9]［瑞士］约翰内斯·伊顿．色彩艺术［M］．上海：上海人民美术出版社，1978.
[10] 赵国志．色彩构成［M］．沈阳：辽宁美术出版社，1989.

练习题

一、单项选择题

1. 在旅游地感知到的符号中，除(　　)之外，其他符号对旅游地形象形成都起作用。

A. 视觉符号　　B. 味觉符号
C. 听觉符号　　D. 触觉符号

2. 下列旅游地形象识别符号中，而(　　)是旅游地的视听符号。

A. 旅游地形象　　B. 旅游地标准字
C. 旅游地标志　　D. 旅游地标准色

3. 旅游地标志的设计，从标志的构成要素看，可以分为(　　)。

A. 文字　　B. 文字和具体图像
C. 文字、图像和色彩　　D. 文字和抽象图像

4. 在中国，青黑色代表理智、冷漠、空无，这体现了色彩的(　　)。

A. 联想性　　B. 表情性
C. 象征性　　D. 代表性

5. 汉字是典型的在表形文字基础上发展起来的表意文字，其字体可分为(　　)和印刷体。

A. 书写体　　B. 篆体
C. 手书体　　D. 美术字

二、名词解释

1. 符号
2. 旅游地形象识别符号
3. 标志
4. 旅游地标志
5. 旅游地标准色
6. 旅游地标准字体

三、简答题

1. 旅游地形象识别符号的意义是什么？
2. 如何对旅游地名称进行设计？
3. 旅游地标志是利用什么来传达信息的？
4. 如何对旅游地标准色进行设计？

实际操作训练

以你熟知的旅游地为例，尝试设计标志、字体、色彩、吉祥物各种识别符号。

第6章　旅游地形象传播设计

本章教学要点

知识要点	掌握程度	相关知识
旅游地形象传播设计的意义	理解	传播学、市场营销学
旅游地形象传播的类型及其效果	理解和掌握	传播学、社会认知心理学、广告学
旅游地形象媒介传播设计原理与方法	重点掌握	传播学、社会认知心理学、广告学

本章技能要点

技能要点	掌握程度	应用方向
旅游地形象传播口号设计方法	掌握	旅游地和企业形象设计、市场营销、旅游规划
旅游地形象媒介传播设计方法	重点掌握	旅游地和企业形象设计与营销、市场营销、旅游规划

导入案例

2010年2月8日，宜春旅游政务网在首页刊登了“宜春，一座叫春的城市”旅游宣传语(图6.1)；2月13日，名为“虫虫特工”的网友在宜春新闻网的明月论坛发表了题为《惊爆宜春旅游网的虎年雷人标语——“宜春，一座叫春的城市”》的网帖，之后迅速被转帖到全国各大网站的论坛，这条“雷人”宣传语让宜春红遍全国。不可否认的是，江西宜春今年凭借这条“雷人”宣传语一炮打响，带动了当地旅游经济的发展。从表面上看，此宣传语似乎是玩笑，谁知这条2010红遍全国的政府旅游宣传“雷语”原系精心策划，并

图6.1　宜春旅游政务网

非失言。2010年12月21日，《每日经济新闻》记者在首届中国休闲创新奖暨第四届中国最佳旅游供应商颁奖典礼上获悉，这条曾经出现在宜春旅游政务网站首页，轰动一时的"雷人"宣传语，原来竟是宜春市旅游局联合国内知名旅游营销策划专家共同策划的营销策略，并获首届"休闲、旅游营销创新奖"。

（资料来源：http：//finance. ifeng. com/city/cskx/20101222/3094704. shtml）

对于这件事或许你会产生一些疑问：为什么要用"雷语"，而不用平常语言来宣传？为什么"雷语"还能获奖？难道是越雷越好么？策划者葫芦里究竟卖的什么药？通过本章的学习，你就能真正理解"醉翁之意"了，或许你还能成为传播策划的高手。

旅游地形象具有可塑性。甘恩认为，除了亲身的旅游经历外，还可通过长期的感受某些旅游地信息形成关于某地的"原生形象"，通过旅游地的广告、公关活动等可导致旅游者形成该地的"诱导形象"。事实上，旅游的预先销售性质决定了通过旅游地信息的筛选传递能对旅游者实施诱导，对新兴旅游目的地更是如此。旅游地形象的可塑性表明，必须高度重视和科学塑造旅游地形象，重视正面和积极形象的树立，同时对于旧有的、过时的形象以及负面形象必须重新塑造。为了让更多的人了解旅游地形象，需要借助一定的传播方式来传播旅游地信息。从广义上说，旅游地形象传播分为两个层面：旅游地直接和媒介间接传播，两者都是旅游地形象设计的内容。借助媒介的间接传播也可以看成是狭义传播。旅游地形象直接传播要素的设计已经在前面几章论述，本章主要论述媒介间接传播。

6.1 旅游地形象传播设计的意义

导入案例

从市场营销的角度来看，要想占领市场，必须寻找机会传播旅游地形象，让公众熟悉自己。旅游地如果不能树立形象，就不能在竞争中取胜。国内外在这方面都有大量的经验教训。如从20世纪80年代以来，加拿大忽视了对美国这个最大的客源国的宣传，致使美国旅游者对加拿大的形象认识模糊。据加拿大国家旅游局1996年统计，美国游客对加拿大作为潜在旅游地的意识程度从1996年的72%下降到1991年的56%。1996年以后，加拿大国家旅游局开始重塑形象工程，使美国旅游者对加拿大作为潜在旅游地的意识程度由1991年的56%提高到目前的61%。我国的一些地区，如山西旅游资源相当丰富，既有古文化建筑、古文化遗址，又有自然景观和革命历史文化资源，可是国内外旅游者却对此知之甚少，致使山西旅游业排在全国倒数第三四位上。所以，要大力发展旅游业，并在激烈的市场竞争中取胜，就必须对旅游地形象进行设计和传播。

（资料来源：http：//wenku. baidu. com/view/22e12f0ff12d2af90242e624. html? from＝rec&pos＝2&weight＝6&lastweight＝5&count＝5）

旅游地形象传播方法设计是旅游地形象设计的内容之一，其目的是推广旅游地形象，让更多的人了解旅游地。同时，科学的传播设计可以以最小的投入来取得最佳传播效果，提高知名度。传播问题涉及很多社会问题，用定性研究与定量研究结合来研究。总体上看，可以找出一些基本规律，研究传播的分类、原则、途径、内容、方法等，这样才能为旅游地形象传播提供理论依据。旅游地形象传播的方式很多，不同传播方式、传播内容所能达到的效果相差很大。企业形象传播研究起步早、较深入，成功的案例也很多。旅游地形象传播与企业形象传播有相同之处，有些理论可以吸收，但是也有不同之处，应当找到自己的特点，有针对性地研究，不应盲目效仿。因为它们之间在传播方式、内容方面有区别，传播主体性质不同，因此传播方式与效果不同。通常旅游地形象传播被理解为就是广告和公关，这种看待旅游地形象传播似乎不全面，应当有更宽泛的理解。再说，广告的本质也是信息传播问题，它只是传播方法的一种。因此，从传播学角度去研究更有利于全面把握旅游地形象传播的规律。

旅游地形象传播设计的意义是：充分利用各种传播方式和工具，有效传播信息，降低传播成本，抓住传播时机、加快传播速度。

6.2 旅游地形象的传播方式及其效果

为了让旅游地形象被广大公众熟知，需要运用适当的传播方法。因此，旅游地形象设计需要传播理论的支持，旅游地形象的树立需要通过传播来实现。

6.2.1 传播理论概述

“传播”一词是从英语 Communication 翻译过来的，包含通信、通知、信息、书信；传达、传授、传播、传染；交通、联络；共同、共享等意思。从广义上说，传播指各种信息的传播，既包括人类传播，也包括非人类传播，后者还包括物理传播和生物传播。关于传播的定义有很多种，它们有着各自的侧重点。郭庆光(1999)认为，“传播是社会信息的传递或社会信息系统的运行。”传播的根本目的是传递信息，其是人与人之间、人与社会之间，通过有意义的符号进行信息传递、信息接受或信息反馈活动的总称。在传播学中，传播是指带有社会性、共同性的人类信息交流的行为。人类信息的传播经历了口语传播→文字传播→印刷传播→电子传播的发展过程，当代的传播已经形成多种方式相结合的传播模式。目前看来，传播学只研究人类一切传播行为和传播过程发生、发展的规律以及传播与人和社会的关系，只将人类信息传播作为研究对象。而旅游地形象传播不仅包括人类信息传播，包括非人类信息传播，即实地环境信息的传播。因此，目前的传播学理论只能解决旅游地形象人类媒介传播问题。

人类传播指关于人类信息的传播，非人类传播指关于物理和生物信息的传播，综合传播是指人类与非人类之间的信息传播。目前传播学只研究人类传播现象。人内传播相当于思考，人际传播指个人和个人之间的传播。整个社会就是由无数个组织构成的，群体传播指群体内部和群体之间的传播。大众传播指专业化的媒介组织运用一定的传播手段，以社会上一般大众为对象而进行的大规模的信息生产和传播活动。对于旅游地形象传播来说，既有人类传播又有综合传播。有些方面可以直接运用传播学理论来研究旅游地形象传播现象。旅游地形象除了媒介传播外，还有人与物之间的传播，这是广义上的传播分类(图 6.2)。

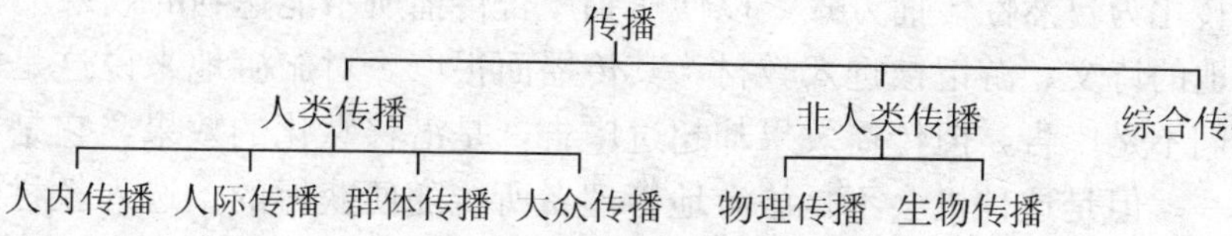

图 6.2　传播的分类

6.2.2　旅游地形象媒介传播的类型及其效果

旅游地形象树立的总体战略为的是提高知名度与美誉度。提高知名度必须要善于运用各种传播手段，提高美誉度则是要从旅游地内部建设抓起。换言之，仅靠旅游地内部建设来提高知名度速度总是比较慢的，仅靠间接传播提高美誉度是不现实的，最好是两手都要抓，两手都要硬。因此，旅游地形象设计者不仅要研究内部形象建设，还要研究间接传播策略。

旅游地形象有自身的传播方式和特点，对传播方式进行分类，分析其特点、作用、效果，将有利于更好地进行旅游地形象传播的设计。按传播方式，旅游地形象传播大体上可分为直接传播和间接传播，直接传播是旅游地形象直接传播给旅游者，是面对面的传播；而间接传播则是通过一定的媒介传播旅游地形象。对于旅游地形象的媒介传播来说，仅从广告传播方面去研究旅游地形象传播现象是不够的，应当放在更大的传播现象背景下去研究才是更全面的。为此必须全面研究传播的各种传播的类型，并分析其特性与传播效果，以便有选择地使用，有利于充分利用各自的优点，实现传播目标。

1. 按传播目的划分的旅游地形象传播类型及其传播效果

根据传播的目的性来分析旅游地信息传播方式，有利于把握其本质特性，更好地利用各种传播的优势来做好传播工作。按传播目的，可以将旅游地信息传播分为自然性传播、广告性传播和公关性传播，它们在传播旅游地信息中具有不同作用和效果。不能把旅游地形象传播方式理解为只有广告一种途径，应当更宽泛地去理解。

1）自然性传播及其传播效果

旅游地信息的自然性传播是指人类在生活和生产过程中有意无意地传播了旅游地信息，属于非广告传播。自然性传播的主体、动力、目的具有多样性，但都不是为了旅游营销，其传播内容、过程与效果不受某个主体来控制。换言之，它不是由旅游地管理者控制的传播行为，也不以旅游地营销为目的，传播的动力不是来自于旅游地管理者，而是来自于人类生活和生产的多种需要及形象自身的可利用性，而且传播的内容不确定，可以是好的形象，也可以是不好的形象，可能是有意的，也可能是无意的。表面上看，这种传播似乎没有规律，其实也有一定的规律，它符合社会学和传播学规律，不妨称之为自然性传播。人们为了满足各种需要有意无意地传播了旅游地信息，好的形象人们乐于传播，不好的形象也会传播。例如，教科书、史书、古诗文、游记、电影、新闻报道、影视节目、书刊、报纸、广播、资讯、人际交往等都在传播着各种旅游地信息，它们都是自然性传播的媒体。研究自然性传播方式对旅游地营销来说有两方面的意义：一方面，它普遍存在于旅游地信息传播现象中，而且有很好的传播效果，可以间接利用；另一方面，可以人为地将部分广告传播转化为自然性传播方式，以便达到广告传播所不能达到的效果。

描述旅游地的诗文、游记被选入教材，其传播面很广，对旅游地来说这是一些很好的传播机会，它们不是广告，但传播效果却超过广告，是潜移默化的效果，它是最佳的自然性传播媒体之一。但是这种机会不是旅游地管理者所能随便获得的。选入教材的内容肯定是经典的内容，人们对它的信任度很高，如《褒禅山游记》、《醉翁亭记》、《陋室铭》等在教科书中出现，使这些地方的形象被广为流传，其传播范围、效果远远超过广告，不仅提高了某些形象的知名度，而且提高了美誉度。

一些地方因历代名人墨客的活动、历史事件发生地或名人故里被载入史书，名人的诗文被广为传颂，历史事件被广泛传播，也是旅游地信息的一种自然性传播形式。当诗文描述的是某地的景观，它便成了旅游地信息传播的载体，有些诗句甚至可以达到家喻户晓、妇孺皆知的程度，不仅可提升旅游地的可信度、审美境界，而且传播受众很广泛。因文人墨客而出名的旅游地数不胜数，此类传播方式的传播效果比广告强得多。李白的诗《望庐山瀑布》对宣传庐山景观发挥了积极作用。自齐谢朓的《游敬亭山》和李白的《独坐敬亭山》诗篇传颂后，敬亭山声名鹊起，遂被誉为“江南诗山”，饮誉海内外。虽然敬亭山不高，其景观肯定比不上三山五岳，却有如此大的影响，真可谓“文因景成，景借文传”。很多名人故里及历史事件发生地被以史书或以历史故事的形式传播，在人类活动较早或频繁的地区都有很多这样的机会。如孔子故里曲阜，曹操、华佗故里亳州，包公故里合肥市等。红色旅游胜地也是其中的一部分，如革命摇篮井冈山、革命圣地延安、皖南事变发生地茂林等。

旅游地信息通过新闻、资讯形式出现在各种媒体上，其目的是为人们提供有用的信息，没有广告的嫌疑，应属于旅游地信息传播的自然性传播方式。依据媒体的等级传播范围有所不同。国家级媒体传播范围比省、县级媒体传播的范围更广。新闻报道可以提高旅游地的知名度和美誉度，是公众经常关注和乐于接受的传播形式。

电影的观众群体很大，因而旅游地若能成为电影拍摄场地，便可以扩大知名度和可信度。同时，可以作为电影拍摄现场就意味着环境很好，可以提高美誉度。电影的传播目的不是招徕游客，因此，它的可信度远远高于广告。一个典型的例子是以庐山为名的电影《庐山恋》，对庐山旅游发展起着推波助澜的作用，该片的主题不是宣传庐山，而是为了描述爱情故事，拍摄者的初衷显然不是为了宣传庐山，但是对于庐山来说确实是一部很好的广告，它的传播面很广、影响持久、可信度高。但是庐山天天播放该电影的行为就不能称为自然性传播了。近年来，在安徽黟县很多景观已被众多艺术家当作创作的理想“模本”，拍摄电影电视片的摄制组也越来越多，著名的北京电影制片厂、上海电影制片厂、中央电视台、香港卫视台等在黟县拍摄过100多部影视片，这里得天独厚的自然和古建筑景观使其成为拍摄影视片的天然基地。这种传播形式可很好地传播旅游地信息，不是广告，胜似广告。

艺术家以旅游地景观为主题创作的作品，并流传开来，也是一种自然性传播形式。如果流传范围很大，也能造成很大的影响。以黟县塔川、木坑为创作主题的摄影、绘画等艺术作品，获得国内外大奖100余项，其中香港摄影家陈复礼以木坑竹海为题材的摄影作品(图6.3(a))荣获国际金奖，被英国皇家影视协会永久收藏，于是名声大噪。无独有偶，周庄双桥因出现于陈逸飞的油画《故乡的回忆》中而闻名。周庄中心位置的世德和永安两桥，建于明代，两桥相连，桥面一横一竖，桥洞一方一圆，样子很像是古时候人们使用的钥匙，所以当地人便称之为“钥匙桥”。双桥最能体现古镇的神韵。双桥为什么会这么出名呢？1984 年春天，上海著名旅美画家陈逸飞乘坐小船来到周庄，看到了双桥，觉得自己仿佛回到了记忆中的童年。于是，就以双桥为背景，创作了一幅题名为《故乡的回忆》的油画(图 6.3(b))。后来这幅油画连同他的 37 幅作品一起在以美国西方石油公司董事长阿曼德·哈默名字命名的哈默画廊中展出。这幅画在当时引起了很大的轰动，后来，被阿曼德·哈默用高价购藏。同年 11 月份，哈默先生在访问中国的时候，将这幅油画送给了邓小平。1985 年，这幅画又经过陈逸飞的加工成为当时联合国首日封的图案，深受集邮爱好者和各界人士的青睐。经新闻媒体宣传，周庄古镇声名鹊起。陈逸飞的画使默默无闻的双桥走向了世界。钥匙桥不是钥匙胜过钥匙，因为它开启了周庄与国际交往的友谊之门。世界各地有很多这样的景观“宝藏”，由于当地百姓司空见惯，心里距离太近，最美的意境就在眼前，却不能发现，这就需要有艺术家的眼光来发现和传播。

(a)

(b)

图 6.3　无意中传播了旅游地形象的获奖艺术作品示例

(a) 陈复礼摄影作品《翠竹堆青》(安徽黟县木坑)；http://www.hswenming.com/article.asp?id=458

(b)陈逸飞油画作品《故乡的回忆》(江苏周庄)　http://www.psjyf.pudong-edu.sh.cn/oblog4/u/821/archives/2009/919.html

政府部门资讯也是旅游地信息传播的重要途径。旅游地信息也是地方自然与文化特色的重要组成部分，而且都以深厚的文化和良好的自然和人文景观为荣，往往作为地方特色的一个组成部分来推广，因此，旅游地信息经常通过政府对外交流渠道得以传播。由于政府网站，政府对外交流中也在传播着旅游地信息，公众对旅游地信息接触的频率会大大提高。而一般企业很少有这方面传播机会，只有大型企业才容易获得这样的传播机会。

人类日常活动中也在不知不觉地传播着旅游地信息。例如，旅游者到某地旅游过后会在一定的社会关系圈内传播旅游地信息，这里没有营销目的，人们可以将自己的旅游真实感受告诉自己的同事、亲朋好友或熟人，这种传播被称为“口碑”。这种传播虽然可能带有一定主观性，但总体上真实可信。这种传播不管是好是坏的形象都传播，而且难以人为控制，只能适当加以利用，也就意味着旅游地管理者需要在旅游地建设上下功夫，加强旅游地信息传播的内动力，力争给旅游者留下好的印象。这种投入产生连锁反映，一传十，十传百，可以产生良性循环。

一些知名企业所在地名称、商品名称与旅游地同名也能对旅游地信息传播起着推动作用，如海尔集团在青岛，可以扩大青岛的影响；奇瑞汽车坐落于芜湖，可以扩大芜湖的影响。一些大型的会议和体育赛事，尤其是全国性、全球性的会议和体育赛事的举办也可以大大促进旅游地信息的传播。

除了上述传播途径外，还有更多的人类活动可能传播旅游地信息。旅游地信息传播不知不觉地发生于这些活动之中，但是这些传播是出于社会活动、生活等多种需要，而不是为了旅游地营销。自然性传播与广告传播相比，虽然内容、范围有所局限，并难以掌控，但是它不包含旅游地营销目的，因此公众对它的信任度高。对于旅游地信息传播来说，它的意义却是很重要的。企业管理者却从来不错过这样的机会，而是见缝插针，来传播企业形象，值得旅游业借鉴。例如，企业参与慈善活动、公益活动，借新闻报道之机传播企业形象，扩大知名度。这种传播比单纯的广告传播效果好得多，其中的原因也就不道自明。这里之所以要讨论自然性传播，主要是为了充分利用其优点，利用其传播途径和效果，适当将广告传播转化为自然性传播形式，以便更好地实现传播目的。

2）广告性传播及其传播效果

旅游地信息的广告性传播是指旅游地经营管理者以营销为目的的传播形式，是有意识传播旅游地信息的传播方式，包括人际广告传播、群体广告传播和大众广告传播，可以说各种传播方式和手段都能用上。与自然性传播不同的是，广告性传播具有唯一的传播主体、目的和确定的内容，而且可以在一定程度上控制其传播过程。其传播主体是旅游地经营管理者，传播的目的是吸引游客，发展旅游经济。广告性传播媒体可以是报纸、杂志、电视、电影、网络、包装、广播、招贴、POP、交通、直邮广告，也可以通过人传播。

人际广告传播可以通过口头语言、类语言、体态语的传递进行形象传播，也可以通过这些传播媒体进行远距离交流，但是这种形式不常用于旅游地信息传播。人际传播表现在旅游部门成员与公众之间的沟通。人际传播的具体形式很多，如与客户的交流或电话联络，旅游部门举办的报告会、恳谈会、洽谈会、联欢会、演讲会、座谈会等。它根据不同的传播目的、对象、内容、情境等具体情况选择恰当的形式。人际传播中，面对面传播效果较好，不仅有语言还有表情，大量使用副语言、非语言符号，如表情、体态、语气、语调等来传播，因为信息、思想和情感等多方面很多内容都是通过非语言符号传播的。大众传播所使用的非语言符号相对较少。人际传播优点主要有以下几方面：①传播效果较好，它是通过人际关系的运转进行传播的，可信度高，可以以情感打动对方，其传播效果要优于其他传播方式；②可以立即获得反馈信息。③便于交流情感。人际传播的缺点是传播范围有限。

群体广告传播在旅游地信息传播中与人际传播有相近的特点，只是规模更广。旅游地管理者与员工是一个由共同的利益、观念、目标等因素相互联结，存在着相互影响作用关系的个人组成的社会群体。群体传播是人与人之间面对面传播，其可信度及效果比通过其他广告媒体传播高。

大众广告传播是旅游地信息传播的主要方式，其特点是：利用传播工具，地域和受众范围大，传播速度快，但是与前两种传播放手相比，具有间接性、单向性，因此传播效果不确定。传统的传播媒体常用的有电视、广播、报纸、杂志等。随着时代的发展，传播工具越来越多，网络、电话、POP、交通工具、绘画、印刷品和摄影作品等。电视、广播和网络等媒体合称为电子媒体；报纸、杂志、包装和招贴等媒体合称平面媒体。这些媒体可以全方位作用于人的感觉系统。

不可否认，广告性传播是提高旅游地知名度的最有效方法。广告性传播的最大优势是传播媒体、时间、空间范围及传播对象都是完全可以控制的。这种传播一般如同做广告有明确的主体，需要投入人力物力，带有说服性，有目的、有计划，可以在一定程度上控制其传播效果。正因为有以上特点，广告性传播可以快速提高知名度，扩大传播范围。

不过广告性传播的可信度比不上自然性传播。广告性传播的目的是让人购买产品，由于利益的驱动，往往有“王婆卖瓜，自卖自夸”之嫌，因此，公众对它有防备心理，降低了人们对广告信息的信任度，由此可见，广告性传播存在一定不足之处。

3）公关性传播及其传播效果

旅游地信息的公关性传播是介于自然性传播与广告传播之间的一种旅游地信息的传播方式。这种传播存在明确的主体与目的，但是比较含蓄，同时包含很多自然性传播过程。这种传播方式看起来不像是做广告传播，却有明确的传播主体与目的，说它是广告传播，却包含着自然性传播的特性，具有广告目的的隐含性，并且可以产生一定的非盈利目的的社会效益，公众也喜闻乐见。因此，可以将其看成是介于自然性传播和广告性传播两者之间的一种传播方式。目前旅游学界一般称之为公关营销，从传播学角度看，其应当属于一种特殊旅游地营销传播行为。

旅游地经营管理者策划举办艺术作品(绘画、摄影、书法、诗词)大赛、主题文艺活动、公益活动、节庆活动、体育比赛、博览会、大型会议等，表面上还是自然性传播，是利用了自然性传播的效果来达到营销目的。这些活动可以带动新闻传播、人际传播、组织传播、广告传播等多方式多渠道传播。例如，举办某种文化节，会吸引较多的人参与，增加了新闻传播的几率，提高了公众的关注度，旅游地信息会因此得到广泛传播，否则传播速度会明显减慢。旅游地信息的新闻传播包括两种情况：一是正常的新闻报道；二是通过策划节庆、文体等活动带动新闻传播。有目的有计划地策划具有轰动效应的活动，可以吸引媒体关注，吸引公众注意，从而借机传播旅游地信息。总体上来说，新闻、资讯属于非旅游营销目的，因此传播的形象比以广告形式传播更具可信度，容易被公众所接受。如果能够有意识地利用这种传播形式，就可以取得较好的传播效果。天气预报是一种形象资讯，其中会播出地名形象，它可以让某些地名及其位置得以广泛传播，成为人们熟悉的地名，也在一定程度上扩大了知名度。有的旅游地都善于利用历史文化来“借题发挥”，宣传自己，有的主动利用现代名人及其诗文为媒体宣传自己，也算得上是一种好的传播方式。在网络上提供各种资讯也是很好的传播途径。例如，在百度百科上发布词条，既方便公众查询，又传播了旅游地信息，同时避免了广告宣传的嫌疑。

旅游地实地内部建设(景观、服务等)情况也会以各种信息传达给旅游者，是面对面的传播，不过这类信息只有到旅游地的人才能全面真实地接收到，因而这种传播直接受众不广。这种传播存在明确的主体与目的，但是这是一种被动的传播，也就是说，如果没有旅游者去旅游地，这种传播也就无法完成传播过程。这种传播所提供的信息都是真实的，不带半点掩饰或包装，这是一部活的“广告”，能够产生良好的口碑传播效应，这也是一种有效提高旅游地美誉度的“营销”传播方式。这种信息传播方式既有利于实现营销目的，也能带来较多社会效益。它的不足之处在于具有被动性，传播速度没有广告快。

总体上看，公关性传播有两方面的优点：①主动创造传播机会，将形象渗透在自然性传播之中，可以提高旅游地信息的出现频率。这些传播活动可以创造新闻，引起媒体和公众关注。旅游地信息传播利用此类传播方式的机会较多，因为旅游资源很大一部分是地域文化，与人们的文化生活、艺术生活紧密联系，通过这些传播活动既可以达到传播旅游地信息的目的，同时丰富了社会文化活动。②可以提高人们对信息的信任度，有效提高传播效果，这种传播的目的具有隐含性，能给公众带来较多的益处，既可避免广告传播可信度不太高的不足，又可避免自然性传播的传播速度与范围难以控制的不足，是一种值得推广的传播方式。

2. 按信息接收方式划分的旅游地形象传播类型及其传播效果

按照信息的接收方式，旅游地形象的传播形式可以分为视觉传播、听觉传播和视听传播3种。

1）视觉传播及其传播效果

视觉传播是指作用于人的视觉的传播形式。中国有句俗话，“眼见为实，耳听为虚”，说明视觉传播可信度相比听觉高，主要原因是视觉对象比听觉对象确切、真实感强，信息量也大，而且视觉对象大多可以长期保存。视觉传播是通过视觉符号来传播的方式。由于大多数视觉符号可不受语言障碍就可以沟通，不同文化程度、不同母语的人们，均能通过媒介获得并理解信息。视觉符号是指人类的视觉器官——眼睛所能看到的能表现事物一定性质的符号，如摄影作品、文字，它们都属于视觉符号，起着沟通旅游地与公众的作用。视觉传播设计主要以文字、图形、色彩为基本要素。视觉传播的形式主要有报纸、刊物、各种印刷品、平面广告、户外广告、海报、招贴、产品包装、展板等。例如，公路、铁路、航路两边的广告牌、路标就是典型的视觉传播工具。对于旅游者来说，必须借助一定的交通工具出行，人在乘车途中，不适合干别的事情，视觉听觉系统都很闲，甚至有无聊感，遥望窗外是乘车人的习惯。交通线两边的广告牌及交通工具上的视觉和听觉信息传播往往很有效。

2）听觉传播及其传播效果

听觉传播是指作用于人的听觉的传播形式。听觉传播的媒介比视觉形式少，主要指无线电广播传播形式，它只通过声音传播信息。听觉传播有一定的局限性，如信息难以保留，不能传播图像和色彩，直观性差。不过听觉信息没有直观的图像并非完全是坏事。听觉信息要转化成形象还需要受众联想与想象的加工过程，它可以激发人的想象力，使其自由发挥，而想象中的事物往往比现实中的事物更美好。广播有很多优点：①收听设备小巧，携带方便，不受接受工具和空间的限制，可随时随地收听；②适合于特定的人群，即适合于不便于收看电视、上网人群；③相比于其他所有媒介，它便于受众随时参与。④听觉记忆比视觉记忆效果好。听广播的人多为眼睛很忙听觉很闲和视力不好的人。听觉传播对于某些人群来说却很有用。驾驶员眼睛很忙，但是耳朵却很闲，正好可以利用空闲的听觉来获得信息，又能打消寂寞，因此听广播的九成是驾驶员。除此之外还有老年人、视力较差的人多通过广播来获得信息。因此，旅游信息尤其是自驾车旅游信息通过广播传播是很好的选择，针对老年人的旅游信息通过广播传播也具有较好的效果。

3）视听传播及其传播效果

视听传播即包含了视觉和听觉感知功能的运用，同时接收信息。视听传播的优点是信息量大，有声音有图像，直观性强，有助于记忆。其缺陷是接收工具要求高，时间地点有限制。多媒体是将计算机、电视机、录像机、录音机等技术融为一体，形成电脑与用户之间可以相互交流的操作环境。多媒体技术有两个显著特点：首先是技术综合性，它将计算机、声像、通信技术合为一体，是计算机、电视机、录像机、录音机、音响功能的大综合；其次是信息交流互动性，它可以实现人与机器、人与人及机器间的互动，形成互相交流的环境及身临其境的场景，人们根据需要进行控制，变电视的被动接收为互动交流。多媒体将成为未来信息传播的主力军。

3. 按照传播的媒介性质划分的旅游地形象传播类型及其传播效果

从广义上说，旅游地形象传播形式很多，可以说人们视觉、听觉等感官能触及的一切事物都可以成为旅游地形象传播的媒介。按照媒介的性质，可以将常见的传播媒介分为人类媒介传播、印刷媒介传播、电子媒介传播和户外媒介传播 4 类(图 6.4)。

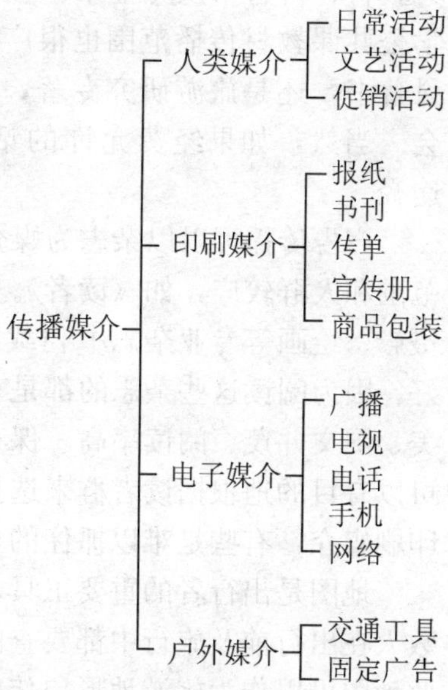

图 6.4 当代传播媒介的主要类型

1）人类媒介传播及其传播效果

人类媒介传播是指将人类自己作为传播媒介与公众直接交流，传播旅游地形象，既包括旅游地管理者主动传播，也包括普通百姓之间的传播。通常这种人类媒介传播的效果相比其他非人类媒介传播方式好，不仅可以传播信息，还可以传递情感，其可信度也很高。人类媒介传播常见的有日常活动、文艺活动、促销活动等形式。

人类在日常生活或工作的交往交流中会有意或无意地传播了旅游地形象。例如，经过实地旅游的人不经意之间会说出他外出旅游的经历、感受，其感受可能是好的，也可能是不好的，这也是一种传播。文艺活动包括摄影展览、写生、画展、诗词创作与欣赏、书法展览、文艺表演。由于旅游地信息与地方文化、艺术创作与欣赏、审美活动紧密联系，是公众乐于传颂的主题内容，因此旅游地形象会通过这些机会而传播开来。总体上，旅游地这种传播机会比企业多，从这一点上看，旅游地形象比企业形象易于传播。旅游地管理者也可以直接与相关人员接触，举办或参加展览会、开展奖励旅游活动、策划促销文艺活动。旅游地管理者可以面向游客或其他公众或旅游代理机构代理人传播。人类传播可信度高，成功率也高，但费用也高。同时，普通百姓之间也存在传播，不需要费用，但是效果难以控制。

2）印刷媒介传播及其传播效果

这里将印刷媒介定义为面积较小的印刷品，材料包括纸张和其他材料，以区别于大型户外广告印刷品。印刷媒介有报纸、书刊、传单、宣传册、商品包装、景区门票、导游图、旅游纪念品等多种形式，有正式出版的也有非正式出版的印刷品。

报纸是旅游地形象传播利用最多的媒介，报纸是最早用于广泛传递信息工具，也是最基本、最有效的信息传播工具，可信度高，可选择性强，传播覆盖面大，而费用远远低于电视传播。报纸读者层稳定，并且在一定时间内可反复查阅。新闻形式或广告形式出现都可以，其信息可以是文字，也可以是图片。在美国，约50％～60％的旅游业经营者首选报纸作广告媒介。报纸的局限性主要是印刷效果相对较差，尤其是图片质量达不到理想的效果。报纸与广播、电视和网络相比，所具有的优点主要有：可传播的信息量较大，可重复阅读，成本比较低；可以收藏，比网络可信度高；阅读不受或少受时间、地点、工具的限制，适合于一些人，特别是上班族。还有一些老人还是喜欢阅读报纸，也许报纸能唤起人们“读书的感觉”。

书是人类进步的阶梯，是传承人类文明的主要载体，也是各种知识与信息的传播途径。人与书自古就结下了不解之缘，人们在获取知识的同时也获得了旅游地信息。书分为教材、科普书及专业书。教材和科普书传播范围较广。中小学教材传播范围最广，大学公共课教材传播范围也很广。专业书传播范围有局限性。但是不管是旅游教材、旅游科普书，还是旅游研究专著，能被编入书中，便意味着被载入史册，也是很好的传播机会。当然，如果经费允许的话，最好是出版专门介绍本旅游地的书，也是一种传播途径。

广告传播可以以杂志为媒介，因为它的发行周期较短，发行量大。科普杂志传播区域范围和人群较广，如《读者》。专业杂志传播范围和人群很有限。但是如果是旅游专业、摄影、绘画等专业杂志中刊载旅游地的介绍或出现相关名称和相关情况，传播效果会较好，因为阅读这些杂志的都是有关专业人士，他们可以将这些信息间接传播开来。印刷精美、图文并茂、阅读率高、保存期长的杂志，适合于旅游地形象传播。对于专业性杂志，可以有目的地根据读者群来选择，短处是发行周期比报纸长，版面受限制。这里所谈到的印刷媒介，有些是难以抓住的，有些是很容易做到，要做的是只要有机会都不能错过。

地图是出行者的重要工具，发行量大、更新快，在现代人的生活中使用率很高，大多数人在出行前及旅行中都要查阅地图，各种地图尤其是旅游地图是旅游者的必备工具。因此地图可以作为旅游地形象传播的重要印刷媒介，其针对性很强，传播效果较好。

传单是广告传播媒介之一，它可以直接发放给公众，也可以直接邮寄，优点是针对性很强，可以控制时间和范围，图文并茂，信息量大，有人情味；缺点是人力、物力投入相对较高，信任度不高。

明信片、贺年卡、门票、纪念品都是传播的好媒介(图 6.5)。

宣传册与传单相比有很多相似之处，但是比传单内容多，信息量更大，印刷精美，但是投入的人力、物力高(图 6.6)。

商品外包装也是可以利用的传播媒介。商品与人的生活息息相关，它们在人的视线内出现的频率很高，流动性也很大，用它们传播各种信息无疑是一种好的选择。难怪有人把包装广告称为“无声的推销员”。利用包装旅游商品的纸、盒、罐子及礼品袋介绍旅游地是既有效果又比较经济的传播方法，既起到装饰表面的作用，又传播了信息，颇受欢迎。

图 6.5　明信片、贺年卡、门票与纪念品传播旅游地信息

图 6.6　宣传册传播旅游地信息

3）电子媒介传播及其传播效果

广播是比较传统的传播媒介，虽然近年来电视、网络发展很快，但广播是至今并没有消失的迹象，而是想尽各种方法还在发展，主要原因还在于它有着其他传媒所不具备的优点，有其生存的空间。近年经济台、商业台、信息台等的发展，使广播媒介依然有竞争力。广播信息传播最及时、最灵活，传播收费且较低。

电视可令人产生身临其境的感觉，具有图像、声音、动态，是颇富感染力的传播媒介，且传播面广、速度快、效率高。因为可以播放动态录像，利于展示旅游地景观特色。其缺点主要是录像制作、传播成本较高，难以保留，信息接收工具不便携带，观众为被动接收。家庭妇女是电视节目最热心的观众，特别是晚上和周末收视率很高。不同的季节收视率不同，一般冬季多于夏季。旅游地形象电视传播的形式可以是新闻报道、资讯、电视剧，也可以是广告。

互联网是当代信息传播的高速公路，是最具发展潜力的信息传播手段，传播速度快，声音、文字、图像、动态录像都可以传播，不受时间限制，同时还可以互动交流。无论是一般信息还是广告信息都便于传播。因此，应当充分利用这种条件来传播旅游地信息。其缺点主要是设备条件要求高，可信度不高。

手机是现阶段传播信息的重要工具，人均拥有率和使用率很高。手机传播是最快、最方便接收的形式，不受时间地点的限制。不过对于旅游地形象传播来说还不容易介入。现在流行一种传播方式，当手机用户进入旅游地区域，以短信形式表示问候，同时传播相关信息，并不令人反感，这是一种创意。从发展前景看，手机是很有发展潜力的旅游地形象传播手段。手机通信技术发展很快，第三代移动通信技术 3G 通信的出现使手机通信又进入了一个新的发展阶段，使手机的功能大大增强。可以预料未来利用的可能性会增加，要根据手机技术发展阶段来进行传播设计创意。

4）户外媒介传播及其传播效果

户外媒介这里指的是放置在户外而且体量较大的媒介，如建筑物表面、广告牌及交通工具表面等。户外媒介内容可以是广告也可以是其他内容，如欢迎词、路标等形式。户外媒介也是很好的传播形式，这在企业广告中尤其重视。户外传播的优点是可以自行选定地点、醒目、展示时间长，公众可反复接触；缺点是广告信息接受对象选择性差，地点固定，接收时间短。户外媒介可以分为动的和静的两种媒介。动的媒介指的是交通工具，它的流动性大，比静态的媒介传播效果更好，它可以让更多的公众接触。交通工具选择要适当，如流动量大的公交车、公路交通班车。静态户外媒介要选择人流车流较多的地方，如交通要道、车站，中心商业区。户外媒介还有一个缺点，即媒介地点固定，只有经过此地的人才能看到，因此对媒介地点的选择要周密考虑。户外旅游地信息传播的形式主要有旗帜、条幅、标识牌、路标牌、大型导游图、灯柱、模型、气球等。

4. 按照传播语言划分的旅游地形象传播类型及其传播效果

语言是人类传播信息的主要工具，但是除了用语言符号以外，非语言符号也可以传播信息，因此，按照传播语言不同，可将传播分为语言传播和非语言传播。

1）语言传播及其传播效果

语言是人类思维工具和交际工具，是一种特殊符号系统，为人类所独有，具有稳固性和民族性。文字是语言的视觉形式，它可以突破口语传播空间和时间的限制。语言的表意功能强大，它可以明确描述世间各种事物，因而成为人类传播的主要工具，在旅游地形象传播中发挥着主要作用。旅游地名称、形象描述、广告用语、路标、景点介绍等都要用语言来表达，旅游地图中也有文字信息。

语言传播的信息具有静止性、概括性与抽象性特点。事物是处在不断变化之中，并且任何事物都具有多方面特征，语言只能描述事物在其一阶段、某些方面的特征，因而是相对静止的和概括的。语言是信息的载体，只有准确地描述旅游地信息，才能获得理想的传达效果。语义学中提出了对人类传播行为中语言的运用中应当注意的问题。①注意概括层次多样性及等级描述的精确性。高度概括的语言，相当于全景照片，给人整体印象而不能提供细节特征；低度概括的语言，则相当于特写，仅提供许多细节描述而不能展示事物全貌。为使人们获得多方面的信息，语言在概括层次上应错落有致。②注意对事物性质描述的精确性和艺术性。不同的用词，其语意会有差别，甚至有天壤之别。③注意主观语言与客观事物的吻合。由于认识客观事物能力及情感的不同，语言表达中难免带有主观性，如果描述语言偏离客观事物特性，必然导致信息接收者的误解，应当尽可能客观地描述事物的特性。语言描述是抽象的，需要受众联想和想象的加工，才能被理解，没有那么直观、具体，并且受语言障碍的影响。因此语言传播和非语言传播结合，发挥各自的优点，以提高旅游地形象传播效果。

2）非语言传播及其传播效果

非语言符号也是信息的载体，与语言传播相比，具有直观形象、信息传播不受语言障碍影响的特点。如果是人直接传播，非语言符号包括身体动作(诸如手势、姿势、面部表情和眼睛活动等)，类语言(语调、音量、音速和其他功能性发声)和服装。旅游地信息传播者情绪和态度等非言语行为有着无可比拟的重要性。社会心理学的研究表明："几乎一切非言语的声音和动作，都可以用作沟通的手段。"其他媒介传播中非语言符号还有图形、色彩、图像、音乐、声音，旅游地标志、标准色、图片都包含大量旅游地的信息。视觉传播中可以展示标志、标准色、图片，例如，广告牌上、网络和电视上都展示图像或录像，配合文字语言以弥补其不足。在广播里可以用声音、音乐来描述色彩和景观以减少语言描述的单调感。网络和电视同样可以通过播放声音、音乐来提高传播效果。

应用实例

1989年2月25日，美国总统布什偕夫人访华。李鹏总理和夫人在布什下榻的钓鱼台国宾馆向布什夫妇赠送一件别致的礼物：两辆26英寸的"飞鸽"自行车。布什夫人芭芭拉喜形于色："啊，这车子真漂亮。"布什更加高兴："这是很好的礼品，我喜欢它。我要把它带回去，在白宫的草坪上骑！"说着，一抬腿跨上了自行车。于是国内外有130多家新闻媒体报道了赠车仪式，"飞鸽"随布什夫妇飞遍全球。布什返美后，果然在白宫的草坪上骑"飞鸽"，新闻媒体又是一番渲染。新闻媒体为"飞鸽"大造了舆论，舆论又为"飞鸽"创造出巨大效益。国外一些客商闻讯专程来厂看样订货，法国一家客商一次就订了3万辆，国内客商更是闻风而至。

（资料来源：高树军，杨淑霞，孙海杰．企业形象策划．河北大学出版社，1997.）

本案例属于哪一种传播方式？其传播动力在哪里？传播效果为什么如此之好？

6.3 旅游地形象传播设计

导入案例

安徽砀山酥梨原产地政府就善于想办法来宣传世界梨都旅游形象。砀山酥梨产区，以砀山为中心，包括周围的19个乡镇，梨园连片面积之大，堪称世界之最，而且特有的气候和土质条件使这里成为世界唯一的砀山酥梨原产地。每年清明时节，梨花盛开，雪堆云涌，银波琼浪，一片花海，景象蔚为壮观，具有较高的旅游开发价值。砀山县政府看准了其中的发展潜力。为提高砀山酥梨及其产地的知名度，促进旅游和经济发展，他们积极创造传播机会，自1989年开始组织举办起梨花观赏活动，广邀书画、文学等艺术界的朋友到砀山参加纪念和艺术活动，到大梨园里观赏梨花，举办笔会，交流心得。书画家乘兴挥毫拨墨，妙写丹青，留下幅幅墨宝；作家面对无垠的雪海银波，文思泉涌，欣然写下篇篇佳作，相继发表在全国各级报纸杂志上；诗人们诗兴大发，吟唱出一首首优美诗篇，歌颂砀山，赞美梨都，极大地提高了砀山的知名度。多年来，举办的节庆活动扩大了砀山的知名度，收到较大的经济效益和社会效益。县级领导多次到北京开展联谊活动，亲自邀请中央电视台各栏目负责人来砀山。中央电视台每年应邀来砀，与砀山结下了真挚的友谊。省、地广播、电视台以及北京、河南、湖南、江苏、广东等电台、电视台，《人民日报》、“新华社”、《人民画报》、“金陵之声”、《经济新闻报》及省、地报刊杂志新闻工作者，年年来梨都现场采风。中央电视台的“新闻联播”、“祖国各地”、“神州风采”、“中国报道”、“金土地”、“天涯共此时”等栏目，北京电视台“走南闯北”、安徽省电视台“生活之友”、广东卫视台“华夏600秒”、河南省、湖南省电视台专题栏目，对砀山多次进行新闻或专题报道。《人民日报》、《人民画报》、《经济新闻报》、《安徽日报》、《华东新闻报》等全国有关报刊杂志，年年以新闻、通讯、消息、图片的形式，多方位地介绍砀山、宣传砀山，极大提高了砀山知名度，产生了不可低估的影响。砀山政府还举办了民间斗羊活动，皖、鲁、豫三省五县120头绵羊决斗，吸引了10万余人观看。梨花观赏活动办公室每年适时地组织稿件、图片，印制《梨花报》、《梨都砀山》画册、《砀山酥梨》、《砀山县旅游交通图》、《梨花观赏景点介绍》、《砀山名优特产品介绍》等宣传材料，无偿赠送到来宾手中，使来宾在观花赏景中，全方位地了解砀山，认识梨都，收到很大的宣传效果。系列活动创造了很多传播旅游地信息机会，不仅让参与活动的人们直接感受旅游地形象，而且通过活动制造了很多新闻，此外通过参与者以及新闻工作者经本人和其他媒介广泛传播了砀山的信息，让很多人熟悉了砀山。

（资料来源：Zhuruiqiao. 梨花节[OL].（2007－11－21）[2009－3－20]. http://baike. baidu. com/view/1217818. html）

从砀山县积极传播旅游地形象的行为中，我们可以得到哪些启示？

信息的媒介传播过程和效果受传播者、受传者、传播方式的影响。旅游地形象传播媒介设计的目的是推广旅游地形象，并力求以最小的投入，取得最佳的传播效果，传播方式是其中的一个重要方面。传播效果一般指传播者采用一定的传播方式传播后，公众对相关信息知晓度以及接收信息后情绪、思想、态度、行为等方面反应与预期的效应接近程度。检验传播效果的主要标志是知晓度和美誉度。换言之，只要能使旅游地形象被广大的公众所熟悉，并能够使公众产生到此一游的欲望，那就达到了目的。从前文可以看出，旅游地形象的传播媒介和传播方式很多，大多数自然传播过程只能在一定程度上进行干预，旅游地信息仅靠自然性传播，其过程缓慢，且效果不确定，适宜作为长期计划，而精心设计传播方式可以使传播效果大大提高。广告传播的传播效果很大程度上有赖于主观的媒介传播设计。不过广义的媒介传播设计应当包括广告传播设计和对自然传播的利用，这样理解形象传播设计才比较全面。旅游地形象媒介传播的设计的内容包括确定传播主体、传播媒介、传播形式、传播对象及传播内容。

6.3.1 旅游地形象传播设计的原则

旅游地形象传播设计的原则是依据信息传播规律和一定的传播目的，对传播者提出的在传播设计中所必须遵循的指导思想和基本要求。因此，按照科学合理的传播设计原则去做，才能达到或接近预期的传播效果。

(1) 针对性。有的放矢地传播信息，不仅可以提高传播效果，而且可以减少人力物力的投入。针对性原则要求针对不同公众群体、客源范围来选择合适的媒介、传播语言、传播内容、传播形式和技巧。

(2) 简约性。通常，媒体信息量并非越大越好，而是要简约。但是简约不等于简单，而是内涵深刻却简单明了。现代人大多数生活节奏很快，空闲时间不多，面对的却是信息泛滥的世界，所以对于每一条信息关注时间不会太长。传播的信息量要适合受众的接受、消化能力，要避免信息量的不足或过多，即做到简约，同时也符合传播媒介的负载能力并可以降低成本。

(3) 艺术性。艺术性原则是要求信息传播的形式要具备审美性、趣味性，让公众易于接受和乐于接受。对于听觉信息，语音要讲究音质、语调的风格，或快乐，或浑厚，或清丽，或童真，要与旅游地特色相一致；背景音乐或旅游环境录音要经过艺术处理，既反映旅游地风格，又具有欣赏价值。对于视觉信息，要注意图片的选用与处理，版面布局、字体选择要讲究艺术性，用色要高雅、耐看，动态画面的展示要求反映主题，注意画面前后顺序及节奏与声音及语言的配合关系。

(4) 经济性。经营活动的一般规则是效益最大化。经济性就是要减少传播费用投入，使效益最大化。经济性不仅要考虑直接成本，还要考虑间接成本，如人力成本、时间成本等，既具有相对的独立性，又相互联系，具有明显的统一性。传播设计中要从经济性方面考虑形式、媒介、内容、频率等，但它不是首先要考虑的条件，不能被经济性所限制，首先要考虑的是传播效果，因为好的效果可以产生巨大的经济效益。其中的一些问题需要借助运筹学理论来妥善解决。

(5) 应变性。旅游地形象传播设计概括起来可以分为两种情况：一种是利用各种传播机会，即利用一切可以利用的机会来传播旅游地形象；另一种是主动创造传播机会，即通过广告和主动举行各种活动来传播旅游地形象。应变性就是要根据旅游地发展的态势，审时度势，设计传播方式与方法。科技在发展，社会在进步，人的生活方式也在不断变化，传播媒介在趋向多样化、现代化，因此需要有敏锐的眼光和应变能力。要有企业形象传播那种见缝插针的意识，不错过任何传播机会。不只是要盯住广告传播形式，还要瞄准可以“搭便车”的很多自然传播形式，也可以将两种方式结合起来。这里的应变包含两种含义：一是传播观念和形式与时俱进，紧跟时代的步伐，甚至要超前；二是对传播机会的及时把握，利用一切可利用的机会和途径传播。有了这些应变能力，便可以实现传播形式的创新。形象设计者平时敏锐观察可能出现的时机。灵感来自细心观察和勤于思考，如果没有这种钻劲，即使好的机会就在眼前，也会往往失之交臂。

6.3.2 旅游地形象传播对象的特性

无论是传播者还是受传者，他们的人格、认知、情感、动机、态度等心理因素在传播活动中影响信息传播过程和效果。传播的最终效果可以改变受传者的态度，它是人的心理作用的过程，尽管信息中可能包含传播者的心理暗示，依然可以产生心理上的服从效果。张国良(1995)认为，按功能划分，现代社会受众人类接触媒介的目的有 4 个方面：①解闷消愁，如逃避日常生活的烦恼，消除疲劳、调节情绪、松弛神经等；②人际交往，如通过移情效应同传播者结成虚拟的社会关系，便于处理日常社会关系，如用于谈资、显示个人趣味等；③确认自我，如媒介所传播的不同层面的社会信息确认自己社会位置，掌握应对各种问题的方法、强化固有的价值观等；④监视生存环境，通过获取外部世界的信息学习他们所应拥有的常识、技能，以决定自己的行为等。旅游地信息是关系人类多种需要的基本信息，是绝大多数人需要关注的信息。

传播学家将受众分为两类：广受众和窄受众。广受众关注的信息广泛、人数众多、居住分散、个性迥异、兴趣不一。大众传播媒介主要以他们为传播对象。窄受众具有分散性、多样性和匿名性。如歌迷、足球迷、经纪人、旅游爱好者、政治家等，对专题信息特别关注。为提高传播效果，要有较强的针对性。

受众普遍存在个体特征差异。这些差异是由受众的生理、气质、经验与其社会文化背景等多种因素决定的，一般包括性别、年龄、个性、智力、经验、知识结构、兴趣爱好和世界观等方面。社会文化背景不同造成受众一定的群体之内具有相同之处。如不同民族具有相同的信仰、价值观、喜好。这是旅游地形象传播者需要深入研究的问题。

旅游地信息受众也十分广泛，任何人都可能关注，其界线不是很明确。一般来说，对旅游信息感兴趣的人没有职业、性别的差异，年龄范围也比较宽，但是低收入人群基本不会关心旅游信息。旅游地形象设计者要研究受众的共性和个性，力求把握其中的一些规律，有利于提高传播的效果。

6.3.3 旅游地形象传播主体设计

传播主体处于信息传播链的第一个环节，是传播活动的发起人、信息制造和发出者。因此，传播主体不仅决定着传播活动的产生与过程，而且决定着信息质量、数量、流量与流向，还影响受传者对信息可信度的评价。

从广义上讲，旅游地形象的传播主体包括旅游地管理者、当地政府记者、编辑、导播、播音、演员、节目主持人、作家、撰稿人、教师、学者等，他们都是职业传播者，此外还有普通人。当然，自然传播中的主体难以把握，而对于广告传播主体，可以由设计者来确定，而传播设计主要是研究广告传播的主体，同时还要研究自然传播的主体。旅游地形象的广告传播主体可以分为 3 类：旅游地管理者、当地政府和媒体工作者。它们是具有不同特性的社会群体，每种主体属于不同的利益群体。公众对它们会呈现出不同的态度、不同的信任度。因此传播主体的选择影响到传播的效果。

旅游地管理者是经营旅游地的实体，是旅游经济的最大最直接的受益者。从旅游业中获利是它的主要目的，它的功利性最明显，因此公众对它传播的信息信任度不会太高。

当地政府指旅游地所在行政区域的省、市、县、乡(镇)政府。政府或所属旅游局和负责该方面工作的人员以政府名义对外发布信息。政府行为是多方面的，以公益性目的为主，有文化目的，也有经济目的，还有树立政府形象目的。因为政府在公众心目中比企业管理者好，公众对它传播的信息信任度较高。以政府为传播主体的信息传播效果较好。旅游地形象传播完全可以利用政府为传播主体，以求取得更好的传播效果，而很多企业就很难获得这种机会。

媒体工作者包含记者、编辑、导播、播音、演员、节目主持人，它们具有共同的目的，有自身的责任和义务，代表了一个群体，没有必要再将它们分开。媒体传播的信息有的是广告信息，有的是新闻、经济、文艺、生活、纪念等社会文化信息。前者没有后者传播可信度高，而高等级媒体比低等级媒体传播广告信息可信度高。如果以广告形式传播，旅游地管理者或者政府已经与媒体绑在一起成为信息传播的发起者、制作者和传播者，媒体是表面上的传播者，而信息提供者多为旅游地管理者和当地政府。信息是以纯新闻、资讯形式传播时，媒体的传播主体地位相对独立。

6.3.4 旅游地形象传播内容设计

旅游地形象传播的内容通常是十分简洁的。媒介载体所能提供的时间或版面空间都是非常有限的，同时，现在处在人们信息爆炸的时代，面对应接不暇的信息，人们不得不对信息的接收有所选择，并减少接收时间。因此传播内容设计应当依据相关条件设计，以减少传播成本，又能达到预想的效果。旅游地形象传播内容应当依据以下几方面来设计。

1. 依据受众的信息获取时间来设计传播内容

大多数广告传播内容要简约。广播、电视广告只要几秒种就可以，包括广告语、旅游地名称、地址、联系方式等，可配上适当的背景音乐。报纸、杂志、旅游图上的广告也应力求简洁，广告语、旅游地名称、标志要醒目，以景观图片为背景，适当显示特别重要的信息，如地址、联系方式等。户外广告更要内容简洁，只有简单才能醒目地表达主题，通常只要一句话，必要时最多加上地址和联系方式，匆匆过客是不会有时间来仔细品味的。如果是媒体上专栏，信息量可以加大；候车(船、机)室内的广告信息可以适当充实内容；宣传册、传单上的信息应比较简洁；书籍上的信息可以很丰富。

2. 依据传播媒介来设计传播内容

不同的媒介，传播内容不同，下面分为人类媒介传播、印刷媒介传播、电子媒介传播和户外媒介传播 4 类加以说明。

旅游地信息可以在文艺活动、促销活动等形式传播中全面展示。旅游地管理者可以借活动之机传播信息。写生活动、摄影展、画展、书法展、诗词创作、文艺等活动的开幕、过程和闭幕都有传播旅游地信息的机会。文艺表演的节目中就可以适度融入旅游地信息。举办或参加展览会、策划促销活动，可以面向游客或其他公众或旅游代理机构代理人传播信息。这些活动可以全面地展示旅游地信息量，可以传播的内容比其他广告传播多。

印刷媒介主要有报纸、书刊、传单、宣传册、商品包装、景区门票、导游图、旅游纪念品等多种形式，有正式出版的也有非正式出版的印刷品。报纸可传播的信息量较大，广告传播则简洁些为好，很多人是不会用大量时间去看的广告，要醒目、简明扼要、主题鲜明。而如果是文化生活方面的专栏，可以全面介绍旅游地情况。书籍的信息承载量很大，可以全面介绍旅游地，不仅文字量大，而且可以加入很多精美的图片。如果出版专门介绍本旅游地的书，则能更加详细地全方位地展示旅游地情况。杂志上广告版面空间有限，但是印刷效果好。设计内容适量，可以附加精美图片。地图上的版面空间更加有限，但是印刷效果好，内容尽可能简化。传单和宣传册可承载的信息量大，印刷精美，应当图文并茂、内容全面。商品外包装上传播的要求内容特别简单，可以只出现旅游地名称、标志或宣传用语，也可以添加图片。

电子媒介中，广播播放时间和听众接收时间因节目类型有所不同，一般信息量不可太大。如果是广告传播，还是要简洁些为好，语言与背景音乐或声音相配合，力求用声音来传递景观形象与色彩，如瀑布、流水、鸟鸣、钟鸣等声音。如果是文化、生活、资讯等方面的专栏，可以适当扩充内容介绍旅游地情况，同样需要加上背景音乐。电视媒介可以多角度展示旅游地景观特色，可以有语言、声音、录像同时出现。如果是广告传播，时间要短，只需要几秒种，同时语言与背景音乐或声音以及录像相配合。如果是文化、生活、资讯等方面的专栏，可以适当扩充内容介绍旅游地情况，解说配上背景音乐。互联网信息不受传播时间限制，阅读时间可长可短。如果是广告信息，则都简短为好；如果是网站信息，应当要分层次处理，有详有略，逐层展开。有时间的人就看详细的，没有时间的人就看简短的。手机可以承载的信息相当有限，如果是广告信息，以欢迎词或提示语，加上旅游地信息的短信形式出现为好。手机通信技术发展很快，随着手机的功能增强，未来可以根据传播的可能性来巧妙设计内容。

户外媒介面对的都是匆匆过客，有的是乘(驾)车路过，有的是步行路过，车辆上的信息也是疾驰而过。尽管媒介版面很大，但是人们却没有多少时间去关注它，因此内容以简单、醒目为好(图 6.7)。

图 6.7 户外广告

3. 依据不同传播对象来设计传播内容

不同的受众群体所关心的主题不同，应当投其所好，传播者应当依据市场细分的群体，有针对性地传播，做到有的放矢。上班族生活节奏快，传播内容要简单；老年人生活节奏慢，报纸、广播和电视所传播的信息量可以加大；驾驶员、有车族听广播的时间较多，用广播传播的信息量也可以加大。

6.3.5 旅游地形象传播口号设计

形象口号对提高旅游地形象传播效果有着重要意义，一句好的口号赛过千言万语。传播口号设计不但要显示旅游地的特色，语言须简洁、凝练、生动、新颖，要能够打动旅游者的心，给旅游者留下深刻印象，甚至让人刻骨铭心，而且具有感染力，使人产生到此一游的欲望。形象口号设计方法大多与形象描述大体相同，所不同的是：形象描述接近于本底形象，而口号所表达的内容可能会有一些偏离，或者是比原来模糊，更加贴近旅游者心理，更有号召力(图 6.8)；在语言表述上更加注重语言的句型和修辞手法灵活多变，可以用疑问句、祈使句、主谓句、非主谓句、被动句、倒装句、兼语句、连动句等；而对于本底形象的描述，是综合考虑多种因素，主要倾向于旅游地本身的特色，也考虑市场因素，但是对市场的消费心理及市场趋势缺少号召力和应变性。口号设计是针对某一些公众群体感兴趣的主题来描述形象，以引起他们的兴趣。旅游地还应针对不同受众群体，如按年龄、性别、职业等特性来设计语言。此外，市场是在不断变化的，形象定位应当建立在一定市场需求的背景之下，才能达到设计的目的。总之，宣传口号的设计的市场推广功能更强，更加强调消费心理和市场趋势的把握，促销意味更浓，而传播者是因时因地因人来进行各种传播口号的创意设计的。例如，黄山形象可以描述为“如诗如画，人间仙境”，而宣传口号却可以“五岳归来不看山，黄山归来不看岳”、“感受黄山，天下无山”或者是“中国黄山，世界名山”，主要是为了显示其在市场上的地位，便于公众识别，是为满足拓展市场的需要而设计的。而前面的语言只是风格和境界的如实描述，不足以凸显其市场价值，它可以用在别的场合。不过并不是所有的旅游地都需要这样做，而是要视具体情况而定，形象描述语言不易识别，感召力不强的情况下需做这样的处理。例如“中国画里乡村——宏村”，既是形象的描述，也是宣传口号。在实际应用中，为了应对不断变化的市场，

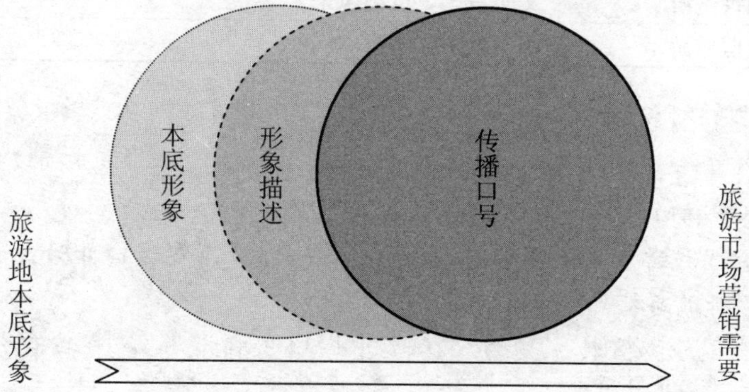

图 6.8 形象传播口号与本地形象描述内容可能发生的偏离

迎合消费者需要，往往旅游地本底形象描述与传播口号合二为一或者被口号所替代。但是并非对旅游地形象的本底形象描述就没有意义，因为传播口号设计必须以本底形象为基础，并与本底形象存在一定联系。表 6-1 所列出的是中国对外旅游主题与口号，我们可以观察分析本底形象与口号之间的关系。

表 6-1 中国对外旅游主题与口号

主　题	口　号
1992 中国友好观光年	好客的人民，古老的文化，神奇的大地 欢乐、友谊、祥和 游中国、交朋友
1993 中国山风光游	锦绣河山遍中华　名山胜水任君游
1994 中国文物古迹游	中国——东方文物的圣殿 五千年的风采，伴随你的中国之旅 道不尽华夏历史五千载　看不完古迹文物遍九州 华夏遗迹咏往事　访古探幽任君游 尧天舜日华夏地　秦皇汉武古今情 保护文物古迹　促进旅游发展 保护与开发并举　历史与未来同在
1995 中国民俗风情游	中国——56 个民族的家 众多的民族　各异的风情 探访中华民俗风情　难忘神奇经历
1997 中国旅游年	中国的友好召唤 中华文物古迹，奉给世人共享 东方的风采、伴你中国之旅 游中国——全新的感受 长城、故宫、兵马俑　世界之最 名山大川　任君游 太阳　沙滩、海水　向你拥抱
1998 华夏城乡游	现代城乡，多彩生活
1999 生态环境游	返璞归真，怡然自得
2000 神州世纪游	文明古国，世纪风采
2010 中国世博旅游年	相约世博，精彩中国

知识链接

国内旅游宣传口号举例如下。

2006 年全国旅游宣传主题为“2006 中国乡村游”，宣传口号为“新农村、新旅游、新体验、新风尚”。

2007 年全国旅游宣传主题为“2007 中国城乡和谐游”，宣传口号为“魅力乡村、活力城市、和谐中国”。

北京：不到长城非好汉。
上海：上海旅游，感受现代。
天津：敞开天津门，笑迎八方客。
重庆：永远的三峡，世界的重庆。
辽宁：游辽宁奇特景观，览关东民俗风情。
吉林：雾凇冰雪，真情吉林。
黑龙江：黑龙江——21世纪中国滑雪胜地。
河北：新世纪，游河北，新感受。
河南：宏扬文化，传承文明 。
江苏：来江苏，访名城，游古镇，品吴韵，寻汉风。
安徽：旅游难忘安徽。
浙江：诗画江南，山水浙江。
福建：福天福地福建游。
江西：世界瓷都，仙鹤乐园。
广东：活力广东，精彩纷呈。
海南：热带海岛，清新自然，度假胜地，欢乐天堂。
陕西：古老与现代，淳朴与自然。
山东：走近孔子，扬帆青岛；好客山东。
湖南：湖南——毛泽东的故乡。
山西：山西——中国古代艺术博物馆；晋善晋美。
云南：中国云南，神奇多彩。
贵州：梦幻之旅，神奇贵州。
西藏：寻梦者的乐园——西藏。
四川：雄秀奇幽看四川。
香港：动感之都，就是香港。
澳门：中西交汇，文化传承。
海南：安全的旅游岛，美妙的度假地；欢乐海岛，四季花园。
桂林：桂林山水甲天下；山水甲天下，魅力新桂林。
钦州：红荔枝，白海豚，绿钦州。
西安：龙在中国，根在西安。
三明：走进多情山水、拥抱绿色三明。
宁夏：雄浑西部风光，秀美塞上江南。
都江堰：拜水都江堰，问道青城山。

（资料来源：http：//hi. baidu. com/zywself/blog/item/f3fe27dd3aadfdd18d1029df. html）

即学即用

在互联网上搜寻有关征集旅游地宣传口号的公告，尝试为某旅游地设计宣传口号，参与竞标，展示你的学识和设计才华。

6.3.6 旅游地形象传播方式设计

旅游地形象传播方式是指通过报纸、杂志、广播、电影、电视、网络、文艺活动等传播媒介来传播旅游地信息的方法和过程。旅游地形象传播方式是传播设计的主要内容，主要依据提高知名度、提高可信度、传播速度、传播效果、传播成本等目的来设计传播方式。

1. 基于提高知名度的传播方式设计

广告传播对于提高知名度效果最好、最快，因为它可以人为控制传播媒介、时间、频率和范围。而不管公众是否愿意接受，接触多了，也就记住了。首先应当选择覆盖面大的传播方式，这里的覆盖面包括区域和群体范围。要在预想的区域范围所共知，需充分利用媒介的传播范围。如果要让全世界都知道，就要用世界传播的媒体，如互联网；如果是需要让全国都知道，就要用全国传播的媒介，如全国发行的报纸、中央人民广播电台、中央电视台；如果是需要周边省市都知道，就要选择周边省市的传播媒介。旅游是老少皆宜活动，应当选择大众化的媒体传播方式，传播面应当要广泛，面面俱到，多种媒介都要利用，不过对于经济收入相对较低的群体可以少考虑。

除了广告传播之外，也不能忽略非广告传播，将信息渗透在非广告传播之中，提高旅游地信息的出现频率。旅游地经营管理者要抓住机会，寻找机会，创造机会。抓住机会就是在发现机会时就要抓住不要轻易放过。寻找机会就是要观察自然传播中哪些媒介可以用于旅游地信息传播，各种公共文艺活动、节庆、体育比赛、重大庆典、博览会、其他会议等都是传播形象的机会。创造机会就是要主动创造传播机会，也就是要靠自己主办一些活动、文化节、艺术展或大赛，参与社会公益活动(赞助)，甚至制造新闻，目的是让媒体和公众关注，以此来扩大影响。这种做法在企业界已经是司空见惯。旅游地信息传播更有利用此类传播方式的可能性，因为旅游资源很大一部分是地域文化，与人们的文化生活、艺术生活紧密联系。

现在已经有不少地方都在运用举办各种节庆活动来传播旅游地信息，并取得了良好的传播效果。有些地方似乎没有素材来创造传播机会，其实并非如此，关键在于会不会利用本地资源去创造机会，因为每一个地区都有自己的文化。当然，不能局限于这种方式，还需要设计更多的传播方式来传播信息，创造更多的传播机会。

提高旅游地信息的出现频率的方法很多，要不拘一格。例如，有的利用改地名来提高信息的出现频率。屯溪市改为黄山市，思茅市改为普洱市，中甸县改为香格里拉县等，更改地名后传播效果明显提高。

提高信息的关注度也是提高知名度的重要方法。信息的关注度与信息的重要性关系密切，信息的重要性主要指它对世界和国家等大范围的形势的影响度，对个人的生活和心理影响度，影响度较大的信息，关注度高。对于个人来说，关注度与自身生活内容与空间距离有关，与自身生活关系密切的内容，关注度高；与自己空间距离近的信息与自己关系密切，关注度高。本地人会更多地关心本省的信息。例如，四川“汶川地震”对国家和个人的影响很大，据央视市场研究公司统计，其居2008年度大事件关注度榜首，以至于天下人几乎没有不知道汶川的。央视市场研究的调查对公众最关注的新闻类别进行调查，时政、财经、社会成为前三名。调查还表明，男性对政治、体育新闻的需求大于女性，而女性对娱乐新闻的兴趣远超过男性。年度大事件关注度：汶川地震54.7%，金融危机43%，北京奥运会开幕35.6%，南方低温雨雪冰冻灾害9.1%，台湾陈水扁事件5.9%，美国总统大选4.5%，毒奶粉事件3.5%，马英九当选台湾地区领导人3%，燃油税改革方案出台2.4%，神七飞船上天2.2%。旅游地信息关注度通常不会太高，只有发生了较大的事件才会受到普遍关注。国际性和全国性会议、体育比赛在某城市举行有助于提高举办地的关注度，例如，世界博览会(World Exhibition or Exposition，World Expo)在上海召开，扩大了上海在世界的影响；第四届中部投资贸易博览会在合肥召开，提高了合肥的关注度。在全国有重要影响的大型企业有利于提高所在的城市的关注度，例如，奇瑞汽车的发展提高了芜湖的关注度。

2. 基于提高可信度的传播方式设计

提高可信度与知名度属于不同层面的问题，对于传播效果来说应当两者兼顾才是理想的目标。公众对于信息的信任有一定的规律。央视市场研究的调查结果显示：媒介传统媒体公信力较高。对于媒介新闻公信力，电视、报纸、广播等传统媒介依旧是观众和读者最赖以信任的信息提供平台；而网络、杂志、手机等媒介公信力较低。中国已于1995年2月1日正式颁布实施广告法，我国《广告法》第一章总则中的第三条规定：广告应当真实、合法，符合社会主义精神文明建设的要求；第四条规定广告不得含有虚假的内容，不得欺骗和误导消费者，真实性是广告的基础。然而，虚假宣传广告依然存在，因此公众对广告的信任度不会太高。

从传播主体看，人们对熟悉的传播主体有信任感，如亲戚、朋友、同学、同事等；对政府传播主体有信任感；对高等级传播媒体有信任感；对有实力的传播主体有信任感；对信誉度高的传播主体有信任感；对于非盈利目的的传播主体有信任感。

从信息的性质看，广告信息没有非广告信息可信度高。从印刷传播媒介看，各种媒介可信度不尽相同。正式出版物比非正式出版物可信度高，因为出版物经过多层审核，如传单的信息没有报刊信息可信度高；高级别的出版物比低级别的出版物的信息可信度高，如国家级出版社的出版物比省级出版社的出版物的信息可信度高；国家级报刊比省级报刊可信度高；地图上的信息同书上的信息可信度相近；书上的信息又比报纸上的信息可信度高；中小学教材中的信息比其他教材或书籍可信度高；词典上的信息比一般书籍上的信息可信度高。从电子媒介看，广播、电视有国家、省、市、县等不同等级，新闻资讯信息可信度基本相同，但是广告信息可信度大不相同，国家级媒体比省级媒体的信息可信度高，以此类推，互联网上传播的信息中政府网站的信息可信度高；手机信息可信度不高；规模大、材质及设计质量好的户外媒介比一般的户外媒介信息可信任度高；参与公益活动，所制造信息可信度高。

从传播的持续时间来看，持续时间越长，可信度越高。公众对刚接触的信息信任度可能较低，但是时间长了以后，也就会逐渐信任。持续时间长可以向公众暗示旅游地的实力和能够被公众接受。

3. 基于提高传播效果的传播方式设计

有效性是指传播具有针对性，传播的信息基本达到预期的空间、人群范围以及效果。

广告传播要根据旅游地所规划市场确定的空间和人群范围来设计相应传播方式。市场空间全国分布的，选择全国性媒介较好，否则，以地方性和行业性媒介较好。同时公众的年龄结构、生活习惯、工作性质相差很大，应当根据接收人群的特点来选择传播方式，也就是说，不同的媒介有不同的适应人群，应区别对待。例如，对于自驾车旅游信息，可以通过广播形式传播，驾驶员听广播比较多，尤其是交通广播收听率更高。而上班族、青年人和中小学学生听广播的较少，针对此部分人群的旅游信息不宜采用此方法，网络传播更适合这些人群。针对老年人的旅游信息通过广播传播也具有较好的效果。上班族、老年人有时间看报纸，报纸的种类不同接触人群也不同。普通百姓接触的报纸一般为晨报、晚报，发行量很大，应当作为主要传播媒介。党报读者主要是党政机关领导及工作者，发行量较少，不宜作为主要传播媒介。

此外，广播、电视等电子媒介在传播时间的选择上，也要确定在一定时段内，目标市场能有较多的人接触所传播的信息。例如，学生、上班族通常晚餐时或晚上看电视，老年人时间安排比较宽松，驾驶员收听广播的时间也比较宽松。

4. 基于快速起效的传播方式设计

为了迅速获得传播效果，必须选择合适的传播方式和提高传播频率，以报纸、电视、广播等传播方式中的信息刷新快、渗透范围广的传播媒介较好。传播方式中，广告传播比非广告传播速度快，尽管受众是被动接收，但是出现的频次多了，依然可以产生效果。互联网主要靠主动接收，传播速度会慢许多。同时加上户外媒介传播，以及举办活动制造新闻等方式，全方位、立体化信息传播。

在传播频率上，以连续式和集中式较好。连续式是在较短的时间内连续不断地发布广告。集中式是在特定的时间内高密度发布广告，在短时间内形成较大声势。

5. 基于降低成本的传播方式设计

低成本高效率是任何企业管理者遵循的原则，旅游地形象传播同样也要遵循这一原则。广告传播必然要投入人力和物力。相比之下，选用电视媒介比报纸更为经济。除了计算相对价值，还必须考虑旅游地经济承受力。报纸杂志的发行量、广播和电视的接收率、媒介传播覆盖面是媒介影响力大小的标志，超出目标市场范围的广告就会造成浪费。媒体方式及级别不同，其广告成本相差很大。

以传播时间的安排来说，间隔式传播可以降低成本，即在每一段时间刊发广告后保持一段时间间隔，然后再继续发布同类广告。一定的旅游地有淡旺季之分，在旺季到来之前发布广告，在淡季减少或者不发布广告，这样既能提高传播的有效性，也能降低推广成本。

网络传播成本较低，而且可传播的信息量大，不受时间限制，查询方便。尤其是国际传播效果很好。

即学即用

尝试运用形象传播理论，结合某节庆活动写一份形象宣传策划书。

本章小结

旅游地形象传播设计是旅游地形象设计的内容之一，其目的是推广旅游地形象，让更多的人了解旅游地。

按传播目的，旅游地信息传播的方式可分为自然性传播、广告性传播和公关性传播。旅游地信息的自然性传播是指人类在生活和生产过程中有意无意地传播了旅游地信息，属于非广告传播。旅游地信息的广告性传播是指旅游地经营管理者以营销为目的的传播形式，是有意识地传播旅游地信息的传播方式，包括人际广告传播、群体广告传播和大众广告传播。旅游地信息的公关性传播是介于自然性传播与广告传播之间的一种旅游地信息的传播方式。

按照信息的接收方式，旅游地形象的传播形式可以分为视觉传播、听觉传播和视听传播 3 种。视觉传播是指作用于人的视觉的传播形式，主要有报纸、刊物、各种印刷品、平面广告、户外广告、海报、招贴、产品包装、展板等。听觉传播是指作用于人的听觉的传播形式，主要指无线电广播传播形式。视听传播即包含了视觉和听觉感知功能的运用，同时接收信息，其主要媒介是多媒体。

按照传播媒介的性质，分为人类媒介传播、印刷媒介传播、电子媒介传播和户外媒介传播 4 类。人类媒介传播是指将人类自己作为传播媒介与公众直接交流，传播旅游地形象。既包括旅游地管理者主动传播，也包括普通百姓之间的传播。印刷媒介有报纸、书刊、传单、宣传册、商品包装、景区门票、导游图、旅游纪念品等多种形式，有正式出版的也有非正式出版的印刷品。电子媒介有广播、电视和手机等形式。户外媒介指的是放置在户外而且体量较大的媒介，如建筑物表面、广告牌及交通工具表面等，户外旅游地信息传播的形式主要有旗帜、条幅、标识牌、路标牌、大型导游图、灯柱、模型、气球等。

按照传播语言不同，可将传播分为语言传播和非语言传播。

旅游地形象传播设计应遵循针对性、简约性、艺术性、经济性和应变性的原则。

无论是传播者，还是受传者，他们的人格、认知、情感、动机、态度等心理因素在传播活动中影响信息传播过程和效果。

旅游地形象传播内容应当依据受众信息获取时间、传播媒介和传播对象三方面来设计。

旅游地传播口号设计不但要显示旅游地的特色，语言须简洁、凝练、生动、新颖，还要能够打动旅游者的心，给旅游者留下深刻印象，甚至永久不忘，而且具有感染力，能使人产生到此一游的欲望。

旅游地形象传播方式是指通过报纸、杂志、广播、电影、电视、网络、文艺活动等传播媒介来传播旅游地信息的方法和过程。旅游地形象传播方式是传播设计的主要内容，主要依据提高知名度、提高可信度、传播速度、传播效果、传播成本等目的来设计传播方式。

关键术语

传播(Communication)
人类传播(Human Communication)
非人类传播(Non－human Communicatio)
自然性传播(Natural Communication)
广告性传播(Advertising Communication)
公关性传播(PR Communication)
视觉传播(Visual Communication)
听觉传播(Hearing Communication)
视听传播(Audiovisual Communication)
语言传播(Language Communication)
非语言传播(Nonverbal Communication)
传播者(Communicator)
受众(Audient)
传播媒介(Dissemination Medium)
旅游形象口号(Tourism Image Slogan)

知识链接

[1] 王本朝，杜积西．传播学教程［M］．重庆：重庆大学出版社，2007.

[2] 张国良．传播学原理［M］．上海：复旦大学出版社，1995.

[3] 王雷．品牌传播学［M］．石家庄：河北人民出版社，2005.

[4] 尹隽，王海莉，周晓梅．旅游目的地形象策划［M］．北京：人民邮电出版社，2006.

[5] 李燕琴，吴必虎．旅游形象口号的作用机理与创意模式初探［J］．旅游学刊，2004，(01)．

[6] 马梅．格式塔——旅游地形象宣传口号的原型分析［J］．城市规划汇刊，2004，(03)．

练习题

一、单项选择题

1. 传播可以分为人类传播、非人类传播和(　　)三大类。

A. 直接传播　　B. 人内传播　　C. 间接传播　　D. 综合传播

2. 电影《庐山恋》对庐山旅游发展起着推波助澜的作用，这属于传播方式中的(　　)。

A. 自然性传播　　B. 广告性传播　　C. 公关性传播　　D. 物理传播

3. 判断旅游地形象传播效果的主要标志是(　　)。

A. 知晓度　　B. 美誉度　　C. 知晓度和美誉度　　D. 可信度

4. 一般来说，要求详细但趣味性较小的，宜用(　　)媒介，而(　　)传播配以声音图画较易感人和引起受众兴趣。

A. 网络　　B. 印刷　　C. 户外　　D. 电子

5. 生活习惯或工作规律性不强的公众无法在规定时间内收看或收听信息，(　　)则更适合他们。

A. 网络　　B. 印刷　　C. 户外　　D. 电子

6. 宣传画册、明信片、挂历、邮票、首日封属于(　　)。

A. 网络媒介　　B. 印刷媒介　　C. 自然性传播　　D. 电子媒介

7. 金庸先生的武侠小说中涉及过许多名山大川，对读者建立旅游景区的印象有相当的影响，这是属于(　　)。

A. 网络传播　　B. 公关活动传播　　C. 印刷媒介传播　　D. 自然性传播

二、名词解释

1. 传播
2. 受众
3. 人类传播
4. 非人类传播
5. 传播媒介
6. 旅游地形象传播
7. 自然性传播
8. 广告性传播
9. 公关性传播
10. 视觉传播
11. 听觉传播
12. 视听传播
13. 大众传播

三、简答题

1. 试对旅游地形象媒介传播方式进行分类。
2. 请简述旅游地形象媒介传播设计的原则。
3. 旅游地形象传播主体主要包括哪些？
4. 如何对旅游地形象传播的内容进行设计？
5. 旅游地形象传播方式设计应当考虑哪些因素？

四、论述题

1. 如何有效地进行旅游目的地形象传播？

2. 试分析本章导入案例中策划者的用意、成功之处，用传播学理论来解释。

3. 尝试为某旅游地设计一份传播策划书。

【案例分析】 之一

韩国旅游业走过了 40 年的历程，取得了令人瞩目的发展，年接待海外游客数量由 1962 年的 1.6 万人次增加到 2002 年的 500 多万人次。韩国旅游业快速发展的一条最重要经验是始终维护良好形象，努力营造吸引游客的旅游环境。

韩国地处朝鲜半岛南部，旅游资源不甚丰富，过去旅游知名度不高，旅游的软硬件设施也较落后。为树立良好的旅游形象，韩国政府首先将旅游业确定为战略产业，着力在树立和维护形象上做文章。

——利用传统媒体广告和宣传材料广泛向世界介绍韩国。

——花大力气举办各种国际旅游促销会。

——参加国际旅游展览和加强与国际旅游机构的合作。

——将大型国际体育文化活动与提高旅游业形象融为一体。

通过举办 1986 年的亚运会、1988 年的奥运会、1993 年的世博会和 2002 年的世界杯足球赛等大型国际活动，韩国大幅度地提高了自己的旅游形象。

韩国旅游界人士指出，举国一致树形象，上下齐心搞促销，是韩国发展旅游业的真实写照。旅游业的发展需要国民的大力支持和广泛参与，教育国民懂得提高国民素质是旅游业发展的基础工程。

为了树立崭新而良好的韩国旅游业形象，韩国注意培养国民参与旅游的意识，通过媒体宣传、街头展览、旅游说明会等形式教育国民礼貌待客，热情为游客服务。电视广告片“让我们亲切接待外国游客”曾家喻户晓、人人皆知。在旅游大发展的年代，韩国也遇到了公共场所脏乱、公共厕所臭味刺鼻的难题。为此，政府专门开展了各种提高国民卫生意识和卫生水平的运动，对那些乱扔废弃物的行为进行处罚，并在新闻媒体上公布最佳和最差公厕名单。这些措施很好地解决了公共场所和厕所不洁问题，为韩国发展旅游业创造了良好环境。

充分利用有限条件，力推特色服务，是韩国发展旅游业的一大特色。近年来，随着国际旅游市场竞争日趋激烈，韩国政府要求本国的旅游业不断创新，努力发展体现韩国特色的旅游项目。韩国的国土面积仅 9 万多平方千米，但迄今向联合国教科文组织申报成功的世界文化遗产就达 7 处之多。韩国旅游部门在努力发掘这些历史文化遗迹的同时，将旅游与节日、民俗、饮食等结合起来，使有限的旅游资源得到最大限度的利用。现在韩国每年新推出的特色旅游项目达 800 个，其中包括吸引百万游客的庆州文化博览会、光州泡菜盛典、南道饮食文化大宴、麟蹄河川漂流节等。这些富有浓郁韩国地方特色的旅游项目吸引了来自世界各地的众多游客，有力地推动了韩国旅游业的发展。

重视游客的个性化需求，强化服务力度，是韩国发展旅游业的又一大特色。韩国业内人士认为，大力提高旅游服务质量，想方设法满足游客的个性需求，是扩大韩国旅游影响力和吸引回头客的重要环节。因此，韩国旅游部门注重为每一位海外游客提供各种便利。在韩国的机场、港口、公交车站、服务网点等公共场所的路牌、公厕、电话亭都有韩文、英文、中文、日文的标识或易懂图标。在报亭、旅游饭店和餐馆等地，游客都可见到交通图、旅游指南、旅游服务手册等资料。2000 年，韩国旅游部门还开通了免费 1 330 旅游服务电话，以英语、法语、汉语和日语向外国游客提供旅游咨询服务。此外，韩国还有 4 000多名退休专家、学者、教授担任名誉导游，他们免费为自助游韩国的海外游客提供导游服务。

根据材料，试从旅游地形象传播设计理论角度分析韩国形象传播的成功之处。

【案例分析】 之二

创意的魅力——武夷山“中国情人节”策划书

一、策划背景

农历七月初七，是中国传统的“七夕节”，是中国神话传说中牛郎和织女在天上银河鹊桥相会的日子。中国有许多忠贞、浪漫的爱情故事在民间流传。风景秀丽的武夷山流淌着一条人间银河——九曲溪，九曲溪两岸流传着玉女和大王美丽动人的爱情故事，被世人所颂扬。我们要把农历七月初七这一天打造成中国的情人节，每年在武夷山举办“武夷山——中国情人节”节事活动，借助这一活动平台，策划系列被受关注的文化活动，广泛联络电视、广播、报纸、网络在全国进行广泛大量的宣传，使这一活动成为世人关注、情侣们向往和期盼的一项活动，把武夷山打造成情人旅游圣地。近年来西方节日在我国日益盛行，中国传统的节日渐渐离我们远去，如何弘扬中国传统文化，已是社会各界有识之士关心的热门话题，在两会(图片-新闻-网页)期间代表们已提出议案《关于把端午、七夕等传统节日定为国定假日的议案》，得到了许多代表的广泛支持和全国人大的高度关注，也成了今年两会的焦点和热点话题。去年武夷山举行了小规模的“情人节”，社会反响很好，在这种背景下举办中国情人节，时机和社会基础更加成熟，对促进和发展武夷山的旅游业和联办企业品牌形象也非常必要。

将“情人节”定位成一个推介宣传武夷山旅游市场，提升参与企业品牌知名度的一项重要活动，把“情人节”打造和建设成能代表武夷山和企业的又一文化名片，让这一时尚浪漫的文化节事活动变成全社会和媒体关注的焦点，这一活动的持续举办并结合武夷山的旅游资源和联办企业形象，进行长远规划，以此促进武夷山旅游市场和企业的持续繁荣与发展。

二、批准部门：福建省文化厅

三、组织机构、组委会成员名单（省略）

主办单位：福建省文化厅、中国艺术研究院、中国民族民间文化保护工程国家中心、中国民俗学会、南平市人民政府、武夷山市人民政府、武夷山风景名胜区管理委员会

媒体主办：中国文化报、江苏卫视、新闻晨报、重庆经济报、天府早报、济南时报、新浪

承办：武夷山风景名胜区管理委员会、武夷山市远波文化传播有限责任公司

协办：武夷山市旅游局、武夷山市文体局、福建省武夷山旅游发展股份公司、武夷山旅游集团公司、厦门航空公司、武夷山大峡谷生态漂流有限公司、儒视（福州）传媒有限公司

四、活动主题、口号

温馨·浪漫·快乐·旅游　打造中国“情人节”

温馨·浪漫·快乐·旅游

天下有情人协手互动打造中国情人节

七夕风情节去武夷山参加我们的爱情盛典

在玉女峰前，大王峰下见证我们的挚爱真情

在天游峰上锁定我们的天长地久

武夷山——中国情人节

七月七，天下有情人相约武夷山

五、活动规模、时间

规模：7 700 对情侣，境内外旅行社组团 4 000 对，通过全国各类媒体直接征集 3 700对。

时间：2005 年 8 月 11 日至 2005 年 8 月 13 日，在武夷山安排为期 3 天的活动行程。

六、活动内容

1. “武夷浪漫之夜”当红明星演唱会（网络歌星）。

2. 七夕之夜（8 月 11 日晚）举行“武夷狂欢之夜化妆舞会”（另见晚会策划方案）。

3. 举办“中国传统民俗节日高峰论坛”。

4. “红豆圣树、心的祈祷”活动：在红豆树下情侣们演绎激情热吻大赛和情侣对视大赛。

5. “天上人间、海誓山盟”活动：在天游峰顶，由月下老人主持海誓山盟仪式。

6. “鹊桥牵手、情系武夷”活动：在九曲溪畔、玉女峰前搭建鹊桥，举行鹊桥相会仪式。

7. “知心爱人、共渡银河”活动：漂流在“人间银河，武夷九曲”共享轻松浪漫之旅。

8. “豪龙杯”情侣激情野战对抗赛。

9. “武夷杯”情侣越野登山赛。

10. 在成都、福州、重庆、济南 4 个分赛区举行情侣情歌、情侣形象大使选拔赛。

七、宣传定位

以各类高品味的活动、全国范围的征寻、焦点人物炒作、公众人物追踪、热点话题讨论、各分赛区选手参与互动构成本次活动宣传的基本要点，策划各类新闻事件，推出各类新闻人物，使整个活动全方位进入各类媒体宣传炒作，借助本次活动的宣传平台，以提高武夷山和联办企业的知名度、影响力为目的，打造积淀武夷山和联办企业的文化名片功能，从而起到弘扬中国传统文化体现民族文化精神，弘扬爱情主旋律，倡导宣传中国的情人节，吸引更多的人关注民俗节日，对提高民族的凝聚力、展示中华文化的魅力，将起到一个良好的促进作用。

八、宣传规模

1. 中央电视台、4 家卫视和省级电视台冠名播出各类节目 20 个小时。

2. 30 家省级平面媒体冠名报道，发表各类文章及网络转载 70 万字。

3. 新浪网的主页或新闻中心2个月的推介宣传及10个月的频道推介宣传。

九、宣传时间

“情人节”活动前两个月进入前期宣传和炒作；活动正式开展宣传进入高峰；活动结束后进行整个活动的专题、见闻、花絮、回放与宣传。

十、主办、协办媒体

中国文化报、江苏卫视、生活报、新闻晨报、重庆经济报、天府早报、济南时报、新浪、南方都市报、羊城晚报、都市女报、每日新报、江南时报、贵州都市报、桂林晚报、八桂都市报、桂林日报、江南都市报、华西都市报、东方早报、上海青年报、每日商报、都市快报、武汉晚报、青岛早岛、青岛晚报、新文化报、重庆商报、华商报、海峡都市报、老年日报、法治晚报、东南快报、郑州晚报、南京晨报、现代快报、福建日报、厦门日报、竞报、东南卫视、福建三套、福建四套、福建六套、福建FETV、河北电视台、江西电视台。

十一、宣传亮点与热点

1. 组织联络全国多家媒体共同发起的感动中国爱情故事的征文活动，策划邀请部分主人公参加本次活动(侧重社会弱势群体和普通人群的感人故事，如民工、残疾人、边防战士等，另见征文细则、奖励办法及新闻宣传策划)。

2. 邀请当红明星举办武夷浪漫之夜大型演唱会。

3. 在成都、重庆、济南、福州设立分赛区选拔参加情人节“武夷浪漫之夜”情侣情歌大赛、情侣形象大使参赛选手。

4. 在全国范围内征寻邀请典型意义的钻石婚和金婚的夫妻到武夷山参加本次活动。

5. 征寻邀请七月七日出生的有特别意义情侣来武夷山参加情人节，实行特别优惠和赠送特别礼物。

6. 在全国范围内征集“情人节”标志和吉祥物。

7. 在全国为江苏卫视征寻电视谈话节目嘉宾(征寻有特别意义的情感故事的嘉宾，作为本次活动多家电视台和平面媒体的探讨话题)。

试分析本策划书中口号抓住了公众的哪些心理诉求？采用了哪些传播方式？预期效果如何，为什么？

(资料来源：http://blog.sina.com.cn/s/blog－51245e370100chw3.html)

第7章　旅游地形象设计案例——黟县旅游形象设计

旅游地形象设计理论是应用理论，必须要与实践相结合，同时，实践还能检验理论的正确性。本章将尝试运用前面的理论来设计某地旅游地形象。旅游地的空间尺度可大可小，它可以是行政区域，也可以是自然区域。也就是说，一个国家可当做一个旅游地，一个省可以当作一个旅游地，一个乡镇也可以当作一个旅游地，一个景点也可以当作一个旅游地。限于篇幅，只能讨论一个区域的旅游地形象设计，包括全省以及部分其他中、小尺度的旅游地。黟县是皖南山区的一个县级行政区域，旅游资源丰富，而且有品位很高的旅游资源，旅游开发潜力很大。通过本章学习，读者可以提高知识的应用能力。

7.1　黟县地理背景分析

黟县地处皖南山区，因黟山而得名，北枕黄山，南望白岳，四面群山环抱，中间为一小盆地(图7.1)。境内四季分明，气候温和，层峦迭嶂，山水灵秀，森林覆盖率高达76.3%。全县面积约857平方千米，是黄山市面积最小的一个县。由于相对封闭的地形，在历史上古黟与外部交往不便，造就了黟县“非人间”般的小环境。

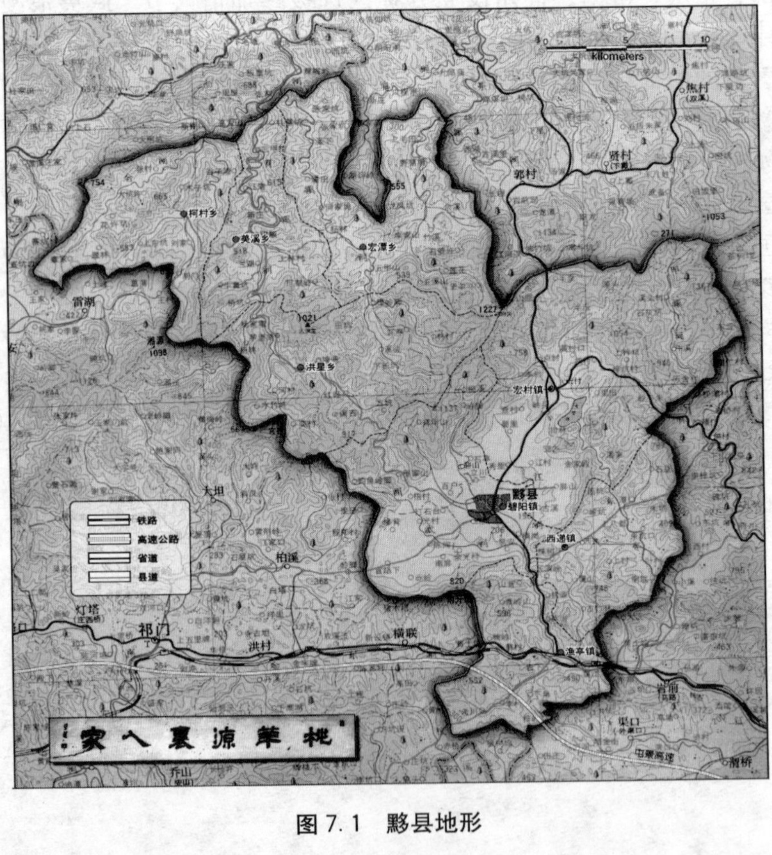

图7.1　黟县地形

黟县不仅自然景观优美，而且文化内涵也颇为深厚。黟县建置于公元前 221 年，是全国历史最为悠久的古县之一，也是徽商故里和徽文化的发祥地之一。境内存有大量的明清民居、祠堂、牌坊、园林，西递、宏村、南屏、关麓、屏山等古民居建筑，村落布局严谨，建筑精美，至今仍保存完整的古民居有 3 600 幢，数量之多，为皖南各县之首(图 7.2)。其中西递、宏村古建筑群数量最多，品位最高。已被联合国教科文组织列为世界文化遗产，是中外游客向往的旅游胜地。黟县田园风光迷人，民风纯朴，粉墙黛瓦掩映在青山绿水、桃红柳绿之间，俨然是一幅天人合一、人文美与生态美结合的优美画卷。东晋大诗人陶渊明游历于此，有感而发，写下了不朽的散文名篇《桃花源记》，李白题诗赞誉“黟县小桃源，烟霞百里间，地多灵草木，人尚古衣冠”。因此，黟县自古便享有“小桃源”的美誉。

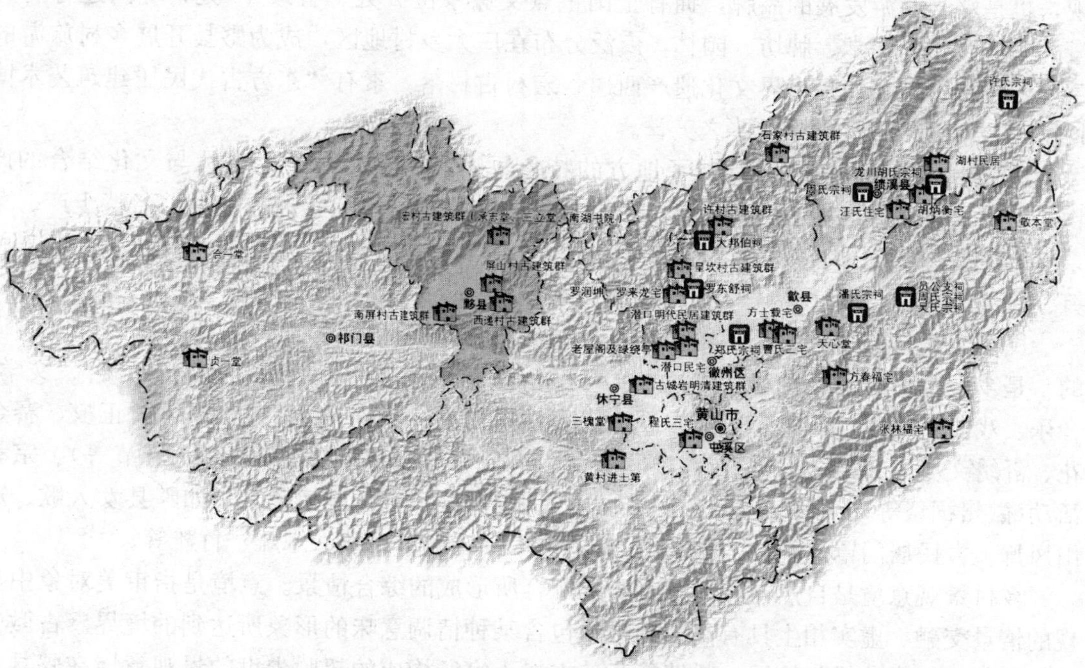

图 7.2　皖南明清古民居分布及黟县所在的位置

(资料来源:《安徽省地图集》编委会. 安徽省地图集. 中国地图出版社，2011.)

7.2　资源的旅游价值分析

7.2.1　主要旅游资源

黟县旅游资源自然类与人文类兼备，呈现为乡村性特点，主要旅游资源有自然景观、田园景观、民居建筑景观、地方物产及其工艺技术、民俗文化与人文活动、乡村景观意境六方面。

自然景观是乡村景观的背景或构成要素。黟县地处皖南山区，四面群山环抱，山峦起伏，森林覆盖率高，人类破坏较少，山清水秀。这种环境体现了“野”的特点，这是乡村性重要的构成要素，是城市人逃避城市喧嚣，感受异地乡村趣味的理想去处。

田园风光是乡村景观最主要的构成部分，是乡村特性的主要构成元素。皖南地区传统农业生产有着精耕细作的优良传统，至今仍保留着传统的农耕生产和林业生产活动。目前，在黟县县城建成区的外围以及道路沿线，还分布有集中成片的田园风光。金黄的油菜，绿油油的稻田，成片的茶园、果园和桑园，郁郁葱葱的竹海，田间地头、村前屋后中鲜红的乌桕构成黟县一幅幅田园牧歌般的乡村田园景观。

民居建筑景观是一定地域文化的物化形式，是代表地方历史文化特色的符号。建筑景观是历代当地居民在自然和人类社会不断演变过程中所遗留下来的生活痕迹和物质形式，记录了聚落发展变迁的历程。黟县聚落和民居建筑景观资源非常丰富，是徽文化的物质体现，也是黟县旅游发展的品牌，拥有全国重点文保单位 2 处、省级 10 处，境内还存有大量的明清民居、祠堂、牌坊、园林，广泛分布在广大乡村地区，成为黟县开展乡村旅游的重要依托。最著名的是世界文化遗产西递、宏村古村落，素有“东方古代民居建筑艺术博物馆”、“中国传统文化缩影”之美誉。

地方物产及其工艺技术反映了地方的特色物产和历史传承，是自然与文化结合的产物，反映了自然背景和历史文化传承。黟县地方特产丰富，涵盖风味食品、名特土产、菜系肴馔等多种类型。传统特产有宏潭豆腐乳、腊八豆腐、夹心豆腐干、茶叶、香菇、竹笋、徽菜等。

民俗文化与人文活动是一定地域居民的风土人情和生活习惯，包括物质的和非物质的，是乡土生活的重要表现。黟县人文与民俗活动瑰丽多彩，涵盖了人物、方言、文学、音乐、戏曲、礼仪、节庆等多个方面。代表性资源有：黟县名人(黄牧甫、俞正燮、赛金花、舒绣文等)、黟县方言、古黟楹联文化、陶氏宗谱、民间节庆(宏潭龙灯节等)、宗教活动(徽州祠祭等)、现代节庆(摄影节、山地自行车节等)；民间艺术，如黟县女人歌、雉山凤舞、古民居门罩艺术、“黟山派”篆刻艺术、砖雕、石雕、木雕、竹雕等。

乡村景观意境是自然与人文景观要素融合所形成的综合情景。意境是指审美对象中呈现的情景交融、虚实相生具有高度抽象的包含某种情调意味的形象所达到的境界。古徽州地区的青山绿水、桃红柳绿、粉墙黛瓦、古村人家所构成的超脱尘世的景观意境在黟县最具代表性和典型性，这也是黟县最大的特色和亮点。它是在特定自然环境、特定历史条件、特定文化背景下形成的，具有不可替代性，这种世外桃源的意境是由自然景观和人文景观共同构造形成的，其内涵是徽文化，加上自然景观的渲染作用，徽文化不仅影响着黟县乡村聚落的布局建筑、历史演化，而且影响到居民的生产活动和生活形态。各种资源的组合赋予了黟县浓郁的乡村意味，具有极高的观赏价值，被誉为“中国画里乡村”和“桃花源里人家”。

7.2.2 黟县旅游资源特点及旅游价值分析

黟县旅游资源有以下方面特点。

(1) 旅游资源数量和类型多。黟县旅游资源数量丰富，具有较高价值的旅游资源单体计 116 个，是国内旅游资源丰度很高的县级政区。黟县旅游资源类型齐全，自然景观、田园景观、民居建筑景观、地方物产及其工艺技术、民俗文化与人文活动、乡村景观意境等融为一体，构成的旅游资源体系，有利于发展满足不同层次需求的乡村旅游产品。

(2) 旅游资源品位高，得天独厚。黟县不仅旅游资源数量和类型多，而且资源的旅游开发价值高。以世界遗产西递、宏村为代表的高品位的古村落旅游资源已经形成品牌，在国内外具有很高的知名度。西递、宏村均为世界文化遗产地，全国重点文化保护单位，中国历史文化名村，国家AAAA景区。西递是安徽省爱国主义教育基地，宏村为中国十佳最具魅力名镇。南屏是世界文化遗产拓展单位预备名单，中国历史文化名村，全国重点文物保护单位。已开发的正在申报世界文化遗产的古民居景区有菊豆的故乡——南屏、神奇的八大家连体建筑——关麓、古黟风水村(舒秀文故居)——屏山。另有旅游景区徽州第一木雕楼、塔川秋色、木坑竹海、晚清名妓赛金花故居、陶渊明后裔居住地陶岭村落、宏村龙池湾农耕文化园等。正待开发的主要景区有五溪山自然保护区、西递古石窟群、鸳鸯谷、十里桃花长廊等。

徽文化非物质文化遗产博大精深，内容丰富。徽文化是中国传统文化的缩影和标本，无论在物质文化层面、制度文化层面，还是在精神文化层面，都有深厚的底蕴和杰出的创造，被誉为中华民族优秀传统文化百花园中的一朵奇葩。徽文化精美的表现形式如徽派建筑、徽派绘画、徽州盆景、徽派雕刻、徽派版画、徽州篆刻、文房四宝、徽州竹编、徽剧、徽墨、徽菜等几乎遍及旅游业六大要素的各个方面，徽文化深厚的文史内涵如徽州教育、徽州朴学、新安医学、徽州民俗、徽州方言等是旅游开发取之不尽的源泉，这种特点在别的地域文化中十分罕见。作为中国文化体系组成部分的徽州文化由于文化的形成、发展环境和要素配置与它处不同，从而形成鲜明的地域特色，在全国乃至世界范围内都具有唯一性。因此徽文化具有很高的品位。黟县是徽文化的发祥地之一，徽文化遗存非常丰富，尤其是徽文化古村落西递宏村被评为世界文化遗产，使黟县的徽文化旅游资源具有独树一帜的核心竞争力，有利于旅游资源的深度开发。只要能充分利用这些文化遗产，将非物质文化感性化，可体验，可参与，变成具有吸引力的旅游产品，那么开发前景将十分广阔。

(3) 旅游资源的分布广泛，相对集中。旅游资源在全县各乡、镇、村广泛分布，并且不同类型资源组合良好，也提高了开发价值。自然景观、田园风光、乡村景观意境等资源全县都有分布。全县旅游资源在东部和西部地区类型有所差异，不同类型旅游资源相对集中，遗产与建筑、人文与民俗活动、乡村产品与工艺等主要分布在西递镇、碧阳镇、宏村镇等东南部乡镇；宏潭乡、美溪乡等西北部乡镇则以自然景观为多。这种大分散、小集中的分布状况有利于合理布局乡村旅游，形成乡村旅游规模和集群效应。

7.3 旅游市场环境分析

7.3.1 旅游市场现状分析

1. 旅游人数增长快，国内市场空间不断扩张，但近域性特征明显

黟县旅游起始于20世纪80年代中后期西递、宏村古村落景区的开发，近20年来，黟县旅游游接待量不断攀升(图7.3)，2000年以来，黟县旅游呈现快速增长。2006年，黟县旅游接待量达到242万人次。

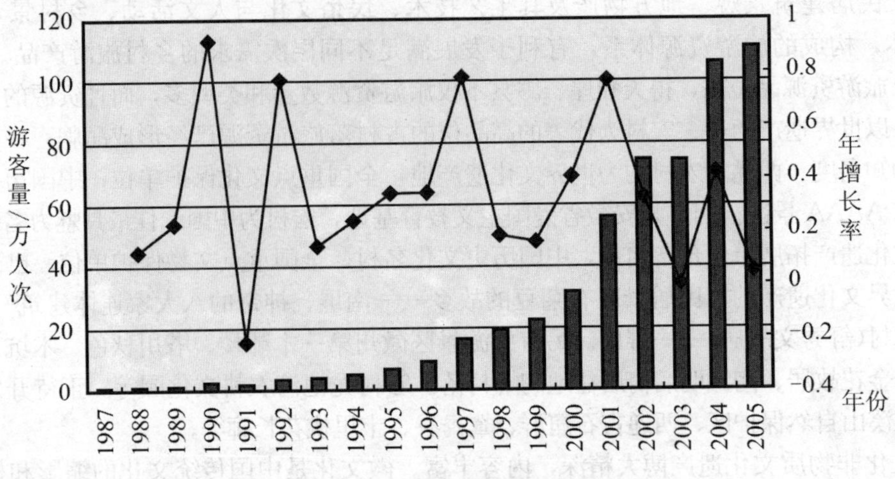

图 7.3　黟县乡村旅游接待量增长状况

根据统计资料，国内旅游市场空间不断扩张，但近域性特征明显。黟县乡村国内客源市场吸引范围广阔，涵盖了29个省市自治区，与1990年代相比，黟县乡村旅游的知名度越来越高，对中远程市场的辐射力越来越强，客源市场不断扩张。但黟县国内客源市场的近域性特征十分明显，其客源主要来自长三角地区(46.48%)、安徽省(28.5%)、华中地区(约10%)。

2. 旅游市场的人口学特征

旅游者年龄结构以中青年旅游者为主。黟县旅游者年龄结构中以25～44岁的中年人最多，占到48.5%；其次为15～24岁，占27.5%，这两项均远高于全国平均水平10多个百分点(图7.4)。

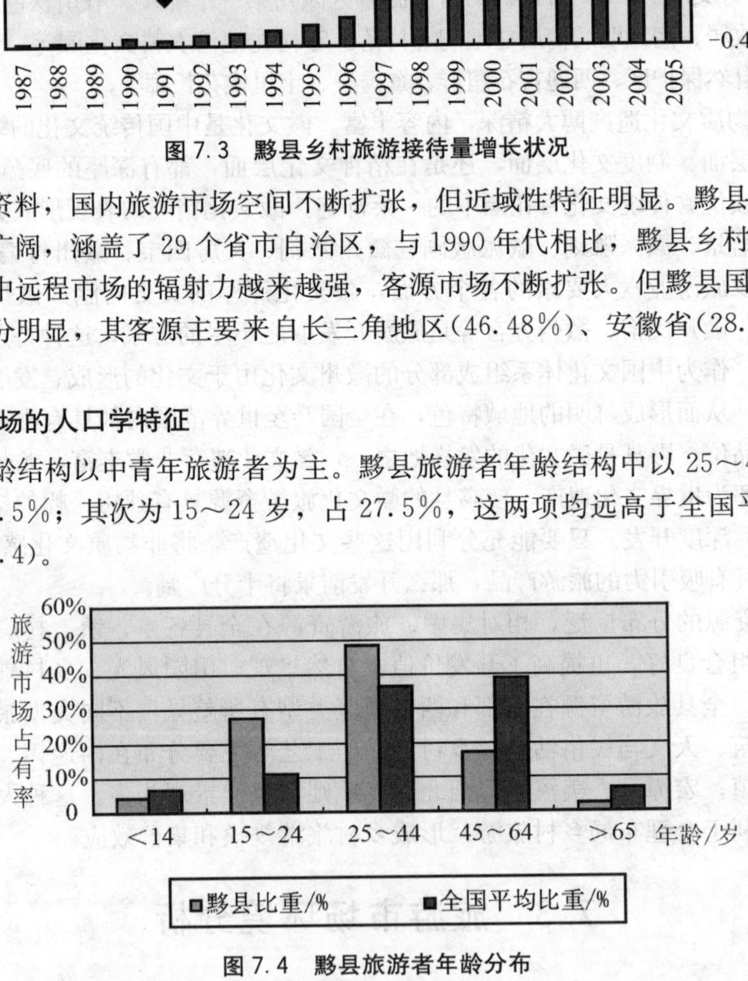

图 7.4　黟县旅游者年龄分布

(资料来源：《中国国内旅游抽样调查资料 2002》，下同)

旅游者职业结构以专业文教技术人员和学生为主，两者合计占总人次的54.4%。目前，许多从事建筑、文化、社会、民俗及摄影、写生等艺术创作的研究人员来黟县考察、学习和进行艺术创作。全国已有120多所建筑与艺术类高等院校把黟县定为野外实习基地。其次是企事业管理人员和公务员，而服务销售商贸人员、工人、农民、军人和离退休人员较少(图7.5)。

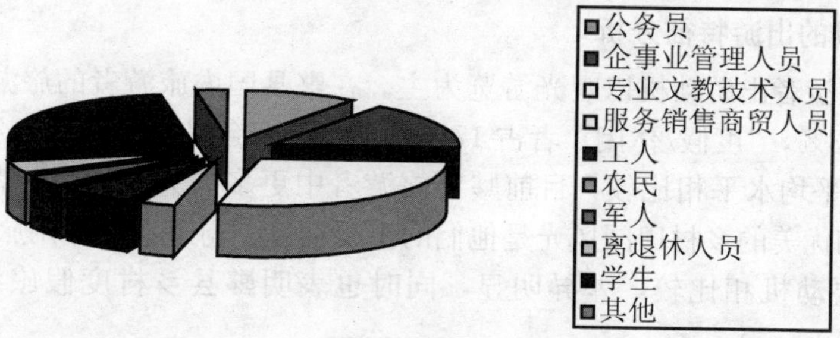

图 7.5　黟县旅游者职业分布

旅游者中，大专以上文化程度比例达到 74.6%，高出全国平均水平的 2 倍，而高中、中专及其以下文化程度所占的比例都远低于全国平均水平，表明黟县旅游者的文化程度很高(图 7.6)。

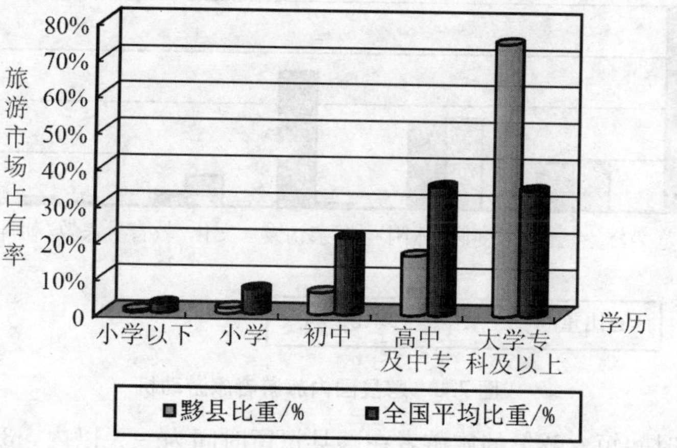

图 7.6　黟县旅游者文化程度分布

旅游者收入结构以中等收入为主，家庭月收入为 1 000 元～1 999 元和 2 000 元～2 999 元的旅游者比例分别占 24.1%、31.6%(图 7.7)。

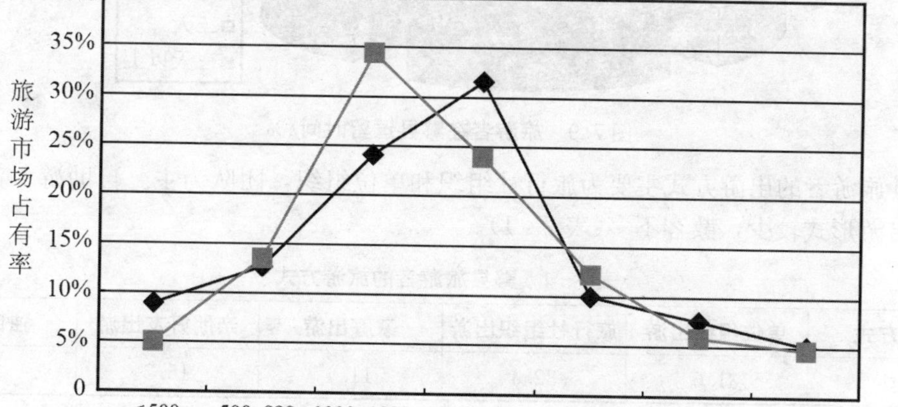

图 7.7　黟县旅游者收入分布

3. 旅游市场的出游特征分析

到黟县的旅游者出游动机以观光游览为主。在黟县国内旅游者的旅游目的中，“观光游览”者占63.3%，“度假/休闲”者占17.6%，“公务/会议”者占9.5%，其余目的的不足9%。与全国平均水平相比较，目前黟县旅游者中更多的为观光旅游者，欣赏古民居、领略徽州文化和优美的乡村田园风光是他们的主要动机，与度假、休闲旅游者以休息、放松、逃避等主要动机相比较，差异明显，同时也表明黟县乡村度假旅游产品供给不足(图7.8)。

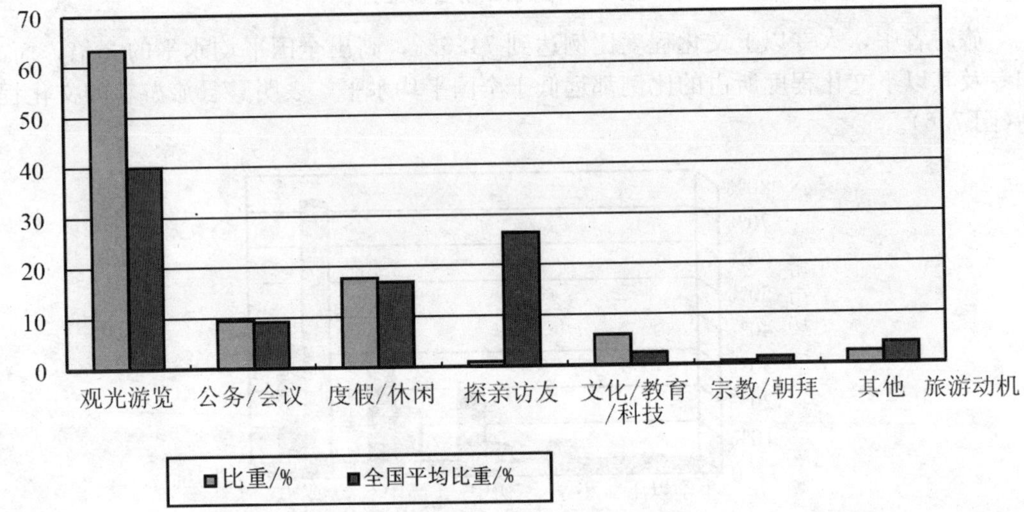

图7.8 黟县国内旅游者旅游动机

旅游者逗留时间短，62%的旅游者在黟县逗留时间为一天以内，38%的旅游者在黟县逗留时间为二天以内，其中逗留时间在三天及以上达13.9%(图7.9)。

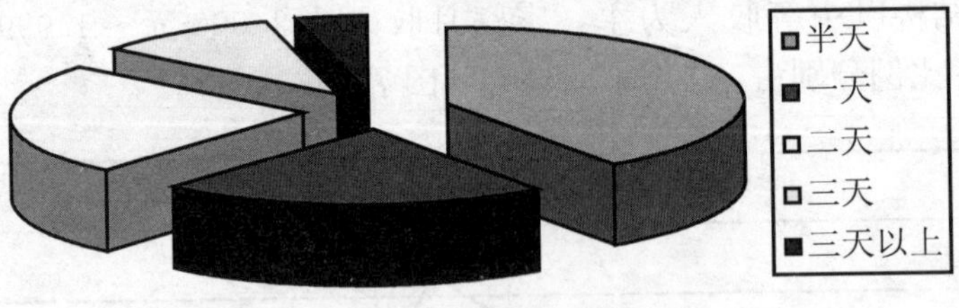

图7.9 旅游者在黟县逗留时间/%

黟县旅游者的出游方式主要为旅行社组织和单位组织，团队为主。自助游、自驾车等中高端出游形式较少，散客不多(表7-1)。

表7-1 黟县旅游者的旅游方式

旅游方式	单位组织出游	旅行社组织出游	家庭出游	亲朋好友出游	独自出游
黟县	31.6	32.4	11.4	15.2	9.3

黟县旅游者基本动机是“游览古民居名胜”、“了解当地历史文化”、“喜欢古民居的宁

静氛围和独特文化”、“了解当地风土人情”和“增长知识、提高文化修养”，但也有相当一部分旅游者来黟县旅游的目的是“休闲和娱乐、放松精神”、“体验当地居民的真实生活”、“考察、学习、进行艺术创作”(表7-2)。因此，黟县旅游发展要以世界文化遗产为核心，以徽州文化为底蕴，在文化观光的基础上，大力发展文化体验和乡村休闲等中高端旅游产品(表7-2)。

表7-2 黟县旅游者动机

旅游动机	赞成率/%	旅游动机	赞成率/%
休息和运动、增强体质	49.3	了解当地风土人情	76.1
休闲和娱乐、放松精神	67.1	与朋友一起旅游以增加交往	47.4
游览古民居名胜	82.3	结交新朋友	25.3
喜欢古民居的宁静氛围和独特文化	75.9	体验当地居民的真实生活	54.4
变换生活环境、摆脱日常生活烦扰	39.2	增加阅历、获得他人尊敬	27.9
躲避忙碌的工作、调节身心	39.4	考察、学习、进行艺术创作	46.9
增长知识、提高文化修养	78.5	发展个人爱好、追求个人理想	32.7
了解当地历史文化	80.0	丰富人生经历、增加成就感	35.5

4. 黟县入境旅游市场分析

黟县入境旅游客流进入21世纪后迅速飙升，2001年突破10 000人，到2002年达到32 000人，2005年增长到49 700人。1997—2002年6年间，黟县入境旅游者平均年增长率达58.39%，远远高于同期全国平均年增长率11.55%。表明黟县入境旅游已经进入快速增长阶段(图7.10)。

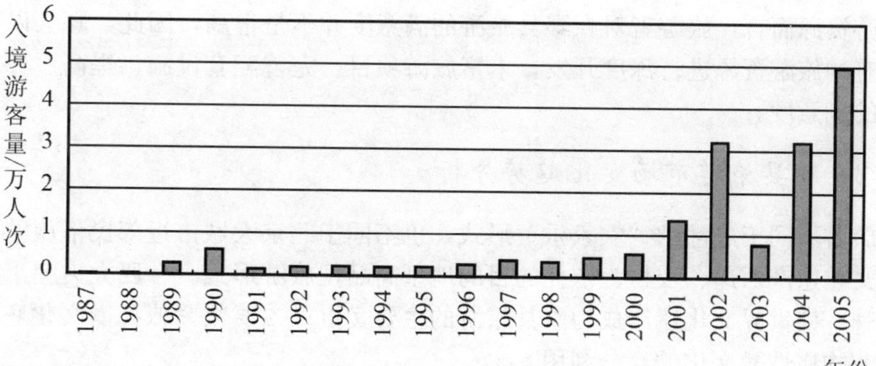

图7.10 黟县入境旅游者历年接待量(万人次)

黟县入境旅游者中以外国人和台湾同胞为主，华侨和港澳同胞占很小的比例。1997—2001年黟县古村落入境客源国别结构中前十位的客源国市场份额合计占整个入境客源市场的97%以上，且前十位的客源国保持相对稳定(日本、美国、德国、法国、英国、荷兰、新加坡等7国一直位于前十位)。日本一直高居榜首，近年来马来西亚、新加坡、韩国等东南亚国家出现在前十名之列(表7-3)。

表7-3 黟县古村落入境游客国别结构

排序	1997年		1998年		1999年		2000年		2001年	
	国别	比重/%	国别	比重/%	国别	比重/%	国别	比重/%	国别	比重/%
1	日本	54.77	日本	62.22	日本	59.34	日本	64.60	日本	49.62
2	新加坡	14.94	美国	18.1	美国	9.48	法国	11.42	德国	13.62
3	美国	9.53	荷兰	4.02	荷兰	8.7	美国	6.45	法国	10.86
4	法国	4.33	英国	3.21	法国	8.22	德国	3.68	美国	9.91
5	荷兰	3.39	德国	2.91	马来西亚	2.74	荷兰	3.65	马来西亚	4.21
6	英国	2.97	法国	2.86	德国	2.41	英国	2.58	英国	2.63
7	马来西亚	2.02	新加坡	1.67	新加坡	1.84	新加坡	2.24	新加坡	2.61
8	德国	1.75	加拿大	1.53	瑞士	1.84	韩国	1.17	韩国	1.95
9	比利时	1.36	瑞士	0.99	澳大利亚	1.8	瑞士	1.0	荷兰	0.85
10	韩国	1.18	以色列	0.86	英国	1.3	比利时	0.80	加拿大	0.80
合计	96.3		98.4		97.7		97.6		97.1	

黟县旅游入境市场地域结构特征为：以亚太地区市场为中心，辅以欧洲、美洲市场，中东、非洲、南亚市场份额微乎其微，具有明显的近域性特征。

5. 旅游者对黟县现有产品的感知分析

61.5%的旅游者对在黟县的旅行满意，其中很满意的占9.5%，满意的占52%；5%的旅游者对在黟县旅游不满意；而33.5%的旅游者则感觉一般。相对于黟县丰富的自然以及人文旅游资源而言，旅游者对在黟县旅游的满意度并不是很高，因此，黟县以后要加强对其所拥有的旅游资源进行深度开发，丰富旅游项目、完善配套设施、提高服务水平，提高旅游者的满意度。

7.3.2 黟县旅游市场变化趋势分析

黟县旅游不同于成都的“农家乐”形式，也不同于北京大城市近郊民俗旅游形式，而是以世界文化遗产西递、宏村为依托的目的地型高品位旅游形式。一要大力突出世界文化遗产的品牌，使世界文化遗产成为黟县旅游的主要卖点；二要紧紧依托徽文化底蕴，做好物质性和非物质性徽文化的充分利用。

黟县旅游市场发展方向应为：在大众文化观光型旅游市场的基础上，开发文化体验、乡村生活参与、生态休闲、乡村度假等中高端消费市场；大力拓展入境旅游市场，以入境旅游带动国内旅游，形成市场热点，扩大黟县旅游的国际知名度，在稳固和扩大东亚、东南亚客源市场的同时，重点拓展欧美市场。

7.4 黟县旅游形象定位设计

7.4.1 黟县旅游形象定位分析

黟县与古徽州旅游区的各县区都处于徽文化的大背景中，资源相仿、区位相近、文化相同，要在激烈的竞争中脱颖而出，必须做到“人无我有，人有我优，人优我新”，发挥优势，扬长避短。

1. 强调黟县的世界遗产

根据吴必虎所作的调查研究，中国旅游客源市场出游选择世界遗产地、非世界遗产地和无明显倾向的比例分别为43%、33%、24%。相对于非世界遗产地而言，人们出游更倾向于选择世界遗产地作为旅游目的地。由于中国巨大的出游人口以及遗产地与城市空间关系紧密，世界遗产地已成为中国各地首位的旅游吸引物。在中国 32 项世界遗产中，只有西递、宏村是古民居。世界遗产毫无疑问是黟县旅游发展的核心竞争力。

在古徽州旅游区内，黟县旅游资源品位及丰度很高，尤其是古村落世界文化遗产具有独一无二的优势。世界遗产是旅游地品位高的象征，利用纵向定位法定位黟县旅游是很好的选择。必须突出黟县世界遗产乡村游的新理念，把黟县定位为古徽州旅游的核心区，以世界遗产为亮点，深度挖掘徽文化的内涵，按照国际理念与国际标准开发世界遗产乡村游产品，给旅游者以体验、感悟与震撼，使之成为黟县“人无我有”具有核心竞争力的独特产品。同时大力提升软实力，增强竞争优势，促进国际化，力求一举进入境外市场，成为中国入境旅游市场的独秀一枝。

2. 突出徽文化旅游产品

徽文化是古徽州旅游区的特色资源，各地都在围绕徽文化做文章。因此，能否在徽文化资源开发方面创新突破，开发出特色鲜明、规模大、有影响并具有市场效益的旅游精品，形成品牌，抢占市场制高点，是黟县取得竞争优势的关键。要吸取国际上创造文化旅游吸引物的经验，围绕徽文化旅游资源编织故事，使之生动化；突出徽文化与现在的联系以及与旅游者的关联性，使之可参与；围绕徽文化做好保护修复、开展纪念、节庆和演出等活动；按照旅游者的心理需要设计轻松愉快的体验项目，使文化旅游体验变得有趣、轻松。

黟县要发掘自身徽州文化底蕴，提高文化旅游产品的休闲性、参与性和体验性，再现世外桃源和徽文化的非物质文化遗产，使黟县真正成为现实生活中的“世外桃源”、徽文化的活化石和观赏体验的大观园。大力发展休闲度假旅游、生态旅游、节庆旅游等产品，发展徽州特色旅游商品，形成多轮驱动的格局。同时，完善县城接待服务、交通集散功能，各乡镇也要大力挖掘乡村风情、风俗、风景等，形成自己的特色。有选择地开发新的古村落与类似旅游景区景点，部分资源一般、区位不佳的古村落景区点要慎重开发，以保护为主。

按照国际理念与国际标准开发世界遗产乡村旅游，以西递—宏村世界文化遗产地为核心竞争力，以桃源意境为依托，以徽州文化为底蕴，大力提升管理水平和服务质量，融文化观光、修学考察、生态休闲、文化体验、乡村度假于一体，把黟县建设成为徽州文化旅游的核心区，中国一流、世界有名的高境界、高品位的乡村旅游目的地；中国最著名的融专业实习、科学考查、文化观光等于一体的艺术风情中心；中国最浓郁的融艺术创作、艺术观光、艺术交流等于一体的修学旅游基地；中国最真实的融桃花源故事传说、物质再现、桃源意境于一体的和谐生态家园；中国最全面的融观赏、认识、感知、了解、体验徽文化于一体的文化体验圣地；中国最健康的融绿色环境、贴心服务和完美产品于一体的乡村休闲天堂。

7.4.2 黟县与周边地区部分旅游地旅游形象比较

旅游地形象定位必须要了解性质相近的旅游地形象定位情况，以便于错位定位。表7－4对古徽州地区部分景区旅游形象进行比较，总体来看，黟县与周边古徽州地区一些景区性质相近。

表7－4 古徽州地区各县(区)旅游形象比较

地区	主要旅游资源	旅游发展定位	旅游形象定位	旅游特色及特色产品
黄山风景区	奇松、怪石、云海、温泉、冬雪、瀑布、摩崖石刻	风景优美、建筑和谐、交通便捷、设施完善、管理先进、服务优良的世界级旅游景区	中国黄山，人间仙境	“五绝”自然景观
屯溪区	屯溪老街、花山谜窟、程氏三宅、胡开文墨厂、黄山高尔夫球场等	完善城市旅游功能，加快旅游基础设施与服务设施建设。打造全国示范性的游客中心，巩固大黄山旅游圈集散中心的地位，加强信息中心、管理中心职能	千年徽粹，山水屯溪	城市旅游、休闲度假、专业会议、集散中心
徽州区	潜口民宅、罗东舒祠、呈坎古村落、老屋阁和绿绕亭、唐模、岩寺新四军军部及八省健儿会师地等	集休闲、度假、疗养、娱乐与观光于一体的高品位、多功能的新型旅游度假区	文化之乡	人文景观、休闲度假、集散中心、疗养娱乐
黄山区	太平湖、翡翠谷、凤凰源、九龙瀑等	“两山一湖”游客集散地及旅游中心枢纽，加强太平湖开发，依托黄山风景区，完善休闲、度假功能	名山秀水，休闲太平	“两山一湖”集散地，休闲度假旅游地
歙县	历史文化名城、棠樾牌坊群、渔梁老街、昌溪景区、鲍家花园、许村、雄村等	以徽文化为主题，歙县历史文化名城为核心，新安山水画廊为脉络的综合型旅游地	历史文化名城，中国古徽州府	传统村镇、徽州文化、馆藏资源

续表

地区	主要旅游资源	旅游发展定位	旅游形象定位	旅游特色及特色产品
祁门	牯牛降、古戏台、考坑峡谷、闪里桃源等	以“探原始森林，品天下名茶，看千年古戏”为定位，建成以生态观光为主，结合科研教育、植物观赏、野外探险等功能于一体的综合性生态旅游地	红茶之乡、森林王国、神秘祁门	生态旅游、民俗旅游、“祁红”旅游、乡村旅游
休宁	齐云山、古城岩、万安古镇、状元博物馆、六股尖、乡村福地等	在国内外具有较高知名度，集观光、休闲、度假、商务、教育、康体、娱乐、购物、宗教、科普等旅游功能于一体的“中国最幸福的乡村”，成为大皖南国际旅游区新的增长极，全国有影响力的成长性旅游目的地，华东地区首选的休闲度假胜地之一	中国最幸福的乡村	道教圣地、状元文化、乡村旅游、有机茶之乡
绩溪	龙川胡氏宗祠、清凉峰、胡家村新石器时代遗址、石家村棋盘巷、胡适故居、胡开文故居、障山大陕谷、荆州小九华、祥云洞	打好绩溪作为省内首家国际绿色产业示范区的“王牌”，把发掘生态旅游资源，发掘徽文化旅游作为全县经济发展亮点	五胡故里，徽菜之乡	古民居、徽厨之乡、红色旅游、乡村旅游
婺源	清华彩虹桥、理坑村民居、汪口俞氏宗祠、江湾、晓起、延村、大鄣山、古坦灵岩洞、月亮湾、江岭、鸳鸯湖	围绕生态和文化两大内涵，突出显现“最美乡村”青山、秀水、古村、居宅、田园、人杰、文脉、民风八大要素，以生态环境为依托，以人文环境的保护为基础，建成全国著名的文化与生态旅游示范区	中国最美的乡村	古村落、生态旅游、乡村旅游、文化旅游
黟县	西递、宏村、南屏、关麓、卢村木雕楼、木坑、塔川、龙池湾农耕文化园、奇墅湖度假村、梓路寺、五溪山保护区等	以西递—宏村世界文化遗产地为龙头、其他古村落和自然保护区为骨干、外围景点为辅助的风景游览、文化考察和休闲度假兼备的世界级旅游胜地	中国画里乡村，桃花源里人家	古村落、生态旅游、乡村旅游、文化旅游

7.4.3 黟县旅游形象定位

代表黟县旅游形象要素有：①地脉，黟县为盆地地形，四周环山。县城南的“桃源洞”为历史上进入黟县的唯一通道，古时进入黟县，须乘舟逆流而上，在“桃源洞”前，舍舟登岸，穿洞而过，可见足下溪流奔湍，沿溪行数里，豁然开朗，黟县盆地突呈眼前，其间，房舍栉比，阡陌交错，活脱脱一幅“世外桃源”的环境；②文脉，黟县作为全国最为悠久的文明古县之一，同时也是“徽商”和“徽文化”的发祥地之一，被称为明清建筑的博物馆的高品位的徽州村落古建筑。

千百年来，黟县与陶渊明笔下的“桃花源”有着难以割舍的情结。“桃花源”虽是虚构出来的一个艺术典型，却让无数后来人心驰神往。“桃源洞的传说”、“陶氏宗谱的存在”、“桃花源里人家”的美誉无不使黟县与桃花源有着千丝万缕的关联。“桃花源里人家”的黟县旅游形象已经有一定的认知度。通过在“百度”搜索“桃花源里人家”，可以找到相关网页达750多个，其中只有7个网页不是关于黟县的，因此，“桃花源里人家”已经成为黟县的代名词并被市场所认可。

总体形象定位可采用独立定位法和横向定位法，“桃花源里人家”和“世界遗产圣地，中国画里乡村”，运用修辞中的白描手法。

7.5 形象认知环境及识别符号设计

旅游地认知环境设计包括建筑、设施、道路、绿化、人类活动及其总体设计等。黟县环境设计要抓住一个理念，即要创造一个世外桃源式的环境，要静和藏，少动和露，要有天人合一，“乡”、“土”、“古”的氛围。黟县的出入口、景区及主要道路沿线是首先要整饰的地方。要有长远规划，对村落水口园林要保护和培育；村庄周边、田间地头及道路沿线要绿化，多种植观赏树(如乌桕、桃花)，以随机排列为佳。村镇建筑要采用徽派建筑风格，而且要尽可能仿古。县城是体现特色的重要窗口，建筑设计应当以小巧、优雅、古朴为理念，使黟县县城具有舒适宜人的建筑空间环境；尽可能保持老街老巷“通而不畅、幽邃宁静”的特色，对古城的空间轮廓线包括山体轮廓线、街巷民居轮廓线和黟县自然水面轮廓线进行妥善保护，形成高低错落、远近参差的空间层次，营造桃花源的意境；还要做好城市亮化工程，重点集中在县城内漳水沿岸、主要的商业街、县城的制高点。

视觉识别符号设计包括旅游标志、景区景点名称、标准色及标准字体设计、象征吉祥物设计。黟县旅游标志，以体现桃源文化和乡村田园为理念基础进行图案设计。造型风格应呈现朴素、自然的特点。标志中应包含的信息：世外桃源、徽派建筑、黟县。“桃花源里人家——黟县”徽标可以以汉字“黟”为构图元素，有机融入群山、田园和乡村古建筑等视觉元素并以其为背景，突出乡村景观特色。具体图形可聘请专业人士设计或向社会进行征集，同时，设计标准色、标准字体吉祥物等。听觉方面可以聘请著名词曲家作词谱曲。

7.6 旅游形象传播设计

(1) 利用印刷品传播。印制黟县旅游手册、黟县旅游图、景点景区旅游图、印发有关旅游介绍、宣传画册、纪念册、旅游活动大事记、旅游文化出版物、黟县风土人情、黟县旅游通讯、自然奇观等方面的文化出版物、黟县旅游指南、行家旅游线路推荐等来传播形象。

(2) 利用各种其他媒介来传播。景区景点及重要购物点、标记、景点推介、时间安排及季节选择提示、住宿选择、特色菜单提示、保健网点、特色旅游商品和纪念品、景点介绍光碟、录像带、风貌录像带等。

(3) 旅游纪念品也是一种传播媒介。纪念品设计应体现当地的乡土特色，地方性越浓厚、越独特，则其旅游地形象的传播力就越强，应挖掘在民间手工艺术品的生产技术。如以徽州的木雕、砖雕、石雕、竹雕、篆刻等技术为基础，采用本地特有的各种天然材料，开发出具有地方特色的旅游纪念品。

(4) 设计户外广告。户外广告形式主要有旗帜、条幅、标识牌、路牌或方向牌、导游图、灯具广告、模型广告等。户外广告的设计首先要考虑到与周围景观的和谐搭配，尽量选用木质、石质等天然材料，采用三雕手法，体现徽文化氛围。对黟县入口处如渔亭、汽车站等进行设置广告，树立大型旅游宣传广告牌。

(5) 聘请国际或国内知名的广告公司按照国际精品广告的标准拍摄，并安排最佳时机、最佳媒体，在目标市场地区进行播放。

(6) 利用和举办各种活动，抓住或增加传播机会，如政务、商务、学术活动，广泛地进行公共推广。通过公开征集具有震撼力的旅游宣传口号活动，可以引起公众和媒体的广泛关注，提高传播速度，扩大传播范围；重点办好中国黄山国际山地自行车节、中国黟县摄影节徽菜美食节等大型节庆活动，形成黟县旅游形象的注意力经济；适时参与社会公益活动，展示、宣传，传播黟县形象。

(7) 选择名人作为旅游地形象代理人，并利用名人的影响增强黟县旅游感召力。邀请著名歌星演唱包含黟县内容的歌曲，扩大传播范围。

(8) 加快影视基地建设，支持文艺工作者创作反映徽文化的文艺节目。继续鼓励或资助编写、拍摄有关徽州人文风情的剧本、电影或电视剧；聘请有关专家、学者对片中人物、发迹过程、历史事件或拍摄地进行评说，借机推出黟县独特之处，或是插播旅游宣传片。在公众中强化黟县文化形象，进而让公众认识黟县的旅游风光，激发来黟县旅游的欲望。

(9) 邀请国内外知名学者、作家进行学术著作、游记文学编纂出版，口头文学(民间传说、神话传说)的整理流传；利用网络文学、曲艺作品等形式宣传黟县；选择与国内外目标客源集中的知名旅游城市结为友好城市，间接推广黟县旅游形象，吸引目标客源；利用口碑效应宣传黟县形象。

(资料来源：苏勤，等．黟县乡村旅游发展总体规划(2006—2020)［R］．2006. 有改动)

参 考 文 献

[1] 金盛华．社会心理学 [M]．北京：高等教育出版社，2005.

[2] 陆林，章锦河．旅游形象设计 [M]．合肥：安徽教育出版社，2001.

[3] 黄成林，等．安徽省旅游业竞争力研究 [M]．合肥：安徽人民出版社，2006.

[4] 李蕾蕾．旅游目的地形象策划：理论与实务 [M]．广州：广东旅游出版社，1999.

[5] 尹隽，王海莉，周晓梅．旅游目的地形象策划 [M]．北京：人民邮电出版社，2006.

[6] 王本朝，杜积西．传播学教程 [M]．重庆：重庆大学出版社，2007.

[7] 张国良．传播学原理 [M]．上海：复旦大学出版社．1995.

[8] 沙莲香．社会心理学 [M]．北京：中国人民大学出版社，2002.

[9] 明庆忠．旅游地规划 [M]．北京：科学技术出版社，2003.

[10] 全华，王丽华．旅游规划学 [M]．大连：东北财经大学出版社，2003.

[11] [美] 沃纳·赛佛林，小詹姆斯·坦卡德．传播理论——起源、方法与应用 [M]．4 版．北京：华夏出版社，2000：80.

[12] 王晨光．旅游地营销 [M]．北京：经济科学出版社，2005.

[13] 申荷永．社会心理学 [M]．广州：暨南大学出版社，1999.

[14] 胡林，马洁，马莹，等．旅游心理学 [M]．广州：华南理工大学出版社，2005.

[15] 吴必虎．区域旅游规划原理 [M]．北京：中国旅游出版社，2001.

[16] 郭庆光．传播学教程 [M]．北京：中国人民大学出版社，1999.

[17] 刘彧彧．企业形象力 [M]．北京：中国市场出版社，2006.

[18] 俞剑华．中国古代画论类编 [M]．2 版．北京：人民美术出版社，2005.

[19] 张宪荣．现代设计辞典 [M]．北京：北京理工大学出版社，1998.

[20] 尹定邦．设计学概论 [M]．长沙：湖南科技出版社，2001.

[21] 苏勤．旅游学概论 [M]．北京：高等教育出版社，2000.

[22] 庄志民．旅游美学 [M]．上海：上海三联书店，1999：243.

[23] 徐缉熙，凌珑．旅游美学 [M]．上海：上海人民出版社，1997.

[24] 上海书画出版社，华东师范大学古籍整理研究室．历代书法论文选 [M]．上海：上海书画出版社，1979.

[25] 陶卓民．旅游市场学 [M]．北京：高等教育出版社，2001.

[26] 呙志强．景观设计概论 [M]．北京：中国轻工业出版社，2006.

[27] 郭茂来．平面图形构成 [M]．2 版．石家庄：河北美术出版社，2003.

[28] 徐恒醇，等．技术美学 [M]．上海：上海人民出版社，1989.

[29] [美] 鲁道夫·阿恩海姆．视觉思维——审美直觉心理学 [M]．滕守尧，译．成都：四川人民出版社，1998.

[30] 李隆华．标志设计基础［M］．重庆：重庆出版社，1987，有改动．

[31] 王雷．品牌传播学［M］．石家庄：河北人民出版社，2005.

[32] 杨恩寰，梅宝树．艺术学［M］．北京：人民出版社，2001.

[33] 章锦河，等．休宁县旅游发展总体规划(2007－2020)［R］．2007.

[34] 苏勤，等．黟县乡村旅游发展总体规划(2006－2020)［R］．2006.

[35] 陈传康，李蕾蕾．风景旅游区和景点的旅游形象策划［J］．沿海新潮．1996，(6)：81－83.

[36] 李华，谢远云，张序强，董雪旺．五大连池地方文脉要素与旅游业发展［J］．哈尔滨师范大学自然科学学报，2000，16(6)：102－106.

[37] 张宏梅．旅游地形象形成的心理过程及其影响因素［J］．安徽师范大学学报(自然科学版)．2004，27(2)：216－218.

[38] 刘华．谈企业形象设计的发展［J］．新乡师范高等专科学校学报，2004，18(5)：113－114.

[39] 田建伟．企业形象设计的发展［J］．内蒙古科技与经济，2005，(20)：20－21.

[40] 纪丽萍．国外旅游形象研究综述［J］．四川林勘设计，2006，(2)：15－19.

[41] 乌铁红．国内旅游形象研究述评［J］．内蒙古大学学报(人文社会科学版)，2008，38(2)：98－103.

[42] 曲鲁捷，王世超，阿华．论精神环境［J］．思想政治工作研究月刊，2004，3：129－132.

[43] 黄震方，李想．旅游目的地形象的认识与推广模式［J］．旅游学刊，2002，(3)：65－70.

[44] 程金龙，吴国清．我国旅游形象研究的回顾与展望．［J］．旅游学刊，2003，19(2)：92－96.

[45] 林炎钊．旅游形象设计：我国旅游城市面临的新课题［J］．北京第二外国语学院学报，1995(3)：122－126.

[46] 金卫东．城市旅游形象浅析［J］．城市规划总汇，1995.(1)：60－63.

[47] 李蕾蕾．城市旅游形象设计探讨［J］．旅游学刊，1998，13(1)：47－49.

[48] 吴必虎，黄韬，岳升阳．城市地方性研究与旅游形象设计：以北京市为例［J］．华东师范大学学报哲社版：都市旅游研究专辑，1999：84－87.

[49] 谢飞帆．旅游地形象研究在西方的崛起［J］．社会科学家，1998，(1)：70－77.

[50] 谢朝武，黄远水．论旅游目的地形象策略的参与型组织模式［J］．旅游学刊，2001，16(2)：63－67.

[51] 王磊，刘洪涛，赵西萍．旅游形象的内涵研究［J］．西安交通大学学报(社科版)，1999，(1)：25－27.

[52] 马勇，李玺．旅游规划与开发［M］．北京：高等教育出版社，2002.

[53] 魏小安．旅游目的地发展实证研究［M］．北京：中国旅游出版社，2002.

[54] 白巍，李志军，潘薇．形象塑造与传播［M］．北京：农村读物出版社，2000.

[55] 黄浏英，陈志学，刘卫．饭店形象设计与策划——CIS [M]．北京：中国旅游出版社，1997.

[56] 林兴良，文吉．旅游目的地形象策划研究——以广东省台山市(县)为例 [J]．人文地理，2003，18(3)：52-55.

[57] 周志红．论旅游目的地形象系统的层次性 [J]．地理与地理信息科学，2003，19(1)：109-111.

[58] 周年兴，沙润．旅游目的地形象的形成过程与生命周期初探 [J]．地理学与国土研究，2001，17(1)：55-58.

[59] 张安，任黎秀，丁登山．试论旅游地 DI 设计 [J]．社会科学，1998，(4)：41-42.

[60] 魏小安．旅游城市与城市旅游 [J]．旅游学刊，2001，16(6)：8-12.

[61] 李燕琴，吴必虎．旅游形象口号的作用机理与创意模式初探 [J]．旅游学刊，2004，19(1)：82-86.

[62] 郭英之．旅游感知形象研究综述 [J]．经济地理，2003，23(2)：280-284.

[63] 刘锋．区域旅游形象设计研究—以宁夏回族自治区为例 [J]．经济地理，1999，19(3)：96-100.

[64] 余青，吴必虎，张伟．近年来中国旅游开发与管理态势研究 [J]．人文地理，2003，18(5)：80-83.

[65] 刘昌雪，黄成林．芜湖市城市旅游发展模式及形象设计研究 [J]．安徽师范大学学报(自然科学版)．2003，23(4)：401-405.

[66] 章锦河，凌善金，陆林．黟县宏村古村落旅游形象设计研究 [J]．地理学与国土研究，2001，17(3)：82-87.

[67] 章锦河，陆林．资源型城市旅游形象设计研究 [J]．人文地理，2001，16 (1)：16-19.

[68] 章锦河，陆林，凌善金．基于形象驱动的现代园林旅游规划——以合肥市包河公园旅游规划为例 [J]．规划师，2004，(9)：58-61.

[69] 章锦河，宣国富，杨效忠．芜湖市旅游开发研究 [J]．安徽师范大学学报(自然科学版)，2001，24(1)：76-81.

[70] 陆林．试论旅游形象的理念识别 [J]．旅游科学，2001(2)：1-4.

[71] 陈传康，李蕾蕾．风景区与景点的旅游形象 CI 策划 [J]．沿海新潮，1996(6)：81-86.

[72] 徐致云．旅游地生命周期研究进展 [J]．安徽师范大学学报(自然科学版)，2006，29(6)：599-603.

[73] 苗学玲．“旅游目的地形象策划”的 10 年：中国期刊全文数据库 1994—2003 年旅游形象研究述评．旅游科学，2005(04).

[74] 凌善金．旅游地形象设计研究——以安徽为例 [M]．合肥：安徽人民出版社，2009.

[75] fily121. 企业形象设计 [OL]．(2008-05-01) [2008-04-01]．http：//

baike. baidu. com/view/654097. htm.

［76］Anderson，C. A. Averageing vs. Adding as a stimulus-combination rule in impressiom formation. Journal of Experimental Psychology，1965，70：394-400.

［77］Anderson，C. A. A simple model for impression integration. In R. P. Abelson et al.（Eds.）. Theories of cognitive consistency：A source book，Chicago：Rand McNally. 1986：731-743.

［78］芜湖旅游局．方特欢乐世界逐步改变“芜湖人游芜湖”的格局［EB/OL］．（2008-08-15）［2008-10-15］．http：//www. whls. gov. cn/msq. php? sId＝336&MsgId＝532

［79］白 DDXX. 虚实相生［OL］．（2008-03-26）［2009-04-29］．http：//baike. baidu. com/view/186668. htm.

［80］帅帅的老木匠．修辞［OL］．（2009-03-15）［2009-03-30］．http：//baike. baidu. com/view/5432. htm.

［81］水木秋寒．形象［OL］．（2008-01-17）［2009-05-02］．http：//baike. baidu. com/view/245411. htm.

［82］Zhuruiqiao. 梨花节［OL］．（2007-11-21）［2009-3-20］．http：//baike. baidu. com/view/1217818. htm.

［83］武青．年度大事件“汶川地震”最受关注［N］．法制晚报(08-12-27 23：59)［2009-4-1］．http：//bjyouth ynet. com/article. jsp? oid＝47339856.

［84］Chon. “The Role of Destination Image in Tourism：An Extension”［J］. Revue duTourisme，1992，(1)：2-8.

［85］C. M，Echtner and J. R. B，Ritchie. “The meaning and Measurement of Destination Image”［J］. The Journal of Tourism Studies，1991，2(2)：2-12.

［86］W. C，Gartner. Tourism Development：Principle，Polices，andPolicies［M］. NewYork：VanNostram Reinhold，1996.

［87］C. M，Echtner. and J. R. B. Ritchie. “The Measurement of Destination Image：AnEmpirical Assessment”［J］. Journal of Travel Research. 1993，31(4)：3-13.

［88］G，Gallarza Martina. and Haydee Calderon Garcia. “Destination Image：Towards a Conceptual Framwork”［J］. Annals of Tourism Research. 2002，29(1)：56-78.

［89］S，Baloglu and K. W. McCleary. “A Model of Destination Image Formation”［J］. Annals of Tourism Research. 1999，(26)：808-889.

［90］K-S，Chon. “The Role of Destination Image in Tourism：A Review and Discussion”［J］. Revue du Tourisme. 1990，(2)：2-9.

［91］J. L，Cromption. “The roles of received inhibitors and facilitates in pleasure travel destinationdecisions”［J］. Journal of Travel Research，1992，30(3)：18-25.

［92］T，Schroeder. “The Relationship of Residents' Image of their State as a Toursit Destinationand their Support for Tourism”［J］. Journal of Travel Research. 1996，34(4)：71-73.

[93] B, Carmichael. Using Conjoint Modelling to Measure Tourist Image and Analyse Ski ResortChoice [A] . P. Johnson and B. Thomas, eds. In Choice and Demand in Tourism [C] . London: Mansell. 1992: 93-106.

[94] M. D, Reilly. "Free Elicitation of Descriptive Adjectives for Tourism Image Assessment" [J] . Journal of Travel Research. 1990, 28(4): 21-26.

[95] A, Driscoll, R. Lawson and B. Niven. "Measuring Tourists' Destination Perceptions" [J] . Annals of Tourism Research. 1994, (21): 499-511.

[96] P. C, Fakeye. andJ. L. Crompton. "Image Differences Between Prospective, First-Time, and Repeat Visitors to theLower Rio Grande Valley" [J] . Journal of Travel Research. 1991, 30(2): 10-16.

[97] G. M. S, Dann. "Tourists Images of a Destination: An alternative Analysis" [J] . Journal ofTravel and Tourism Marketing. 1996, 5(1/2): 41-55.

[98] D, Getz. "Residents' Attitudes Towards Tourism: a Longitudinal Study in Spey Valley, Scotland" [J] . Tourism Management. 1994, 15: 147-258.

[99] K, Lindberg. And R. L. Johnson. "Modeling Residence Attitudes towards Tourism" [J] . Annals of Tourism Research. 1997, (24): 402-424.

[100] C, Ryan. and D. Moutgomery. "The Attitudes of Bakewell Residents to Tourism an Issues in Community Responsive Tourism" [J] . Tourism Management. 1994, (15): 358-369.

[101] M. S, Smith. And R. S. Krannich. "Tourism Dependence and Tourists' Attitudes" [J] . Annals of Tourism Research. 1998, (25): 783-802.

[102] P Kotler and H, Barich. "A framework for marketing image management" [J] . Sloan Management Review, 1991, 32(2): 94-104.

[103] J. L, Crompton. "The roles of received inhibitors and facilitates in pleasure travel destination decisions" [J] . Journal of Travel Research, 1992, 30(3): 18-25.

[104] S. Hsaan, Salah. "Determinations of market competitiveness in an environmentally sustainable tourism industry" [J] . Journal of Travel Research, 2000(2): 239-45.

[105] T. J. B, Ritchie. "Crafting a Destination Vision: Putting the Concept of Resident-Responsive Tourism into Practice" [J] . Tourism Management. 1993, (14): 279-289.

[106] D, Fesenmaier and K, MacKay. "Deconstructing Destination Image Construction" [J] . Revue du Tourisme. 1996, 51(2): 37-43.

[107] HOVINENG. Revisiting the Destination Lifecycle Model [J] . Annals of Tourism Research, 2002, 29: 209-230.

[108] AGARWALS. Restructuring Seaside Tourism: the Resort Lifecycle [J] . Annals of Tourism Research, 2002, 29: 25-55.

